La detonación

Letras Hispánicas

Antonio Buero Vallejo

La detonación

Edición de Virtudes Serrano

CÁTEDRA
LETRAS HISPÁNICAS

1.ª edición, 2009

Ilustración de cubierta:
Mariano José de Larra por José Gutiérrez de la Vega
© Prisma

Las fotografías interiores corresponden a la representación del drama en su estreno, el 20 de septiembre de 1977, en el Teatro Bellas Artes de Madrid. Cortesía de Carlos Buero

Reservados todos los derechos. El contenido de esta obra está protegido por la Ley, que establece penas de prisión y/o multas, además de las correspondientes indemnizaciones por daños y perjuicios, para quienes reprodujeren, plagiaren, distribuyeren o comunicaren públicamente, en todo o en parte, una obra literaria, artística o científica, o su transformación, interpretación o ejecución artística fijada en cualquier tipo de soporte o comunicada a través de cualquier medio, sin la preceptiva autorización.

© Herederos de Antonio Buero Vallejo, 2000
© Ediciones Cátedra (Grupo Anaya, S. A.), 2009
Juan Ignacio Luca de Tena, 15. 28027 Madrid
Depósito legal: M. 5.881-2009
I.S.B.N.: 978-84-376-2546-1
Printed in Spain
Impreso en Closas-Orcoyen, S.L.
Paracuellos de Jarama (Madrid)

Índice

INTRODUCCIÓN	9
Antonio Buero Vallejo en el teatro español	11
El teatro histórico de Buero Vallejo	27
La detonación: historia y drama	34
La detonación	44
Recepción de la obra tras el estreno	59
ESTA EDICIÓN	65
BIBLIOGRAFÍA	67
LA DETONACIÓN	77
El decorado	81
Parte primera	85
Parte segunda	173

Introducción

A mis nietas Blanca y Luna.

Antonio Buero Vallejo en el teatro español

El 14 de octubre de 1949, con el estreno en el Teatro Español de Madrid de su *Historia de una escalera*, Antonio Buero Vallejo cambió el rumbo de la dramaturgia española del siglo XX. Había nacido en Guadalajara en septiembre de 1916 y murió en Madrid, a los ochenta y tres años, en abril de 2000. Unos meses antes, el 8 de octubre de 1999, estrenó en el mismo lugar de su primera representación *Misión al pueblo desierto*, su última obra, a la que su muerte ha convertido en testamento dramático. No obstante, la inclinación del autor desde niño había sido la pintura y a ella se dedicó como estudiante de Bellas Artes en Madrid entre 1934 y 1936, hasta que la guerra lo apartó de los pinceles y la prisión sufrida durante la posguerra dio definitivamente al traste con su inicial vocación: «En mi niñez estuvieron, más que cualquier otra cosa, el dibujo y la pintura. [...] Tan apasionada dedicación me condujo de muchacho a la Escuela de Bellas Artes. Cursé allí enseñanzas hasta que estalló la guerra civil que tantas cosas truncaría»[1].

---

[1] Antonio Buero Vallejo, «Apunte biográfico», *Obra Completa*, II, *Poesía, Narrativa, Ensayos y Artículos*, edición crítica de Luis Iglesias Feijoo y Mariano de Paco, Madrid, Espasa Calpe, Clásicos Castellanos, 1994, pág. 304. En adelante, citaremos los textos de Buero por esta edición, abreviando *O.C.* De esta primera vocación queda testimonio, con algunos ejemplos de los dibujos realizados en muy temprana edad, en Antonio Buero Vallejo, *Libro de estampas*, edición al cuidado de Mariano de Paco, Murcia, Fundación Cultural CAM, 1993; y en Manuel Lagos (coord.), *El tiempo recobrado. La historia a través de la obra de Antonio Buero Vallejo*, Ciudad Real, Junta de Comunidades de Castilla-La Mancha y Caja Castilla-La Mancha, 2003.

Desde la infancia, se apasionó por la lectura, gracias a la influencia de su padre, un capitán de Ingenieros, amante de la cultura, que favoreció en el niño tal afición; ello hizo que pronto conociera a los clásicos universales y a autores del entorno más cercano. El teatro, al que asistía siempre que era posible, y el cine, que frecuentaba con mayor asiduidad, motivaron algunos de sus juegos infantiles; como él mismo declaró en diversas ocasiones, realizaba los personajes dibujándolos en papel o cartulina para desarrollar con ellos sus historias, inspiradas también por entonces en héroes de la narrativa de aventuras.

Poco después de comenzar la guerra civil, en octubre de 1936, su padre fue encarcelado por la policía republicana y desaparece, probablemente fusilado en Paracuellos del Jarama el 7 de noviembre[2]; será este hecho el motivador del conflicto sobre la violencia lícita y el de la contraposición violencia-crueldad que aparece con frecuencia en su teatro, temas de los que realiza un lúcido análisis en *Misión al pueblo desierto* y que vinieron salpicando todo su teatro anterior y, en especial, se encuentran presentes en *El sueño de la razón*[3] y en *La detonación*. A pesar del terrible suceso, Buero, fiel a sus ideas, sirve a la República en varios destinos, colaborando en tareas de difusión cultural; escribe y dibuja en periódicos del frente y colabora con la Junta de Salvamento Artístico, experiencia esta sobre la que compone el argumento de *Misión al pueblo desierto*. De tal actividad pictórica durante este periodo nos queda su testimonio en *Libro de estampas*: «Mucho dibujé y

---

[2] Véase Patricia W. O'Connor, *Antonio Buero Vallejo en sus espejos*, Madrid, Fundamentos, 1996, págs. 261-276. En las págs. 4 y 5 de *RED. Boletín de Transmisiones del Ejército*, 20, febrero de 1950, figura una Necrológica del Teniente Coronel de Ingenieros D. Francisco Buero García, firmada por Antonio Sarmiento, en la que se da ese lugar, modo y fecha de su muerte. Su nombre aparece también en la lista de fusilados que procedían de la cárcel de Porlier, en Carlos Fernández, *Paracuellos del Jarama: ¿Carrillo culpable?*, Barcelona, Argos Vergara, 1983, pág. 127.

[3] Pueden verse al respecto las notas 87 y 88 de Mariano de Paco, en su edición de Antonio Buero Vallejo, *El sueño de la razón* (Madrid, Espasa Calpe, Austral, 1993), a las palabras que Goya dirige al Padre Duaso: «El crimen nos acompaña a todos. Queda por saber si hay causas justas, aunque las acompañe el crimen...» (págs. 120-121).

pinté durante la guerra: en el taller plástico de la F.U.E., para los periódicos murales, en el periódico de mi unidad... Y escribí asimismo no poco para éstos»[4]. En el hospital de Benicasim, donde se había trasladado con el comandante Goryan, médico húngaro Jefe de Sanidad de la XV División, de quien haría un retrato, conoce a Miguel Hernández, a quien dibujaría, como hizo con otros muchos compañeros de presidio, durante la reclusión en el penal de Conde de Toreno, en 1940.

Al finalizar la guerra, es recluido en un campo de concentración y, poco después, se autoriza la vuelta a su residencia con orden de presentarse a las autoridades. No la cumple, comienza a actuar en la clandestinidad, es detenido en Madrid en agosto de 1939 y condenado a muerte en juicio sumarísimo, por «adhesión a la rebelión», en enero de 1940; la sentencia se hizo ejecutiva en marzo y permaneció ocho meses condenado a la pena capital; durante ese periodo cuatro de los siete compañeros procesados con él fueron ajusticiados. Esta otra experiencia se percibe en su obra *La Fundación* (1974). Tras la conmutación de la pena por la inferior (treinta años de reclusión mayor), pasa por diversas prisiones hasta que en 1946 se le concede la libertad condicional con destierro de Madrid[5]. En el tiempo de presidio dibuja y escribe sobre pintura; no tiene aún intención de dedicarse a lo literario. Al salir de la cárcel abandona su vocación plástica y comienza la de escritor. Así explicaba su cambio en 1964:

> Soy, pues, escritor, pero soñé con ser pintor. Aún no sé a qué atribuir el cambio de los pinceles por la pluma. [...] A mis veintitrés años pensé que yo tendría que escribir, quizá porque la tremenda época en que vivimos iba ya dejando en mí

---

[4] Acerca de la actividad artística de Buero durante la contienda, véase Luis Iglesias Feijoo, «Buero Vallejo en la guerra civil», *ALEC*, 30, 1-2, 2005, págs. 221-242; y su edición de textos y dibujos del autor en *Buero antes de Buero*, Toledo, Junta de Comunidades de Castilla-La Mancha, 2007.

[5] No obtiene la libertad definitiva hasta noviembre de 1959. Véase Mariano de Paco, «El expediente carcelario de Antonio Buero Vallejo», en Fernando Doménech (ed.), *Teatro español. Autores clásicos y modernos. Homenaje a Ricardo Doménech*, Madrid, Fundamentos, 2008, págs. 285-289. Este trabajo proyecta nueva luz sobre los años de persecución y encierro padecidos por Buero desde 1939.

un poso de experiencia personal que parecía requerir, más que la expresión pictórica, la literaria[6].

Después de algunos tanteos narrativos encontró su camino en el teatro, porque, tal como él mismo declaró: «Llevaba dentro al autor teatral, aunque yo no lo supiera entonces.» Pero la pintura reaparece constantemente en sus escritos, como hábil creación de espacios escénicos, proyectada en el simbólico binomio «luz-oscuridad», presente desde su primer texto *(En la ardiente oscuridad,* 1946)[7]; como motivo de la fábula dramática *(Diálogo secreto,* 1984); como profesión de sus personajes *(Madrugada,* 1953, *Las Meninas,* 1960, *El sueño de la razón,* 1970, *Llegada de los dioses,* 1971); o como elemento de redención *(Misión al pueblo desierto,* 1999).

Su trayectoria en el teatro de su tiempo comienza cuando lo animan a presentarse al Premio Lope de Vega, que el Ayuntamiento de Madrid volvía a convocar después de finalizar la guerra civil:

> En 1949 el poeta Garciasol, amigo entrañable de toda la vida, me convenció de que me presentase al nuevamente convocado Premio Lope de Vega y lo obtuve. Se inició así una actividad dramática llena de dificultades y altibajos, mas no exenta de resonancia y éxitos[8].

Después de ciertas vacilaciones, envía dos obras: *En la ardiente oscuridad* e *Historia de una escalera;* aquélla, el primer texto que escribió, redactado en 1946, con el lema «Tienen ojos y no ven». La segunda, escrita entre 1947 y 1948, llevó el lema «Magerit». Fue ésta la premiada, como se sabe, en 1949; no obstante, Buero siempre prefirió el otro texto por considerarlo más arriesgado y en mayor consonancia con sus preocupa-

---

[6] «Me llamo Antonio Buero Vallejo», *O.C.,* II, cit., pág. 291.
[7] Véase Enrique Pajón Mecloy, «Voluntad de luz. Símbolo, metáfora y filosofía en la dramaturgia de Buero Vallejo», en Ana María Leyra (coord.), *Antonio Buero Vallejo. Literatura y filosofía,* Madrid, Complutense, 1998, págs. 141-144; y Joaquín Verdú de Gregorio, *La luz y la oscuridad en el teatro de Buero Vallejo,* Barcelona, Ariel, 1977.
[8] «Apunte biográfico», *O.C.,* II, cit., pág. 310.

ciones temáticas y técnicas. En él, un grupo de jóvenes *invidentes*, felices en el interior de una residencia donde llevaban la apariencia de una vida normal, ve alterada ésta con la llegada de Ignacio, un muchacho ciego descontento con sus limitaciones, que trastrueca su plácida convivencia. Todo en la pieza admitía una doble lectura que guiaba al receptor a tomar conciencia de su reclusión en una sociedad carente de libertades en la que la mayor parte de los ciudadanos aceptaba, como los ciegos de la residencia, una existencia falaz.

Historia de una escalera poseía también un nivel simbólico, pero el ambiente de casa de vecindad en el que discurre la peripecia de sus personajes favoreció su mejor aceptación inmediata. Los sucesos que en ella tienen lugar, a primera vista particulares, y el mismo espacio escénico (la escalera) poseen un indiscutible valor de símbolo. Al conocerse la identidad y biografía del ganador, la sorpresa es grande y el estreno padece algunas dificultades, si bien tiene por fin lugar en el Teatro Español de Madrid, dos semanas antes de la habitual representación de *Don Juan Tenorio*. La obra consiguió tal acogida de crítica y público que se mantuvo en cartel hasta el 22 enero de 1950, con 189 representaciones. El éxito obtenido por Buero con *Historia de una escalera* impidió que el drama de Zorrilla se representase ese año en el Español, lo que le valió al nuevo dramaturgo entre algunos compañeros de profesión el apelativo de «Capitán Centellas», por haber *matado* a don Juan. Sólo fueron interrumpidas las representaciones el 19 de diciembre para dejar paso por una noche a la única pieza breve del propio Buero, *Las palabras en la arena*, que recibió por votación del público el primer Premio de la Asociación de Amigos de los Quintero. A pesar de su corta extensión, esta pieza, que se puede valorar como su primer texto de personajes y marco histórico, es una tragedia de inspiración bíblica y valor especular sobre el presente, como lo será todo su teatro de localización histórica.

Con el estreno y el éxito de *Historia de una escalera* da comienzo un camino hacia el realismo que tiene como punto de partida el contar desde la escena los aspectos menos tolerables de una sociedad en la que los individuos más desfavorecidos por la fortuna luchan por alcanzar la salida de un incierto camino, en una España asolada por la guerra civil y sumergida en una terrible posguerra. Conscientemente, se instaló frente al teatro evasivo que predominaba durante la década de los 40. Buero sitúa así el teatro español junto al del resto de los países que, tras la segunda gran guerra, desarrollan importantes nociones sobre el compromiso individual y colectivo, y se coloca al lado de los dramaturgos que constituyen el canon occidental de esos años (William Saroyan, Tennessee Williams, Jean-Paul Sartre, Albert Camus y, en especial, Arthur Miller).

Era tan palpable la novedad en *Historia de una escalera* que la crítica de la prensa diaria lo señaló después del estreno y puso de manifiesto la originalidad de la obra, que suponía una isla de compromiso en el ámbito del teatro español de su tiempo, y el enlace con una actitud crítica que en España se estaba dando en algunos poetas y narradores desde los primeros años 40. Buero, con absoluto conocimiento de lo que hace, coloca ante los espectadores de 1949 a un grupo social cuyos componentes (los vecinos de la escalera de una vivienda madrileña, que podía ser la suya misma) exhiben sus conflictos individuales formando parte de una conflictividad general, ya que el telón de fondo del tiempo transcurrido entre los actos segundo y tercero engloba la guerra civil («es una obra en tres actos y treinta años») y su reflejo se advierte en las actuaciones de los personajes. Hasta entonces, la presencia de estos grupos en los escenarios españoles daba lugar a situaciones melodramáticas, cómicas o grotescas, pero no se planteaba con ello una revisión seria de la difícil existencia de las clases populares ni de la problemática realidad del país. En 1950, ante el estreno en Barcelona de la obra, declaraba:

> Frente a las graves crisis que el mundo vive, caben dos salidas individuales: refugiarse en las triviales diversiones que dispersan nuestra vida, o dar valerosamente cara a los problemas con toda la piedad y sinceridad que nos son posibles. [...] Por español que, humildemente, no tiene miedo a mirar así, preferí escribir una sincera comedia de tendencia trágica a servir al público una divertida frivolidad más[9].

---

[9] «Ante el estreno de *Historia de una escalera*. Autocrítica» (25 de julio de 1950), en *O.C.*, II, cit., pág. 320.

Buero Vallejo es el iniciador y propulsor en los años de la posguerra de dos importantes modalidades teatrales que suponen la renovación del género dramático en nuestro país: la tragedia contemporánea, con personajes del aquí y ahora del vivir cotidiano del momento de las respectivas escrituras; y la nueva fórmula del teatro histórico (tratado también bajo especie trágica), entendido como revisión de nuestro más conflictivo pasado y como «iluminador» de las acciones presentes, un teatro que establece entre la escena y el espectador el tiempo de la reflexión; de cada una de ellas escribe lúcidos textos teóricos contenidos en el citado volumen II de su *Obra Completa*. Con su compromiso dramatúrgico abre un camino por el que han transitado distintas generaciones de autores y autoras desde los años 50. Es innegable su influencia en la llamada «generación realista»; la presencia en escena del pueblo oprimido por las penurias económicas o las trabas individuales y sociales que soportan los menos afortunados son fundamentales en piezas como *El grillo*, de Carlos Muñiz; *Los inocentes de la Moncloa, Historia de unos cuantos* o *Los quinquis de Madriz*, de José María Rodríguez Méndez; *La madriguera*, de Ricardo Rodríguez Buded; *Cerca de las estrellas*, de Ricardo López Aranda; *La camisa* o *La pechuga de la sardina*, de Lauro Olmo; *Las salvajes en Puente San Gil*, de José Martín Recuerda; y en el teatro de tema histórico de estos autores. No se debe tampoco olvidar que la dramaturgia de Buero llevaba a la escena ideas que los jóvenes más avanzados (Alfonso Sastre, José María de Quinto, Medardo Fraile) expresaron con el grupo *Arte Nuevo*. No es extraño por ello que Alfonso Sastre recibiera el estreno de *Historia de una escalera* con muestras de entusiasmo desde las páginas de *La Hora*, aunque años después los dos autores se distanciasen tras la polémica sobre el «posibilismo» publicada por la revista *Primer Acto*, si bien ambos se encontraban movidos entonces por semejantes intenciones: renovar la dramaturgia española, recuperar para nuestro teatro la tragedia y hablar del aquí y ahora de la España de la dictadura, intentando mediante su literatura cambiar las injusticias del sistema. Andando el tiempo se apaciguaron las posturas de juventud, pero la ruptura quedó para los anales de la literatura dramática española y tanto Buero como Sastre la han evocado dramáticamente en algunos de sus textos[10]. Quizás la muestra más significativa sea la que se produce en *La detonación*, cuando ante un Larra que quiere escribir en Madrid, burlando lo que pueda para decir lo más que se le permita, otros autores establecen un pacto directo con el poder; acometen acciones imposibles con gran dignidad (Espronceda), o manifiestan evidente mala intención contra Larra (Díaz).

Entre 1949 y 1959 consolida Buero su posición de dramaturgo comprometido en la sociedad de posguerra con estrenos y publicaciones que, si bien padecieron los rigores de la censura oficial, pudieron hablar desde la escena al público de su tiempo[11]. A esta etapa pertenecen títulos de menor o variable fortuna como *El terror inmóvil* y *Aventura en lo gris*, ambas escritas en 1949, *La señal que se espera* (1952), *Casi un cuento de hadas* (1953), *Irene, o el tesoro* (1954) o *Una extraña armonía*, escrita en 1956 y desconocida hasta su publicación en la *Obra Completa;* y otras que resultan imprescindibles en la trayectoria del autor. En *La tejedora de sueños* (1952) recrea la historia de Penélope y Ulises para enfrentarse a la guerra y a la crueldad. *Madrugada* (1953) ofrece un ejemplo de la fusión

---

[10] Véase Alfonso Sastre, «Teatro imposible y pacto social», *Primer Acto*, 14, 1960, págs. 1-2; Antonio Buero Vallejo, «Obligada precisión acerca del "imposibilismo"», *Primer Acto*, 15, 1960, págs. 1-6 (este, en *O.C.*, II, cit., págs. 668-680); y Alfonso Sastre, «A modo de respuesta», *Primer Acto*, 16, 1960, págs. 1-2. Los artículos están reproducidos en Luciano García Lorenzo, *Documentos sobre el teatro español contemporáneo*, Madrid, S.G.E.L., 1981, págs. 111-130. De interés al respecto son: Luis Iglesias Feijoo, «La polémica del posibilismo teatral: supuestos y pre-supuestos», *F.G.L. Boletín de la Fundación Federico García Lorca*, 19-20, diciembre de 1996, págs. 255-269 (número coordinado por María Francisca Vilches de Frutos y Dru Dougherty); y Berta Muñoz Cáliz, «A vueltas con el *posibilismo* teatral», *Teatro*, 20, junio de 2004, págs. 171-198. Acerca del posibilismo y su relación con este drama pueden verse: Francisco Ruiz Ramón, «De *El sueño de la razón* a *La detonación*. (Breve meditación sobre el posibilismo)», *Estreno*, V, 1, primavera de 1979, págs. 7-8; y Magda Ruggeri Marchetti, «Sobre *La detonación* de Antonio Buero Vallejo», *Actas del Congreso de AEPE*, Budapest, Akadèmiai Kiado, 1978, págs. 189-199; reproducidos ambos en Mariano de Paco (ed.), *Estudios sobre Buero Vallejo*, Murcia, Universidad de Murcia, 1984, págs. 327-331 y 315-326.

[11] Véase Berta Muñoz Cáliz, *El teatro crítico español durante el franquismo, visto por sus censores*, Madrid, Fundación Universitaria Española, y *Expedientes de la censura teatral franquista*, I, Madrid, Fundación Universitaria Española, 2005 y 2006.

entre el realismo de una «pieza bien hecha» (hasta tal punto que un reloj preside la representación y marca cómo el suceso escénico se produce en tiempo real) y una profunda dimensión simbólica, en la indagación de la verdad que lleva a cabo la protagonista. En 1956 vuelve al mundo de *Historia de una escalera* con *Hoy es fiesta,* donde el trazado costumbrista no oculta la tragedia individual de los personajes ni el símbolo contenido en el espacio habitual de una azotea de una casa de vecindad. Algo parecido podríamos decir de la vivienda de clase media donde conviven los personajes de *Las cartas boca abajo* (1957).

En 1958 estrena *Un soñador para un pueblo;* allí recrea libremente el motín de Esquilache e inicia en rigor el teatro histórico de revisión crítica que tanto influirá en adelante. Esta nueva modalidad transformará sustancialmente las formas de construcción dramatúrgica empleadas hasta ese momento, ya que la materia histórica requería un modelo de estructura abierta, expresada en constantes juegos espacio-temporales, que para otras obras no habían sido necesarios.

Entre 1960 y 1975 la vida y la obra del autor se consolidan. En 1959 contrajo matrimonio con la actriz Victoria Rodríguez (que había desempeñado el papel de Daniela en *Hoy es fiesta)* con la que tuvo dos hijos; Carlos nace en 1960; ese año mismo estrena *Las Meninas,* «fantasía velazqueña», centrada en la figura del genial pintor, enfrentado a la hipocresía general de la corte de Felipe IV; en 1961 nace su segundo hijo, Enrique (que muere en un desgraciado accidente, en 1986, cuando Buero estrena *Lázaro en el laberinto* y se le concede el Premio Cervantes). En 1971 es elegido miembro de número de la Real Academia Española y en 1972 leyó el discurso de ingreso: «García Lorca ante el esperpento», un texto teórico que, como otros suyos, da luz para entender no sólo a un autor, sino toda una etapa de la historia del drama del siglo XX. En 1962 estrena uno de sus textos representativos, *El concierto de San Ovidio,* en el que se ocupa de un suceso acaecido en la Francia prerrevolucionaria y vuelve a utilizar la ceguera como realidad y como símbolo. Da un paso más en su experimentación, iniciada en el breve momento de invidencia en el que cae el espectador de *En la ardiente oscuridad,* al sumergirlo ahora, mediante un prolongado apagón, en el atormentado mundo de David, pero también en la incertidumbre del sorprendido Valindin. En 1963 consigue estrenar *Aventura en lo gris*, una pieza cuyo argumento y localización remite a la guerra mundial, como imagen de cualquier guerra, y de sus atrocidades, que había sido prohibida por la censura en 1954 y que, aunque no se hizo público, dirige el mismo autor.

La de los años 60 es una década de acontecimientos contradictorios para Buero. Su figura representa el teatro español de posguerra, pero otras dificultades impiden el normal desarrollo de su actividad. La firma, con un centenar de intelectuales, de una carta de protesta por los malos tratos de la policía a mineros asturianos en huelga, le causa «el desvío de editoriales y empresas» y se ve obligado a viajar a Estados Unidos con el fin de pronunciar conferencias en distintas Universidades para subsistir. *La doble historia del doctor Valmy* (escrita en 1964) es presentada dos veces a censura sin conseguir autorización para su estreno en España; la obra, que en versión inglesa se estrenó en Chester (1966), trata el tema de la tortura policial y no pudo ser representada en España hasta 1976, dirigida por Alberto González Vergel. En 1966, José Tamayo le encarga la versión de *Madre Coraje y sus hijos*, de Bertolt Brecht, y en 1967 vuelve a la escena con *El tragaluz;* este «experimento», en el que el autor dramatiza sucesos de nuestro tiempo mediante la recuperación que de ellos hacen unos personajes del futuro, obtiene un gran éxito de público y crítica.

Sigue otro de sus títulos más significativos, *El sueño de la razón* (1970), situado en el primer tercio del siglo XIX, durante el reinado de Fernando VII; tiene a Goya como protagonista y signo del creador oprimido por el poder. La faceta constructiva que destaca en esta magnífica pieza es la participación del espectador en la sordera del protagonista y en su alucinado universo mental, reflejado en escena en los espacios sonoros (voces, latidos) y visuales (proyecciones y máscaras). Sin embargo, no es menos interesante la integración que se produce de la tragedia con elementos de una visión «desde el aire», que reside «en la conciencia simultánea de superioridad creativa y humana miseria» que posee la figura dramática del pintor. Por todo ello, «podemos considerar *El sueño de la razón* como una tragedia con "su renovada asunción de perfiles orgiásticos y esperpénticos", en la que Buero Vallejo cree que está, si lo hay, el porvenir del arte dramático»[12].

A partir de esta obra aumenta lo que el autor ha denominado «interiorización del público en el drama», que desarrolla los llamados «efectos de inmersión»[13]. Mediante ellos, el dramaturgo procura de modo sistemático obligar al espectador a compartir las limitaciones de los personajes en un constante juego de *participación distanciadora* (que tendrá uno de sus mejores exponentes en la concepción dramatúrgica desde dentro del personaje de *La detonación),* porque su resultado no es el adormecimiento de las conciencias ante la magia del espectáculo, sino el despertar de la razón y los sentidos ante la injusticia y limitación focalizadas por el hecho escénico. Así ocurre en *Llegada de los dioses* (1971) y llega a sus últimas consecuencias, en las obras de este período, en el efecto participativo propuesto en *La Fundación* (1974), broche de oro de una etapa de plena madurez del autor. En *La Fundación,* un texto esencial en la dramaturgia del siglo XX, Buero entrelaza los problemas individuales de cada personaje, los de una sociedad sumergida en la dictadura y los existenciales de la propia condición humana, estableciendo una clara relación con los que han sido sus modelos españoles, Cervantes y Calderón. A pesar de que en el momento de su estreno la clave temática de época era perfectamente desvelable y su relación con la España del franquismo no dejaba lugar a dudas, hoy es un texto de valor universal que cuestiona las acciones individuales torcidas y hace reflexionar sobre la violencia, la guerra, el miedo, la traición y la crueldad, allí y cuando se produzcan.

---

[12] Mariano de Paco, Introducción a su edición de Antonio Buero Vallejo, *El sueño de la razón,* cit., págs. 37 y 38.

[13] Véase Ricardo Doménech, *El teatro de Buero Vallejo,* Madrid, Gredos, 1993², págs. 58-65; Victor Dixon, «The "inmersion-effect" in the plays of Antonio Buero Vallejo», en Mariano de Paco (ed.), *Estudios sobre Buero Vallejo,* cit., págs. 159-183, y «Los efectos de inmersión en el teatro de Antonio Buero Vallejo; una puesta al día», *Anthropos,* 79, 1987, págs. 31-36; y José Luis García Barrientos, «Sobre los "efectos de inmersión" en el teatro de Buero Vallejo: problemas y marco teórico», en AA.VV., *Teatro español. Autores clásicos y modernos. Homenaje a Ricardo Doménech,* Fernando Doménech (ed.), cit., págs. 321-330.

Aunque en 1976 se había estrenado *La doble historia del doctor Valmy*, el primer texto escrito y estrenado después de la muerte de Franco es *La detonación* (1977), que ahora editamos y al que nos referiremos ampliamente. En los dramas compuestos en la sociedad democrática, Buero mantiene su actitud crítica y su investigación estética, buena prueba de ello es *Jueces en la noche* (1979), que aborda el desconcierto soportado por los individuos y la sociedad de la transición, en la que se acogía a quienes se encontraban desterrados y, al mismo tiempo, se toleraba a los que querían mantener las prerrogativas del régimen anterior. *Jueces en la noche* es un texto arriesgado formalmente desde el punto de vista de su escritura y construcción dramatúrgica y valiente en su análisis de la realidad política del país; en él se alternan las escenas que tienen lugar en la realidad exterior y las que corresponden a los *sueños* de la conciencia culpable del protagonista.

Aunque de modo menos general, los elementos participativos se hallan en la construcción del resto de sus obras; de igual forma, después de la muerte de Franco, Buero siguió siendo cronista de la historia de su país, relatando los sucesivos relevos de poder y avisando de sus múltiples apariencias[14]. En la década de los 80 sus obras recogen los problemas que intranquilizan a la nueva sociedad: violencia en la calle, especulación, corrupción, tráfico ilegal, armamento. A este periodo pertenecen *Caimán* (1981), *Diálogo secreto* (1983), *Lázaro en el laberinto* (1986), *Música cercana* (1989) y, en los 90, *Las trampas del azar* (1994) y *Misión al pueblo desierto* (1999). Al fondo de todos y cada uno de los textos que constituyen su teatro durante la democracia se encuentra el tema que siempre le preocupó: la búsqueda de lo auténtico y el descubrimiento de la mentira; la intención que lo guía desde el principio: presentar a las víctimas de la injusticia y la represión; y la inquietud que motiva su tragedia esperanzada: la necesidad de que el futuro supere los males del presente que son los del pasado, como lo expresa a través de los tres tiempos de *El tragaluz*.

---

[14] Véase Martha T. Halsey, *From Dictatorship to Democracy, The Recent Plays of Antonio Buero Vallejo (From La Fundación to Música cercana)*, Ottawa, Dovehouse Editions, 1994.

La hondura de los temas no impidió al dramaturgo desarrollar una constante indagación en las formas constructivas, en una dramaturgia en continuo avance integrador. Condición esta de su teatro que dificulta la clasificación de su producción, a pesar de los intentos de hacerlo que se han llevado a cabo desde distintos presupuestos. Atendiendo a las dos modalidades apuntadas, se podría establecer una división en obras que desarrollan la historia dramática con personajes contemporáneos y las que lo hacen con seres de procedencia histórica o legendaria, aunque en algunas piezas las fronteras espacio-temporales se desdibujan en virtud de las complejas estructuras manejadas por el autor, que convierten en *históricas* obras ambientadas en el presente. Desde este punto de vista se pueden analizar *Historia de una escalera,* en la que Buero revisa la historia de la España que ha conocido (1916-1946); o *Aventura en lo gris* (1949), que cabría considerar como teatro histórico en tanto que reflexiona sobre la violencia en el marco de una guerra de dimensiones internacionales a pocos años del final de la segunda guerra mundial. La guerra civil española de 1936 configura el telón de fondo en *Hoy es fiesta* (1956); en ella tiene lugar el proceso dramático de *Misión al pueblo desierto* (1999). La posguerra y sus secuelas se vislumbran en *Llegada de los dioses* (1971), *La Fundación* (1974) y *Las trampas del azar* (1994). Incluso, en algunos casos, la proyección del argumento hacia un tiempo aún no llegado las coloca dentro de un teatro futurista. Son aquellos en los que el autor considera el pasado próximo de nuestro país a través de un sistema de perspectivas temporales que van del presente o del futuro al pasado para devolvernos una imagen crítica de nuestro acontecer. La pieza más marcada por la múltiple temporalidad es *El tragaluz* y a ella se acercan *La doble historia del doctor Valmy, Caimán* y *Misión al pueblo desierto;* en cada una, un tiempo encierra a otro que tuvo lugar con anterioridad.

En la dramaturgia de Buero Vallejo pueden advertirse varios planos que se unen y completan, el de los hechos que tienen lugar en la representación y que, por tanto, no admiten cambio; el de los personajes y espectadores como individuos y como miembros de una colectividad en la que deben influir; y, finalmente, un nivel metafísico en el que se manifiestan las limitaciones del ser humano. Para ello el autor elige la tragedia, porque es el género literario que expresa la contraposición de destino y libertad, entre la voluntad personal y las imposiciones, que en el teatro contemporáneo provienen de los condicionantes sociales y existenciales. En el bueriano se plantea reiteradamente la necesidad del desvelamiento de la verdad trágica de los personajes en el escenario y del público fuera de él. Los Investigadores de *El tragaluz*, los Visitantes de *Mito* o los asistentes a la sesión del Círculo de Estudios de *Misión al pueblo desierto* nos juzgarán, pero el juicio ha de producirse también en el espectador. Elemento fundamental de la tragedia es, para él, su apertura («El meollo de lo trágico es la esperanza»), aunque no deje ésta de ser problemática:

> Pese a las reiteradas y desanimadoras muestras de torpeza que nuestros semejantes nos brindan de continuo, la capacidad humana de sobreponerse a los más aciagos reveses y de vencerlos inclusive, difícilmente puede ser negada, y la tragedia misma nos ayuda a vislumbrarlo[15].

No hay un destino o un azar que determinen por completo la acción del hombre y de la sociedad, lo que no quiere decir que en la construcción dramatúrgica de sus textos los desenlaces no se cierren para los participantes en la peripecia (es claro en el caso de Larra), o que su punto de vista no se vea oscurecido, andando el tiempo, por la realidad[16]. Es el espectador quien ha de elegir, una vez concluida la historia escénica, «las formas de evitar a tiempo los males que los personajes no acertaron a evitar», puesto que la tragedia muestra el modo en que las torpezas humanas *(hybris)* pueden presentarse como un destino.

En los textos de Buero se descubre con frecuencia la lucha entre dos actitudes: la del *soñador* y la del *activo*, que ejemplifican maneras de enfrentarse a la realidad y que se advierten

---

[15] *O.C.*, II, cit., pág. 411.
[16] Véase Antonio Iniesta Galvañ, *Esperar sin esperanza: El teatro de Antonio Buero Vallejo*, Murcia, Universidad de Murcia, Cuadernos de Teatro, 2002, págs. 26-46.

ya en las parejas protagonistas de sus primeros dramas (Carlos e Ignacio, en *En la ardiente oscuridad;* Fernando y Urbano, en *Historia de una escalera).* La condición de los *activos* es más censurable, pero ni unos ni otros tienen toda la razón ni toda la culpa (como se advierte al considerar, por ejemplo, a los dos hermanos de *El tragaluz).* En la pieza que nos ocupa solo algunos personajes (Clemente Díaz; el esperpéntico don Froilán; en cierta medida, Bretón) comportan el rasgo negativo; el resto, incluido el protagonista, gozan de un hibridismo que les concede su valor humano. En algunas obras aparecen personajes que representan el equilibrio, pero suelen ser figuras aludidas que quedan, por ello, fuera del espacio del conflicto como una salida a la esperanza. En realidad, lo que propone el dramaturgo es la integración del sueño y la acción, ese sueño creador que también defendiera Machado y que se ejemplifica con Plácido, personaje de *Misión al pueblo desierto.*

Esta última obra de Buero, como se ha indicado, subía al escenario del Teatro Español de Madrid el 8 de octubre de 1999, cincuenta años después de que se representase en el mismo lugar su primera pieza estrenada, *Historia de una escalera.* Dos días antes de su estreno afirmó Antonio Buero Vallejo que en ella estaban todas sus obras anteriores y, como en ninguna otra, se refiere directamente a un suceso de la ya lejana guerra civil española. Buero se coloca en ella como personaje y público de esta ficción de base autobiográfica e histórica, y ofrece claves de reconocimiento a los espectadores de nuestro tiempo, a la vez que los coloca como jueces y jurados del que pasó. El dramaturgo establece un diálogo entre ideologías que, en definitiva, se perdieron por no saber conjugar sus protagonistas el sueño y la vigilia. Recupera la memoria histórica con ponderación y equilibrio; recuerda que la violencia es injustificable, venga de donde venga, y desarrolla la idea del arte como salvación que el dramaturgo-pintor expuso en tantos textos teóricos y creativos.

Antonio Buero Vallejo consiguió hacer un teatro para una sociedad y una obra que ha cobrado dimensiones universales. Desde sus inicios, consideró que el teatro debía ser «un revulsivo», y pretendió desarrollar, con el suyo, una serie de preocupaciones, entre las que se encuentran el análisis de las acciones del poder y la consideración «de nuestras torpezas históricas», que son «actuales». Por ello hay que considerar que la historia, como formante íntimo, está presente en toda su producción y que tiempo, acciones y personajes se proyectan sobre el receptor, que queda enfrentado a problemas de otro momento y del suyo mismo.

La fecunda trayectoria bueriana cuenta con más de una treintena de obras estrenadas, con tres únicas excepciones: *El terror inmóvil* (1949), *Una extraña armonía* (1956) y *Mito* (1967). El autor fue premiado en multitud de ocasiones; entre los más significativos galardones figuran el Premio Nacional de Teatro, en 1956, por *Hoy es fiesta;* en 1957, por *Las cartas boca abajo;* en 1958, por *Un soñador para un pueblo;* y en 1980, por el conjunto de su producción; el Premio Miguel de Cervantes en 1986; y el Premio Nacional de las Letras Españolas en 1996, estos últimos concedidos por vez primera a un dramaturgo. El éxito de Buero no ha quedado dentro de nuestras fronteras; sus obras han sido traducidas a más de veinte lenguas y se han representado en importantes teatros de todo el mundo con muy notables directores. Los primeros estrenos en el extranjero fueron los de *Historia de una escalera* en Ciudad de México, en marzo de 1950, y de *En la ardiente oscuridad,* en diciembre de 1952, en Santa Bárbara (California); a los que siguieron otros muchos, entre los que pueden destacarse los de *El concierto de San Ovidio* en el italiano Festival de San Miniato (1968), en el Unity Theatre de Londres (1973) y en el Wilma Theater de Filadelfia (1988); de *El sueño de la razón* en el Teatro de Arte Gorki, de Moscú (1973), y en el Teatro Na Woli, de Varsovia, con dirección de Andrzej Wajda (1976); de *La Fundación* en el Teatro Nacional de Timisoara, Rumanía (1977), en el Dramaten de Estocolmo (1977) y en el en el Trilogy Theatre de Nueva York (2002); y, entre los más recientes, los de la versión china de *Historia de una escalera* en el Teatro Yifu de Pekín (2004) y la alemana de *En la ardiente oscuridad* en el teatro de la ciudad de Hof (2008)[17].

---

[17] Véase la relación de traducciones y representaciones en el extranjero, hasta 1994, en el apartado primero de la Bibliografía de la *Obra Completa* (vol. I, págs. LIII-LXXVIII). Véase información actualizada en <www.cervantesvirtual.com/bib_autor/BueroVallejo/>.

En los homenajes que estudiosos y autores le dedicaron tras su muerte, algunos de cuyos textos formaron el volumen *Memoria de Buero,* se reconocía su indudable magisterio y el apoyo incondicional que siempre prestó a la joven dramaturgia de nuestro país. Buero supuso un ejemplo de dignidad desde la escena española de la segunda mitad del siglo XX, porque mostró una nueva manera de enfrentarse a las mordazas, a la mentira y a la injusticia, procurando colocar al ciudadano ante la verdad.

El teatro histórico de Buero Vallejo

La historia misma de nada nos serviría si no fuese un conocimiento por y para la actualidad, y por eso se reescribe constantemente. El teatro histórico es valioso en la medida en que ilumina el tiempo presente, y no ya como simple recurso que se apoye en el ayer para hablar del ahora, lo que, si no es más que recurso o pretexto, bien posible es que no logre verdadera consistencia. El teatro histórico ilumina nuestro presente cuando no se reduce a ser un truco ante las censuras y nos hace entender y sentir mejor la relación viva existente entre lo que sucedió y lo que nos sucede. Es el teatro que nos persuade de que lo sucedido es tan importante y significativo para nosotros como lo que nos acaece, por existir entre ambas épocas férrea, aunque quizá contradictoria, dependencia mutua[18].

El 18 de diciembre de 1958 subió al escenario del Teatro Español de Madrid *Un soñador para un pueblo,* el primero de los dramas históricos de Buero, en el que ensaya otros modos de desarrollar la historia dramática a partir de complejas estructuras espaciales de la escena, que permiten acciones simultáneas en un espacio múltiple que el espectador tiene a la vista.

Así mismo, en esta obra y en las dos que la preceden de ambiente remoto *(Las palabras en la arena* y *La tejedora de sueños),* Buero inaugura en la dramaturgia española de la posguerra

---

[18] «Acerca del drama histórico», *O.C.,* II, cit., págs. 827-828.

una fórmula nueva de abordar el tema de la historia en el teatro, lo que lo sitúa dentro del canon que se reconoce universalmente a dramaturgos que, en los mismos años, lo llevaron a cabo de igual manera, como es el caso del norteamericano Arthur Miller:

> Nos encontramos [...] con un teatro histórico de sentido crítico que busca una visión distinta y no condicionada previamente de algunos relevantes sucesos y personajes del pasado. [...] Es en los dramas históricos fácilmente perceptible la preocupación por los problemas generales del hombre y por cuestiones concretas de la sociedad actual[19].

Para el autor de *Las Meninas,* «cualquier teatro, aunque sea histórico, debe ser, ante todo, actual»[20]. De tal forma que, así considerado, el drama histórico cubrirá dos metas: la de recuperar un ayer conflictivo y, quizá por ello, enterrado en el olvido, y la de reflexionar sobre acciones y comportamientos del individuo o de la sociedad que son intemporales.

Como se ha indicado, Buero había escrito y estrenado obras ambientadas en el ayer mítico y literario y había hablado del interés de las recreaciones del pasado antes de salir a la luz *Un soñador para un pueblo*. A pesar de su corta extensión, *Las palabras en la arena* (1948) se puede valorar como su primer texto de personajes y marco histórico, por su inspiración bíblica y valor especular. El autor confesó entonces su intención de «dignificar un problema matrimonial tocado en nuestro tiempo con demasiada torpeza y de introducir en la forzada brevedad de un acto, con su acción necesariamente rápida, el fondo y la complejidad de una tragedia verdadera»[21]. Y en otro momento indica que «la obra quiere apuntar también [...] la tragedia de aquella hipócrita y decadente sociedad romanojudaica, pervertida hasta el tuétano de los huesos,

---

[19] Mariano de Paco, «Teatro histórico y sociedad española de posguerra», en *Homenaje al profesor Antonio de Hoyos,* Murcia, Real Academia Alfonso X el Sabio, 1995, págs. 408-409.
[20] «Acerca del drama histórico», *O.C.,* II, cit., pág. 827.
[21] Antonio Buero Vallejo, «Autocrítica de *Las palabras en la arena*», *O.C.,* II, cit., pág. 320.

ante las luminosas e implacables palabras de la nueva moral cristiana»[22]. En definitiva, no hace sino establecer, por primera vez, su voluntad de propiciar una reflexión desde el pasado hacia el presente.

En 1952, afirmaba ante el estreno de *La tejedora de sueños*:

> Nadie puede, aunque quiera, dejar de tratar los problemas de su tiempo; y, desde luego, no fue ésa mi intención. Si la expresé a través del mito de Penélope en lugar de escribir la historia de cualquier mujer de nuestros días que tenga el marido en un frente de lucha, fue porque ese mito ejemplariza a tales historias con una intensidad acendrada por los siglos, y porque las seguirá representando en el futuro mejor que cualquiera de ellas[23].

En 1953, con *Casi un cuento de hadas*, maneja, bajo la nueva intención iluminadora, el argumento del cuento de Perrault, *Riquet el del copete*. El autor encontraba los perfiles de una tragedia esperanzada y humana en la decisión final de los protagonistas: «La pareja central decide vivir en la esperanza, confirmando así el sentido trágico del desenlace, pues es una curiosa peculiaridad de la tragedia que la esperanza final pueda reforzar su sentido en lugar de aminorarlo»[24].

Será, sin embargo, con *Un soñador para un pueblo* cuando lo histórico adquiera en el teatro de Buero Vallejo matices personales, y no sólo por la evidente importancia del nuevo concepto con el que está manejado el pasado, sino porque con esta modalidad teatral realiza también significativos avances estéticos y técnicos. Es de sobra conocida su preocupación por experimentar y renovar los elementos de construcción dramatúrgica para la puesta en escena de sus textos. Sobre es-

---

[22] Antonio Buero Vallejo, «Comentario de *Las palabras en la arena*», *O.C.*, II, cit., pág. 351.
[23] Antonio Buero Vallejo, «Comentario a *La tejedora de sueños*», *O.C.*, II, cit., pág. 353.
[24] Antonio Buero Vallejo, «Comentario de *Casi un cuento de hadas*», *O.C.*, II, cit., pág. 386. Inspirándose en los personajes cervantinos de don Quijote y Sancho, escribe en 1967 *Mito*, «Libro para ópera» que no llegó a estrenarse. Sus personajes están construidos bajo el signo especular e iluminador que venimos comentando.

tas cuestiones, reflexionaba Buero en la última parte de su artículo «Acerca del drama histórico» y se preguntaba si para tal tipo de teatro «existen formas privilegiadas que lo faciliten»; comenta cómo se han desarrollado, sobre todo, las formas «alegóricas, farsescas y esperpénticas», que él acepta, pero no considera excluyentes:

> Son modos creadores legítimos para determinadas obras. Pero si los tomásemos como fórmulas únicas o como las más auténticas podríamos favorecer la privanza de un teatro infantilizado, de someras situaciones didácticas y de acartonadas marionetas que, paradójicamente, suscitasen en el público la nada formativa y petulante sensación de una superioridad ilusoria[25].

Prefiere el esperpento, bien entendido, como vía de expresión; sin embargo, considera que lo adecuado sería matizar la «mirada desde el aire» con la situación «en pie», porque «nos acerca e identifica mejor con seres de ficción a nuestra misma altura humana».

Termina afirmando que el autor de dramas históricos dispone en la actualidad «de un denso repertorio lingüístico. Puede escribir tragedias totales, puede hacer obras trágico-esperpénticas, puede usar de la farsa, puede matizar todo ello con significativos aspectos superrealistas o expresionistas» y su grandeza reside en saber usar de todos y cada uno de ellos, sin eludir la función crítica que la pieza debe poseer. «Seamos implacables en la crítica, pero abundantes y pluralistas en las formas de creación», aconseja[26].

---

[25] *O.C.*, II, cit., pág. 829.
[26] Véase «Acerca del drama histórico», *O.C.*, II, cit., pág. 289. En los diversos artículos e intervenciones en coloquios y entrevistas en los que se manifiesta sobre los grandes clásicos de nuestro tiempo (Valle-Inclán y Brecht) que, de una u otra manera, han expresado su crítica hacia la sociedad actual con estéticas innovadoras —«desde el aire» o mediante el «distanciamiento»—, Buero considera que estos autores, no obstante sus teorías basadas en el alejamiento deformante u objetivador, han dejado entrar el componente de cercanía que les concede humanidad y grandeza en la realización práctica de sus obras (véase «De rodillas, en pie, en el aire», *O.C.*, II, cit., págs. 197-211). En «Actualidad de Brecht» *(O.C.*, II, pág. 989) respondía a una encuesta de la revista *Primer Acto*

Con relación a la estructura, en el mismo texto se habla de la construcción multisignificativa, de la necesidad de que el arte (el teatro histórico) deje campo interpretativo al receptor; plantee enigmas, profundice en el sentido último olvidando los contornos precisos, porque su mirada de dramaturgo es semejante a la de Velázquez en *Las Meninas*. Éste explicaba al pintor de corte Nardi cómo dejaba los límites de sus figuras *imprecisos* porque su mirada escruta los ojos (el alma, el espíritu) de lo representado, no su aspecto externo: «Vos creéis que hay que pintar las cosas. Yo pinto el ver»[27].

Los grandes dramas históricos de Antonio Buero Vallejo (*Un soñador para un pueblo, Las Meninas, El concierto de San Ovidio, El sueño de la razón* y *La detonación*) reflejan, como sus versiones anteriormente comentadas, la intención del autor de traspasar lo que fue real para mostrar su más profundo sentido y la finalidad de tratar el pasado —real, ficticio o legendario— con una visión especular del hoy, todo sin abandonar en ellos una interesante tarea de investigación formal. En 1960, al hablar sobre dos de sus últimas obras, el propio dramaturgo establecía las constantes y las diferencias de las dos vertientes de su teatro:

> Desde mis primeras tentativas escénicas son los perfiles trágicos del hombre y de la sociedad en que vive los que me han importado decisivamente para mi propio teatro. [...] Tragedias, además, españolas; pues una misma preocupación española posee a estos dos dramas [*Hoy es fiesta* y *Un soñador para un pueblo*], de tan distinta apariencia. [...] Las diferencias externas entre ambos empiezan por la técnica. *Hoy es fiesta* se desarrolla en construcción cerrada y atenida prácticamente a las tres unidades [...]. *Un soñador para un pueblo* es justamente la primera excepción al respecto. La crónica

---

(mayo de 1973) y explicaba: «Brecht ha ejercido, además de una aproximación científica a lo real, una aproximación poética. [...] Afortunadamente para nosotros y para él, Brecht es más complejo que el brechtismo. Y por eso los mejores dramaturgos que de él parten reincorporan a sus obras bastantes de los ingredientes que desaconsejó en sus formulaciones teóricas, pero que, bajo nuevas miradas, también se hallan en su admirable teatro.»

[27] Antonio Buero Vallejo, *Las Meninas*, ed. de Virtudes Serrano, Madrid, Espasa Calpe, Austral, 1999, Parte segunda, pág. 190.

histórica que esa obra glosa reclamaba con toda evidencia una técnica abierta[28].

Dicha técnica servirá de soporte a su teatro histórico y se irá matizando con otros componentes enriquecedores, como los efectos de participación incorporados a *El concierto de San Ovidio*, *El sueño de la razón* y, más que a ninguna otra, a *La detonación*. Ya hemos comentado que en *El concierto de San Ovidio* era el apagón que sumerge al espectador en el mundo de los personajes la mayor innovación del drama. En *El sueño de la razón*, la faceta constructiva que destaca es la participación del espectador en la sordera del protagonista y en su alucinado universo mental. Pero será *La detonación* la que reúna un haz de caracteres más completo: de un lado, su multiplicidad de espacios amplía considerablemente el «retablo» en el que se estructuraba *Un soñador para un pueblo*[29], la inmersión en el confuso mundo del personaje central se constituye como elemento estructurador de forma y contenido y, en cuanto a la mezcla de actitudes de las que Buero hablaba en su texto sobre el drama histórico, el dramaturgo ha alternado sin violencia alguna en la construcción la actitud «en pie» y la que lo coloca a distancia «desde el aire» para mostrar secuencias y personajes que requerían un tratamiento diferente. Sin olvidar que, gracias a la figura de Pedro, se establece un enriquecedor juego de distancia (fortalecida también esta por la narratividad de la materia argumental) y participación (a veces totalmente emotiva) potenciador de la catarsis y de la actitud reflexiva del receptor. Ricard Salvat afirmaba en 1978, al entrevistar a Buero para la revista *Estreno*[30], que esta obra era, en el panorama español, «la única que apunta hacia una posible

---

[28] «Buero Vallejo nos habla de *Hoy es fiesta* y *Un soñador para un pueblo*», *Negro sobre Blanco*, 12, abril de 1960; reproducido en *O.C.*, II, cit., págs. 420-425. Véase Francisco Javier Díez de Revenga, «La "técnica funcional" y el teatro de Buero Vallejo», en Mariano de Paco (ed.), *Estudios sobre Buero Vallejo*, cit., págs. 147-158.

[29] De «retablo histórico», por su construcción, califica Luis Iglesias Feijoo *Un soñador para un pueblo* en la Introducción a su edición del texto (Madrid, Espasa Calpe, Austral, 1989, pág. 44).

[30] Ricard Salvat, «Entrevista a Buero Vallejo», *Estreno*, IV, 1, primavera de 1978, pág. 16.

dramaturgia del futuro», por la «espléndida libertad narrativa» y el «maravilloso juego de tiempo y espacio» de los que usa. Y Luciano García Lorenzo sostenía la novedad del primer texto de Buero escrito fuera de la dictadura:

> De una riqueza ideológica fuera de lo común, el carácter narrativo de *La detonación* no ahoga en absoluto los valores dramáticos que el texto indiscutiblemente posee. Y si se pide modernidad, Buero innova con este drama, de la misma manera que [...] buscó nuevas formas de expresión, nuevos caminos de acercamiento al espectador, en muchas de sus piezas anteriores[31].

El proceso de participación se produce al sumergirse el espectador, a través de la historia escénica, en la mente atormentada de un Larra que, dispuesto ya a apretar el gatillo y a acabar con su existencia, rememora en un instante toda su trayectoria vital; ello, al pasar a escena, compondrá el argumento del drama. La focalización del receptor se completa porque será partícipe del punto de vista del personaje principal sobre el resto de los que intervienen (menos de Pedro), gracias a las máscaras que los cubren, signos externos de la puesta en escena que actúan como informadores visuales del pensamiento del protagonista o de la catadura moral de los seres que las exhiben; pero también acertada consecuencia dramatúrgica de las ideas expresadas por Larra en sus artículos, donde consideró a todo el mundo máscara dentro de un enorme carnaval.

No faltan tampoco elementos participativos surgidos como efluvios del subconsciente torturado del suicida; así se muestran las visiones del escritor, que el público también contempla, donde aparecen: Pedro con su hijo muerto, Larra copartícipe de los desmanes de la guerra, el «espantajo» que representa a Adelita, las figuras de todos los que colaboraron en que se produjera «la detonación», o las voces que atormentan al escritor. En pie contempla el dramaturgo a su persona-

---

[31] Luciano García Lorenzo, «Introducción» a Antonio Buero Vallejo, *La detonación. Las palabras en la arena*, Madrid, Espasa Calpe, Austral, 1979, pág. 24.

je, mientras que desde el aire traza figuras como las del padre Froilán o de don Homobono. Con todo ello es posible afirmar que en *La detonación* lleva Buero a cabo sin restricciones su visión «acerca del drama histórico».

«LA DETONACIÓN»: HISTORIA Y DRAMA

Más que en otras de sus obras históricas se perciben en ésta abundantes rasgos de la propia personalidad de Buero y se ven reflejados en ella sucesos equivalentes a algunos de su biografía. En el plano de lo político-literario no es difícil establecer el paralelismo entre la censura que asaeteó al dramaturgo del XX y a otros muchos escritores durante el franquismo y la que padecen Larra y los autores más comprometidos del primer tercio del XIX, como es el caso de Espronceda. Es interesante cotejar las actitudes esperanzadas de los intelectuales de la España de 1976 y las que muestran los escritores de la época de Larra ante la llegada de los liberales al poder. Un texto de Antonio Buero Vallejo ilumina, como en tantas otras ocasiones, esta situación, planteada en el drama y en la realidad:

> Piensan algunos en España, y muchos fuera de ella, que al fin ha llegado para nuestro arte y nuestra cultura la ocasión de un renacimiento. Tal idea es la consecuencia de un razonamiento simplista y pseudosociológico que ha prosperado durante largo tiempo. [...] Hemos vivido, cierto, una larga noche, pero poblada de estrellas. [...] Mariano José de Larra, nuestro formidable fustigador de las lacras sociales y políticas del siglo XIX, padeció censura toda su vida y hasta quizá se suicidó a los veintisiete años a causa de ella; pero dijo que los escritores podían y debían encontrar, pese a la censura, los modos de decir la verdad. [...]. Afirmar [...] que al intelectual decidido a no falsificarse no le quedaba bajo el franquismo otra alternativa que la del silencio o el exilio, es un error. [...] Siempre quedó la alternativa de permanecer en el país y de esforzarse penosamente en ir abriendo ventanas y renovando el aire[32].

---

[32] Antonio Buero Vallejo, «La creación ante la nueva situación política», *O.C.*, II, cit., págs. 822-823.

En el espacio de lo literario, la crítica identificó enseguida el paralelismo entre las actitudes «posibilista», «imposible» y de «pacto» que corresponden en el drama a las de Larra, Espronceda y Mesonero, aunque será Clemente Díaz, y no Espronceda, quien establezca con Larra el antagonismo *imposible* más directo, y Bretón el que lleve a cabo el *pacto* total con el poder. En lo político, Larra observa, como Buero, los crímenes de sus correligionarios y ambos optan por mantenerse fieles a sus ideas, aunque sean torcidas algunas acciones concretas de quienes las defienden. Pero la semejanza mayor reside en el deseo de uno y de otro de escribir en su patria, de arrancar las máscaras y de buscar la verdad. Larra lo expresa en el drama bueriano, como lo había expresado en sus artículos; Buero lo declara en sus textos teóricos y lo lleva a la construcción dramatúrgica de sus personajes, desde el primero que compuso, Ignacio, quien, en su «ardiente oscuridad» de 1946, prefiere la desesperanza del no ver a la falsa conformidad de una visión fingida.

Como ya había hecho en otras ocasiones, Buero emplea personajes y sucesos históricos para trazar el argumento de un drama que no por ello deja de ser, como él indica, invención:

> Un drama histórico es una obra de invención, y el rigor interpretativo a que aspira atañe a los significados básicos, no a los pormenores. [...] Escribir teatro histórico es reinventar la historia sin destruirla[33].

Mariano José de Larra nació el 24 de marzo de 1809, vivió el exilio durante la infancia, porque su padre, de tendencia afrancesada y fiel a José I, huye con éste de España y se instala en Francia desde 1813. Tuvo una formación cosmopolita que seguramente contribuyó a dar el carácter universal que adquiere para la historia su literatura costumbrista. En 1818, la familia Larra regresa a España y tiene ocasión de percibir el ambiente de inestabilidad y lucha del país (Pronunciamiento de Riego en 1820; Trienio Liberal con constantes tentativas de los absolutistas por hacerse con el poder; entrada de los «cien

---

[33] «Acerca del drama histórico», *O.C.*, II, cit., págs. 826-827.

mil hijos de San Luis», enviados por la Santa Alianza de los monarcas europeos en 1823; ejecución de Riego, represión contra los liberales y comienzo de la «década ominosa», presidida por el absolutismo como régimen de gobierno de Fernando VII). Durante esos años, el joven se va formando intelectual y emotivamente, hasta que, en 1825, toma la decisión de independizarse y dedicarse a escribir. Buero ha dibujado al personaje en un triple perfil: el humano, con sus flaquezas y sus desengaños, dentro del que se colocan los fracasos amorosos, las vivencias domésticas y, por qué no, aquellas fobias que desataban en él ciertos autores de su momento contra los que disparó sin piedad sus dardos satíricos, y de los que obtuvo cumplidas respuestas. En este sentido, algunos de sus estudiosos destacaron el desafecto mostrado hacia el autor por su entorno literario después de su muerte[34]. Desde aquí comienza a dibujarse la segunda faceta del personaje, aquella que recoge su situación entre los intelectuales de los años 30 del siglo XIX; la relación con la censura, y su deseo, repetido tantas veces en sus textos, de escribir en su país, a pesar de las limitaciones impuestas por el sistema en cada momento. Por

---

[34] Carmen de Burgos, *Colombine*, «Resurrección», en Prólogo, a *Fígaro (Revelaciones, «ella» descubierta, epistolario inédito)*, Madrid, Imprenta de «Alrededor del mundo», 1919, pág. 7, afirma: «Larra había estado olvidado mucho tiempo. Sus contemporáneos habían tenido que rendirse ante la fuerza de su talento, pero sin acallar del todo en ellos los resquemores de la envidia. Después del homenaje de su entierro se apresuraron a poner la losa y la cruz sobre su tumba. [...] Se quería enterrarlo más profundamente, dejar su recuerdo atenuado como uno más en la lista de pequeñas cumbres que se destacan en la historia de nuestra literatura.» En «La muerte de Larra. Lo que dijo la prensa», *Azorín (Rivas y Larra*, Madrid, Espasa Calpe, Austral, 1973³, pág. 118) enfrenta la frialdad y desatención de los periódicos del momento que transmitieron la muerte del escritor y su propia opinión de joven rebelde que, con otros como él, lo proclamaron su guía: «En la tarde del 13 de febrero de 1901 un grupo de jóvenes se dirigía por la calle de Alcalá abajo, desde la Puerta del Sol, en dirección a Atocha. Vestían estos mozos trajes de luto; iban cubiertos con sombreros de copa; llevaban en las manos ramitos de violetas. [...] Estos muchachos se encaminaban al cementerio de San Nicolás, donde estaba enterrado *Fígaro*. Llegados ante la tumba del escritor, depositaron en ella los ramitos de violetas, y uno de los jóvenes leyó un breve discurso en el que se enaltecía la memoria de Larra. "Maestro de la presente juventud es Mariano José de Larra." La juventud de que aquí se habla es la que luego ha sido llamada *generación de 1898*.»

último, se trazan sus actitudes políticas: el primer «empleíllo»[35], aceptado para subsistir lejos del amparo familiar, sus desatinados juicios iniciales a favor de Fernando VII, sus altercados con el poder, su defensa de los más débiles, incluso cuando han sido autores de actos violentos, y su pensamiento torturado por los crímenes de la guerra, que aflora en su desgarrado deseo de protección divina («Dios nos asista») y en los textos de sus artículos más afligidos. Buero hizo acopio de toda la documentación a su alcance para trazar la verdad del personaje. Interrogado por Ricard Salvat:

> ¿Qué fuentes has usado para tu trabajo? ¿Has tenido en cuenta los estudios de Francisco Umbral, Juan Goytisolo, Mauro Armiño, José Monleón, Sebastián Juan Arbó, José Luis Varela, Carlos Seco Serrano, Melchor de Almagro San Martín, Profesor Vallejo Nágera, Carmen de Burgos, Sánchez Estevan, etc.?[36]

Buero respondía: «He consultado a casi todos.» Y continúa desgranando su opinión sobre las diversas publicaciones; destaca la biografía de *Colombine,* porque «su libro es mejor de lo que se dice hoy y aportó cosas fundamentales», así como el estudio realizado por Carlos Seco, cuya Introducción a la

---

[35] El «empleíllo» lo tuvo en los Voluntarios Realistas (véase nota 5 al texto). Al desvelarse para Buero la incógnita que se encubría bajo aquel primer trabajo del escritor, después del estreno de la pieza, el dramaturgo declaró en «De mi teatro» *(Romanistisches Jahrbuch,* 30, 1979) reproducido en *O.C.,* II, cit., págs. 517-518: «Hay una inexactitud —y ésta es curiosísima— en *La detonación* [...]. En ella aparecen, como es natural —ya habían aparecido en la obra de Goya—, los voluntarios realistas, miembros de aquel Cuerpo al servicio de Fernando VII, caracterizado por su actitud reaccionaria. Y por supuesto, desde el principio de la obra Larra es un enemigo de los voluntarios realistas, a quienes mira con prevención, como ellos le miran a él. Pues bien, investigaciones históricas recientes [...] nos han dado la tremenda noticia de que el primer empleíllo de Larra en Madrid, buscado por amigos de su padre y con el que se mal defendió hasta que lo abandonó —porque sí es cierto que lo abandonó muy pronto—, lo desempeñó en la Inspección de los voluntarios realistas. Allí trabajaría de manera hipócrita probablemente y sin gustarle nada aquel Cuerpo; la verdad última no está tergiversada en mi obra. Pero no haber matizado en ella ese aspecto es un defecto de veracidad histórica ya irremediable, porque Larra fue un voluntario realista aunque lo dejara de ser muy pronto.»
[36] Ricard Salvat, «Entrevista a Buero», cit., págs. 15-18.

Obra Completa de Larra califica de «magnífica»[37]; y añade: «Repasé así mismo obras de Mesonero, Espronceda, Bretón... Y bastantes manuales de historia.» Con todo este material, crea Buero un personaje que es histórico en sus caracteres, textos y acciones, pero que es invención artística por estar moldeado como reflejo de lo que era y pensaba el autor del siglo XX.

De igual manera, el marco histórico y el ambiente literario de la época poseen absoluta realidad documental. Como hiciera Galdós en su momento al componer los *Episodios Nacionales,* Buero Vallejo unió ficción literaria y realidad histórica de manera que los límites entre las dos manifestaciones se confunden, porque la historia tiene tanto de fantasía, como de verosimilitud su elaboración artística. Eso llevó quizá a cierto sector miope de la crítica periodística a censurar como «lección de historia para escolares» lo que era un trabajo dramatúrgico de complejísimo entramado.

Son reales los ministros que pasan por el sillón del poder, sus decisiones, la inestabilidad social y política que se describen en el drama al paso de sus gobiernos y su ubicación temporal. Calomarde, que ya había sido dramatizado por Buero en *El sueño de la razón,* fue durante la «década ominosa» ministro de Gracia y Justicia de Fernando VII, a quien ayudó en la restauración del absolutismo mediante fuertes medidas represoras, algunas de las cuales ordena en el transcurso de la secuencia dramática que le corresponde protagonizar en la obra que nos ocupa. La historia recoge igualmente las intrigas palaciegas en la antecámara del rey moribundo, la decidida actuación de la infanta Luisa Carlota, frente a la debilidad de su hermana, y la bofetada que, recibida por el primer ministro, será el preámbulo de la guerra fratricida por el poder entre carlistas y cristinos.

En «El Parnasillo» surgirá todo esto como comentario jocoso de sus contertulios, mientras el dolor y la muerte ocuparán el espacio sonoro y la imaginación de Larra, proyectada sobre el espectador. Durante esta etapa comienza la edición

---

[37] Carlos Seco Serrano (ed.), *Obras de Mariano José de Larra,* Madrid, Atlas, BAE, 1960.

de *El Duende Satírico del Día*, del que ven la luz cinco números antes de ser prohibido; contrae matrimonio en 1829 con Pepita Wetoret, y Fernando VII lo hace con María Cristina de Nápoles; en 1830 nacen su hijo Luis Mariano y la infanta Isabel. El escritor comienza su relación con Dolores Armijo; traduce a Scribe para salvar su economía y ve caer sobre él el peso de la censura a pesar de la protección de figuras tan relevantes como el duque de Frías, el conde de Campo Alange o el padre Varela. A Calomarde le sucede Cea Bermúdez, quien, como Secretario de Estado, promulgó, en 1832, la Pragmática Sanción, que anulaba la Ley Sálica y abría el camino al trono de Isabel II. El rey, muy enfermo, deja las riendas y la reina concede una primera amnistía. Con Cea Bermúdez en el gobierno hubo mayor apertura, pero el ministro no consiguió atraerse al sector liberal, que pedía una constitución, ni evitar las guerras con los carlistas. En 1832 nace Adelita, la niña que aparece en el drama; edita Larra *El Pobrecito Hablador* y comienza su colaboración en *La Revista Española*. Adopta entonces su pseudónimo más popular: *Fígaro*.

Las revueltas sociales y políticas siguen alterando el país; en 1833 se prohíbe la nueva revista de Larra y se rompe el matrimonio del escritor. Muere el rey, se levantan los carlistas y comienza una etapa de liberalismo político que, iniciada tímidamente con Cea, continuará en 1834 con Francisco Martínez de la Rosa, liberal recién llegado del destierro al que lo sometió Fernando VII. Pero, tal y como se traslada a la pieza dramática, tampoco consiguió éste hacerse con el país con su actitud moderantista, expresada en el «Estatuto Real»[38]. Entre su presidencia y la de Juan Álvarez Mendizábal tuvo una fugaz presencia José María Queipo de Llano, conde de Toreno, cuya sintética visión dramatúrgica, breve como su gobierno,

---

[38] «Es el Estatuto, desde el punto de vista de la categoría de las normas, un "decreto real —de rey absoluto—" que convoca unas Cortes por él organizadas. Precisamente el carácter absolutista del acto se estimaba que podía servir para dar satisfacción al elemento defensor del absolutismo monárquico, a la vez que la consideración de que, merced al Estatuto, el rey gobernaría según *normas* y con Cortes, podía bastar para dar a la monarquía una apariencia *Constitucional*» (Adolfo Posadas, *Derecho político*, Madrid, 1929).

es censurada en unos versos de Espronceda de la Parte segunda del drama[39].

Mendizábal llevó a cabo la desamortización de los bienes eclesiásticos, y los sucesos narrados y representados en la obra de Buero (revueltas, descontentos, encarnizamiento de la guerra y feroz comportamiento de Cabrera, fusilamiento de su madre ordenado por los liberales como represalia, y crueldad general de la que usaron los dos bandos y que el personaje dramático de Larra sufre al ser, en su «fantasía», verdugo y víctima de cada uno de ellos) también tuvieron lugar durante su más prolongado mandato. Espronceda le dedicó un artículo en 1836 («El ministerio Mendizábal») donde mostraba su desencanto ante la política del primer ministro; Larra, por su parte, lo comentó y añadió su propia opinión en «Publicaciones nuevas. "El ministerio Mendizábal". Folleto de don José de Espronceda», publicado en *El Español* el 6 de mayo de 1836. Ambos textos, ilustrados con las acciones llevadas a cabo por el político durante su gobierno, sirven también de base al dramaturgo para componer las secuencias que éste protagoniza, confeccionando con su transposición dramatúrgica un tejido compacto y eficaz de realidad e invención.

Sucedió a Mendizábal Francisco Javier de Istúriz, político moderado que permaneció sólo tres meses en el gobierno (durante los que disolvió las Cortes), que dio fin con el Motín de La Granja, en el que la reina regente hubo de acatar la Constitución de 1812. Tras él, fue sustituido por el «doceañista» José María Calatrava, quien encargó la cartera de Hacienda a Mendizábal. Más radical que Istúriz, dividió a los españoles, como se comenta en el drama, en «sospechosos» (cercanos al carlismo) y «leales» (liberales), e impuso a los primeros la obligación de atender a las familias de los «leales» muertos por los

---

[39] En el texto dramático, Mendizábal critica el mandato de su antecesor, que «no acertó a dar cauce a la exaltación cuyo despertar fomentó», creando con ello el cañamazo histórico en el que tuvo lugar. Enumera muchos de los sucesos violentos que ocurrieron durante su gobierno: «nuevos incendios de conventos», «Juntas de rebeldes», «asesinatos al grito santo de "Constitución"», «insurrección de las fuerzas militares», el incendio de la fábrica de tejidos Bonaplata en Barcelona por los propios trabajadores, y las posteriores represalias.

carlistas que invadiesen los pueblos. Fue durante este periodo cuando tuvo lugar el suicidio de Larra.

Reales son las personalidades literarias que concurren en la pieza, con presencia física o aludidas en ella, y proceden de la documentación existente casi todos los sucesos que se les atribuyen. A los asiduos de «El Parnasillo» los enumera y describe Mesonero Romanos en *Memorias de un setentón*[40] y, aunque la nómina de parroquianos del lugar es más amplia que la de los asistentes al presentado por Buero, todos los que en ella figuran se encuentran también allí referidos, a excepción del padre Froilán, personaje característico de la actitud conservadora que tendría sin duda su paralelo real en alguno de los que formaban parte de grupos más anónimos. Mesonero, personaje dramático, al comienzo de la Parte primera de la pieza, le irá describiendo a Larra sus personalidades y éste, a su vez, proyectará sobre ellos su aguda mirada, capaz de descubrir la máscara que los distancia de su verdad.

Al autor no le interesó detallar las trayectorias literarias de cada uno de los individuos de este grupo social, sino poner de manifiesto, a partir de sus actitudes, basadas en los caracteres reales, el mosaico de puntos de vista y formas de proceder del artista del momento dramatizado. Sobresalen los arrebatos pasionales y la borrascosa historia de José de Espronceda, quien no tendrá nunca enmascarado su verdadero e impulsivo gesto, imagen del activo no contaminado, capaz de raptar a la amante, publicar su periódico en blanco o encararse con el poder; constantemente perseguido y siempre fiel a sus principios revolucionarios. Su complementario Larra ha sido trazado, como ya se ha comentado, partiendo del estudio profundo de la documentación referida a su persona y a los textos escritos por él. Buero, como indicaba Carlos Seco en su crítica del montaje, no sólo ofrece sus palabras, sino que es capaz de transmitir su espíritu. El principal oponente dramático, Clemente Díaz, fue un poeta de segundo orden que des-

---

[40] *Memorias de un setentón*, en *Obras de don Ramón de Mesonero Romanos*, V, edición de Carlos Seco Serrano, Madrid, Atlas, BAE, 1967. El capítulo titulado «Episodios literarios: 1830-1831: I. El Parnasillo» se encuentra en su segunda época, págs. 173-176.

tacó en la vida de Larra por haber publicado, en 1833, un folleto de trece páginas, titulado *La satírico-manía. Sátira escrita en tercetos dirigida al Pobrecito Hablador*. Larra le contestó con *Carta panegírica de Andrés Niporesas a un tal don Clemente Díaz*, y con *La satírico-manía. Sátira escrita en tercetos, dirigida al Pobrecito Hablador, por don Clemente Díaz*, produciéndose así una polémica literaria y una enemistad que Díaz (personaje) exteriorizará sin recato en las tertulias. El perfil será más firme y con mayores detalles para Ramón de Mesonero Romanos y para Bretón de los Herreros. Su vida y sus obras sirven para componer estas figuras, íntimamente relacionadas con *Fígaro* en el panorama literario del primer tercio del siglo XIX. El dramaturgo ha tenido muy en cuenta los escritos de Mesonero para reflejar el ambiente literario y a sus personajes; por otro lado, ha mostrado la oposición existente entre Larra y Bretón, que se descubre en las críticas que ambos se dedicaron y en la construcción del personaje de D. Joaquín que Bretón realiza en su comedia *Me voy de Madrid* (véase nota 85 al texto)[41].

Otros asistentes también obedecen a su realidad documental como sucede con Carnerero, el polifacético director de publicaciones periódicas *(El Correo Literario y Mercantil, Cartas Españolas, La Revista Española)* y hombre hábil para los negocios; con Juan Grimaldi (véase nota 19 al texto), que llegó a España, en 1823, con los «cien mil hijos de San Luis» y pronto se hizo un lugar entre la intelectualidad de la época y llegó a dirigir los Teatros de la Cruz y del Príncipe, considerado como el primer empresario moderno en España; o con el periodista y político liberal Andrés Borrego, que volvió del exilio a la muerte de Fernando VII.

Tanto Pepita como Dolores componen réplicas de la realidad; Adelita fue la niña que encontró muerto al escritor (véase

---

[41] Sobre esta cuestión puede verse *Azorín*, «Bretón contra Larra. *Me voy de Madrid*», *Rivas y Larra*, cit., págs 119-141. En este texto, *Azorín* rehace, según su particular forma expresiva, una parte de la comedia de Bretón, sustituyendo el nombre de don Joaquín por el de Larra en un claro juego de manipulación literaria, característico del autor de Monóvar; del mismo modo que, más adelante, colocará frente a frente al satírico Larra y a Rivas, ministro de la Gobernación con Istúriz, para darle noticia de la concesión de su acta de diputado por Ávila («Epílogo», *Rivas y Larra*, cit., págs. 145-148).

nota 4 al texto). El criado montañés tuvo una primera versión literaria a cargo del propio Larra en su artículo de 1836; en el drama narra una peripecia vital que, si no ofrece su *realidad* literaria contenida en los artículos de su señor, sí ayuda a crear el espacio de la España asolada por una guerra civil, las levas y los seguros de quintas, de donde surge la figura dramática de Pedro, materia con la que el autor actual ha elaborado su obra[42]. Los textos literarios que se reproducen, las personas a las que son atribuidos, las situaciones políticas y bélicas que son aludidas en el drama, todo parte de la historia. Como goza de base histórica o literaria el destino que Pedro señala, en su parlamento final, para los hijos de su señor[43].

A lo apuntado con relación a la historia es preciso añadir el momento en el que Buero escribe su drama y la trayectoria de la España del franquismo. Hemos indicado que en el Larra de *La detonación* existen muchos formantes que pertenecen a la experiencia y vivencias del autor. También al panorama político de los estertores de la «década ominosa» con la lenta agonía del rey se superponen las últimas semanas de la dictadura con la constante retransmisión de los partes médicos sobre el estado del caudillo. La censura franquista se encuentra evocada en el drama por la padecida por Larra y Espronceda[44]. Y en cuanto a la mencionada polémica del posibilismo, las opiniones de Buero, que desea escribir en su país aunque haya de burlar la censura con procedimientos de oblicuidad para poder denunciar hasta donde le sea posible, son parejas a las expresadas por Larra contra la tendenciosa actitud acusatoria de Díaz, frente a la fórmula imposibilista de Espronceda, o a la

---

[42] De que Buero pone especial interés en este polifacético personaje del criado da constancia escrita una carta (de 14 de octubre de 1977), dirigida a Mariano de Paco (a quien doy las gracias por su constante colaboración), en respuesta a otra suya de después del estreno de *La detonación*, donde le advierte de la ceguera de los críticos ante este personaje y establece la relación de Pedro con el mendigo ciego del mismo nombre que había servido de modelo al Velázquez de *Las Meninas*, y que se convierte en su conciencia, como lo será el criado de Larra.

[43] Carmen de Burgos, «Los descendientes», en *Fígaro...*, cit., págs. 287-300 (véase nota 122 al texto).

[44] Berta Muñoz Cáliz *(Expedientes de la censura teatral franquista*, I, cit., págs. 66-68) transcribe todos los detalles de este proceso seguido por *La detonación*, con fecha 22 de julio de 1977 (Expediente 375-77).

acomodación al sistema de Mesonero y, de forma más extremada, de Bretón.

Con estos y otros ingredientes compone Buero en esta ocasión un texto monumental donde refleja dos épocas históricas y construye a un personaje agónico en su realidad y en su literatura manteniendo el canon creativo que debe presidir todo texto literario.

«LA DETONACIÓN»

El título de la pieza es polivalente, aunque su significado más próximo alude al disparo del revólver que termina con la vida de Mariano José de Larra. Todo el proceso dramático, a partir del texto de las acotaciones, viene envuelto en un espacio sonoro de explosión de bombas, descargas de fusilería, lejanas o próximas, que favorecen la atmósfera de violencia e intranquilidad dominante en esos años inestables del siglo XIX y que son otras tantas detonaciones escuchadas o imaginadas por el protagonista. Desde otro punto de vista más abstracto, la detonación está haciendo referencia al estallido del conflicto espiritual que lleva a *Fígaro* a la trágica decisión de darse muerte. El subtítulo *(Fantasía)* lo explica el propio autor: «De un lado, la obra es un delirio fantasmagórico y hasta onírico: el de Larra en los minutos finales de su vida. De otro lado, la acepción que también tiene la palabra de "invención" dramática, que no pretende ser simple historia verdadera»[45].

---

[45] Ricard Salvat, «Entrevista a Buero Vallejo», cit. pág. 15. En el mismo lugar (pág. 18), el crítico y director catalán le preguntaba a Buero sobre la relación entre su obra y *Sombra y quimera de Larra*, versión de Francisco Nieva sobre *No más mostrador*, estrenada en 1976, a lo que él respondía: «En cuestiones de fondo, creo que los dos hemos pensado lo mismo de Larra y de su época. En la forma, nuestras dos obras sí eran distintas. [...] También formalmente hubo coincidencias sutiles, pues el carácter de "alucinada" expresado por él en su subtítulo podía aplicarse no menos, y quizá más, a mi obra. [...] Afortunadamente para ambos, una obra basada en la versión libérrima de *No más mostrador* y otra basada en la vida entera y en la época histórica de Larra tenían que ser, a la fuerza, muy diferentes.»

Todo el material dramatúrgico que conforma la trama está dividido en dos partes de desigual longitud. La primera, donde se van planteando los distintos momentos de la trayectoria vital y literaria del protagonista y la vida política de España, es considerablemente más larga. En ella aparecen imágenes desde la despedida de Larra y su padre en Valladolid hasta su partida al extranjero en 1835. La segunda se inicia a su regreso, diez meses después, y culmina con su muerte; en ella se produce el desenlace de los conflictos planteados en la anterior. Cada una se halla fragmentada en breves secuencias que son otros tantos instantes del recuerdo del escritor.

La intención que guía al dramaturgo del siglo XX a elegir a este autor del XIX y este segmento de la historia de España es clara; en primer lugar se encuentra la caracterización del poder, siempre uno y el mismo, aunque sus caras sean diversas. Para mostrarlo, se ha valido de la identidad en el vestuario de los gobernantes y de su común deseo de permanecer en la poltrona de mando a cualquier precio, sin detenerse a observar el destino de los humildes ni la traición a los principios que, antes de instalarse en tan alta posición, afirmaban defender. Así, el receptor tendrá ocasión de observar cómo aquellos que surgieron de las filas del liberalismo, al ejercer la autoridad, mantendrán la censura, forzarán a los más pobres a luchar, cometerán desmanes en la guerra y temerán llevar a cabo una reforma política demasiado atrevida que beneficie de verdad al pueblo.

Como consecuencia de tal situación, y dada la índole de los personajes, inmediatamente surge el tema de la responsabilidad del intelectual frente al poder; el concepto de verdad, que Larra pretende desvelar arrancando las máscara hipócritas que cubren los rostros de quienes lo rodean; la oposición a la censura y la posibilidad de hablar, aunque hayan de usarse las medias palabras.

El argumento arranca cuando, la tarde del 13 de febrero de 1837, Larra toma de su estuche amarillo la pistola que le había regalado Carnerero a la firma de su primer contrato y, al acercarla a su sien, su vida anterior se agolpa en desorden ante él. La imagen inicial que le asalta es la de su padre, el día en que el escritor decide alejarse definitivamente del hogar de la familia tras su primer fracaso amoroso. El proceso dramático va presentando la evolución vital del personaje en tres niveles (expresados en el escenario en otros tantos espacios): el personal, el social-literario y el político, en el entorno de un Madrid convulso y una España sumida en el caos y la guerra. Su mente se desdobla en la alucinada presencia de su criado Pedro, su yo más consciente, el que sabe toda la verdad, otra voz que el personaje no desea oír y que le recuerda y saca a la luz los más ocultos rincones de su conciencia culpable. La inmersión en el pasado, presidida por el desorden temporal y las visiones fantasmales de sucesos en los que él ni siquiera estuvo presente, componen el desarrollo argumental. La vuelta al momento del pistoletazo cierra el marco temporal del drama, de la rememoración y de la vida de *Fígaro*. Vuelve a ser el 13 de febrero de 1837, un instante después de la secuencia con que dio comienzo la peripecia dramática.

A través del recuerdo de Larra, el espectador contempla el paso de la pléyade que habita el suelo madrileño en los años del neoclasicismo tardío, del romanticismo emergente y de la literatura castiza. Contempla los cambios de gobernantes y la inmóvil miseria del pueblo; las palabras que no reflejan realidades, si vienen de los poderosos; la perpetua censura que domina a los intelectuales, de manera directa durante el absolutismo y soterrada y maquillada en la regencia; el cambio que se opera en los que se decían liberales a ultranza y se acomodan en su elevado sillón al tenor de las imposiciones de los cargos que ostentan; las fieras consecuencias de la guerra en los más débiles de uno y otro bando y el horror y la angustia de quien no puede ya ni sublevarse con la palabra, porque desconoce parte de aquella inmundicia por no pertenecer a la clase social de las víctimas, como le hace saber su otro yo (Pedro) en su íntima conversación de esa noche navideña en la que «todo se había revuelto contra mí».

Pero también emana de esta historia una lúcida y medida versión literaria del personaje principal. Con el retrato trazado por Buero, el espectador descubre a Larra humano en su debilidad, aunque combativo y satírico en sus palabras y actuaciones. El Larra bueriano comete errores y omite realidades; y Pedro, su *alter ego* concebido para la escena, será el que se lo recuerde y el que, convertido en alguien real y exterior a su señor, ofrezca en su parlamento final la versión distanciada de ese «señorín» acomodado con conciencia social.

No termina aquí el valor del personaje de Pedro, verdadero hallazgo en este drama; su principal cualidad es la de transmitir aquello que Larra no puede del pensamiento del autor que los ha compuesto: la esperanza. Al fracasar en todos los frentes: amor, literatura y política, la opción de Larra fue desaparecer. Pedro, después de concluir el relato de su vida desastrada («Y aquí estoy. Siempre con mi hijo a cuestas»), le aconseja a su amo: «No piense tanto. No hay que enrabiarse. ¡Hay que apretar los dientes y vivir! [...] Hay que vivir.» Así lo hizo Buero después de tantas penalidades sufridas, y así lo explicaba, en 1986, el año en que también perdió a su hijo Enrique: «Todo escritor se alimenta de sus experiencias, si éstas no lo hunden. Y todo hombre. En ese sentido, ya que no me hundieron, considero aquellas tremendas experiencias [la muerte de su padre, la guerra, la prisión y la condena a muerte] como impagables y fortalecedoras»[46]. Esta fuerza para superar la adversidad identifica a personaje y autor, en la más íntima concepción de la vida, aunque en los planteamientos literarios o políticos sea Larra su reflejo. Tal actitud del dramaturgo del siglo XX explica también su concepto de «esperanza trágica» y su irrenunciable oficio de escritor:

> Se escribe porque se espera, pese a toda duda. Pese a toda duda, creo y espero en el hombre, como espero y creo en otras cosas [...] Y por eso escribo de las pobres y grandes cosas del hombre; hombre yo también de un tiempo oscuro, sujeto a las más graves pero esperanzadas interrogantes[47].

---

[46] Mariano de Paco, «Buero Vallejo y el teatro», entrevista publicada en AA.VV., *Antonio Buero Vallejo. Premio de Literatura en lengua castellana «Miguel de Cervantes» 1986*, Barcelona, Anthropos/Ministerio de Cultura, 1987, pág. 56; reproducida en *De re bueriana*, Murcia, Universidad de Murcia, 1994, pág. 24.

[47] «El teatro de Buero Vallejo visto por Buero Vallejo», *O.C.*, II, cit., páginas 411-412.

Quienes con anterioridad se han enfrentado al análisis de esta pieza coinciden en resaltar no sólo la riqueza y variedad de sus elementos temáticos y argumentales, sino también los de construcción dramatúrgica. Gran parte de los pormenores que sustentan estos últimos residen en el texto de las acotaciones, desde donde el dramaturgo organiza el espacio escénico con su división en lugares significativos que tendrán protagonismo individual o simultáneo. Leyendo estos textos nos parece estar ante la mirada de un escenógrafo versado en el conocimiento de los espacios y de su posible materialización. Ello no es de extrañar si recordamos la primera vocación pictórica y la formación artística de la juventud del autor. También en estos textos secundarios reside la caracterización de los personajes; allí se hallan los pormenores de su aspecto físico y se describe una detallada gestualidad que informa de los estados de ánimo, de los pensamientos o de los afectos y desacuerdos, elementos todos definitorios en una obra, como la que analizamos, de proceso interior.

En algunas secuencias, mediante la hábil combinación de escenas mimadas con otras en las que interviene la palabra, ofrecidas simultáneamente, se pinta el conjunto de lo que sucedía en ese Madrid de constantes cambios políticos y de bandos enfrentados. Se articulan así las secuencias en las que desde el espacio político se proclaman las reformas y en la tertulia literaria se reciben las novedades, evidenciando los asistentes con sus gestos cómo las acogen, según el matiz político de cada participante. En otras, las que protagoniza la mente atormentada de Larra, cuando se contempla soldado que ha de acatar las órdenes de sus superiores, las acciones del escritor se encontrarán en franca oposición a sus palabras, ya que niega con la voz lo que realiza con los actos. La mímica se convierte en el soporte de las pesadillas finales del protagonista y de la simbólica e impresionante visión de su muerte a manos de todos.

Se ha insistido en que, al producirse la trama en los segundos que preceden a la decisión de disparar del suicida, el receptor se ve siempre focalizado por el punto de vista de éste, ya que lo que acontece es producto de su mente y como tal se recibe; no obstante, como había hecho al final de *El con-*

cierto de San Ovidio, Buero saca de golpe al espectador de tal estado al permitir que otro Pedro, fuera ya de la mente del escritor, «un anciano de más de setenta y cinco años, con todo el cabello blanco», se dirija al público para terminar la historia y reflexionar, con distancia, sobre el verdadero significado de aquella detonación y la necesidad de seguir escuchándola[48].

Para componer un friso histórico de tal envergadura, el dramaturgo propone una nómina de cuarenta y un personajes más voces perfectamente identificadas (Adelita, la Madre de Pepita, María Manuela y la del propio Larra) y otras indeterminadas. En la práctica escénica, se redujeron a veintidós los actores que habían de interpretarlos, partiendo de un acertado criterio dramatúrgico del escritor, por el que la oportuna duplicación y hasta multiplicación de ciertos papeles identificaba a los sujetos en sus acciones aunque sus personalidades históricas fuesen diversas. Así sucede con Pepita y Dolores, las dos mujeres que el propio Larra confunde en el drama tras el desengaño final con su amante:

LARRA.—[...]. Adiós, Pepita.
DOLORES.—¿Pepita?
LARRA.—O Dolores, qué más da.

Más evidente todavía resulta esta marca dramatúrgica de identidad en los gobernantes, todos interpretados por el mismo actor, caracterizado con distinta máscara en cada caso. Desde las acotaciones, Buero define y agrupa por sus atuendos a los dos bloques que forman: Calomarde, Cea Bermú-

---

[48] La actitud de Pedro en esta secuencia guarda estrecha relación con la que adopta Quevedo, personaje dramático de *La Saturna,* de Domingo Miras (véase nota 119 al texto). La figura de Quevedo en esta pieza combina «grandeza» y «miserias», como Larra en la obra de Buero. Al final, sufre también una visión onírica en la que Saturna, mientras se quema en la hoguera, le reprocha su impasibilidad ante el sufrimiento de la víctima social, como lo hace Pedro a su señor durante la borrachera. De la misma forma, la detonación inextinguible que ha de despertar en adelante las conciencias, según Pedro en las últimas palabras del drama, posee el mismo efecto concienciador que la luz que emana de la hoguera en la que Saturna se consume y que hace exclamar al Quevedo de Miras, antes de dejar la escena: «¡Dormir! ¡Quién podrá dormir, una vez hecha la luz!»

dez y Martínez de la Rosa visten idéntico «uniforme ministerial»; mientras que Mendizábal, Istúriz y Calatrava se engalanan con igual «traje civil». En el espacio del poder merece mención especial su más leal colaborador, don Homobono[49]. Será en el drama el signo del servilismo incondicional al poderoso. Su figura está trazada con rasgos claramente distanciadores, su atuendo («Sobre su levita oscura y un tanto raída lleva manguitos de trabajo»), el aspecto de su semblante («la media máscara que cubre su rostro le asemeja a una lechuza») y sus actitudes («tacha con su gran pluma de ave líneas y líneas de un manuscrito») soportan un tratamiento expresionista, subrayado por la profusa gesticulación de que se sirve ante sus jefes, lo que lo identifica con el arquetipo del oficinista que Valle-Inclán construye para la redacción del periódico de la escena séptima de *Luces de bohemia*. Desde su primera aparición, sentado «a la mesa del nivel inferior» al del despacho del ministro, y en las que siguen, según se van produciendo los cambios de gobierno, sus gestos y sus palabras de acatamiento al poderoso lo caracterizan. Sólo en un momento, Buero permite un rasgo humano en su personaje, cuando Istúriz lo amedrenta («Tengo malos informes de su conducta. Mientras se determina qué se hace con usted, procure no disgustarme») y él ruega: «Que el Señor se apiade de mis cuatro hijitos.» Es ésta una expansión del espíritu atormentado por el miedo a perder el empleo de un «hombrecillo» que ha adulado a los ministros del absolutismo, a los poetas, cuando piensa que el liberalismo acabará con la censura y con su trabajo, y de nuevo a los ministros liberales, al darse cuenta de la permanencia de las prácticas censoriales. Con este desahogo emotivo, Buero, fiel a su propia teoría y por un instante, se coloca *en pie* ante este personaje cuyo trazado había hecho *desde el aire*.

---

[49] A pesar de la homonimia que lo relaciona con el personaje retratado por Mesonero Romanos en «El día 30 del mes» (1832) y en «El cesante» (1837) («Escenas matritenses», Serie I y II, *Obras de don Ramón de Mesonero Romanos*, I y II, ed. de Carlos Seco Serrano, cit., págs. 99-101 y 44-49, respectivamente), el de Buero sólo se le acerca en el temor que lo invade ante la amenaza de perder su empleo.

Es de destacar cómo el propio dramaturgo, en 1955, utilizó este mismo apelativo al componer la figura de un individuo intransigente, con claros tintes de censor, en un relato titulado «Don Homobono». La historia que se cuenta allí resulta una ironía contra la censura, en pleno apogeo de la misma. Don Homobono hace tachar prácticamente todo lo que escriben los autores que se acercan a él para pedirle opinión; uno de ellos, no muy experimentado, ve cómo cercena sus textos hasta no dejar de ellos casi nada, porque su mirada severa todo lo consideraba inmoral. Poco después, el autor censurado se entera de que don Homobono ignora la liberalidad de su hija adolescente en las relaciones con los hombres. Él la ha criado en la mayor de las ignorancias y, quizás por ser «tan candorosa», no ha sabido sortear los peligros del mundo real[50].

En la nota 21 al texto nos referimos a la figura de don Froilán, ésta sí trazada con la estética deshumanizada del esperpento por representar la intolerancia más absoluta. En su construcción ha usado el dramaturgo un sentido del humor que siempre poseyó y que pocas veces la crítica ha reconocido, oculto quizás por los grandes temas de sus obras. Otro personaje con un interesante trazado dramático es el de don Ramón de Mesonero Romanos; al comienzo del drama se ofrece como guía del joven escritor y es él quien lo acompaña a la catacumba de los artistas («El Parnasillo»). Una vez instalado allí Larra, Mesonero actuará siempre como mediador entre él y los que lo atacan, pero bajo su máscara que ocultaba el miedo se esconde, como bajo la de Ventura de la Vega, la traición; por ello participa con los demás en el aniquilamiento final del molesto *Fígaro*.

Otros muchos elementos podrían comentarse; se ha aludido ya a la importancia del texto de las acotaciones desde donde surge un espacio sonoro detonante que crea la atmósfera

---

[50] *O.C.*, II, cit., págs. 603-606. No es la primera vez que Buero anticipa en una obra literaria o pictórica elementos que más tarde aparecerán en otras. En el *Libro de estampas* pueden verse en dibujos de adolescencia y juventud temas de obras posteriores como *Historia de una escalera*, *La tejedora de sueños*, *Las Meninas* o *El sueño de la razón*.

general del drama; también en ellos se propone la música (la «Cavatina» de *El barbero de Sevilla*)[51] que acompaña las peripecias amorosas de Larra y que, como la actriz que interpreta a las mujeres, identifica en la deslealtad y la mentira a Pepita y a Dolores. La luz propuesta desde las acotaciones distingue los momentos de la presencia escénica de lugares y personajes, pero también la situación anímica del protagonista. Por otra parte, la carencia de luz presta claridad a su mente, como les sucede a los ciegos en otros dramas del autor. Al comienzo de la pieza, Larra se resiste a recordar y, mientras pronuncia su negativa, «el quinqué se apaga solo y la luz que ilumina a Larra se reduce hasta dejar visible solamente la palidez de yeso de su cara. Los oscuros cristales de la puerta se iluminan con un lento destello». El sonido no tiene lugar en el momento final de la detonación de la pistola de Larra: «Al disparar nada se oye, pero la escena entera se sume de pronto en absoluta oscuridad.» Durante toda la obra, la luz y los sonidos van marcando los distintos pasajes de la rememoración, subrayando lo que sucede, adelantándolo. La silenciosa detonación final y la oscuridad son los protagonistas del marco del suicidio, esa sima en la que Larra ha ido cayendo a lo largo del proceso dramático sin observar que en lo alto, en el simbólico «firmamento negro y estrellado», como el que presidía el final de *En la ardiente oscuridad*, «el débil fulgor de las estrellas brilla en la noche».

Sin duda es *La detonación* la pieza bueriana en la que los procedimientos escénicos para marcar la temporalidad tienen mayor relevancia y es, además, en la que dramatúrgicamente se ensamblan mejor tiempo y espacio, hasta el punto de que éste es representación y símbolo de aquél. Al autor le preocupó el problema de la expresión temporal desde *Historia de una escalera*, donde, como *Azorín* en «Las nubes», consideraba que vivir es «ver volver». Buero descubrió su interés por el tema del tiempo en su infancia («Tendría yo diez u once años»); oyó entonces a su padre, profesor de cálculo de la Academia de Ingenieros, «someras explicaciones acerca de cómo la teo-

---

[51] Véase Victor Dixon, «Music in the Later Dramatic Works of Antonio Buero Vallejo», *Bulletin of Spanish Studies*, LXXXII, 3-4, 2005, págs. 570-573.

ría de Einstein jugaba con el tiempo y el espacio. Aquello me interesó tanto que, desde entonces, no he dejado de procurar informarme con la apasionada y reverente ignorancia de un profano»[52].

Ya con relación al teatro, afirmaba en otro momento y otro lugar:

> Lo que nos planteamos cuando hacemos una obra de teatro, o cuando reflexionamos simplemente sobre la vida, es en qué demonio de aventura estamos metidos. Y ese demonio de aventura está regido por un ente implacable que llamamos tiempo. En mi caso, la especulación acerca del tiempo es tan antigua como mi más antigua obra[53].

La estructura temporal de *La detonación*, como se ha indicado, está organizada a partir de una inmersión en el pasado, localizada en el interior de la mente del suicida. Lo que el espacio escénico presenta ante la mirada del espectador no son solamente lugares, sino referencias temporales que progresiva o simultáneamente van mostrando los tiempos de la aniquilación del héroe. A la multiplicidad de los espacios que simultanean acciones, procedimiento empleado por Buero en diversas obras de tema histórico y contemporáneo, aquí añade la posibilidad de que cada uno de los espacios refleje tiempos distintos, lo que se manifiesta mediante diversos procedimientos verbales y no verbales que van informando del avance cronológico.

El presente de la historia, momento en que Larra se aproxima al estuche con la decisión de quitarse la vida, deja paso a los recuerdos que configuran el desarrollo de la pieza y que se proyectan hacia el pasado. Este pasado se escinde temporalmente en tres bloques que se localizan en cada uno de los tres espacios básicos, el de la política, el de los intelectuales y el de la vida privada del escritor. Todos polivalentes, aunque su configuración escénica no varíe en el transcurso de la re-

---

[52] «Apunte biográfico», *O.C.*, II, cit., pág. 307.
[53] Respuesta de Antonio Buero Vallejo a Belén Gopegui, «Toda obra es una experiencia nueva», *El Público*, 73, octubre de 1989, pág. 10.

memoración, gracias a los seres que los transitan y a las didascalias temporales que, sobre todo en boca de Pedro, indican el avance de la década final de la vida de Larra.

El espectador, sin embargo, sabe que aquella dilatación en el recuerdo es algo subjetivo y que a lo que está asistiendo es a unos segundos, por tanto está atrapado en un complicado juego de lentitud-celeridad. De esta forma, *La detonación,* que, como obra de carácter histórico explica un tiempo, por su estructura temporal doble implica al espectador en otros tiempos. Aunque el procedimiento de inmersión en el pasado es semejante al que más tarde encontramos en *Caimán* o en *Misión al pueblo desierto,* el resultado es muy distinto, puesto que la actitud ante *su* historia de los protagonistas de cada una de estas obras supone que el tiempo ha vencido o ha sido vencido por ellos. Hemos aludido a tres espacios básicos por los que transitan los recuerdos de Larra, pero aún existe uno más, que puede estar ubicado o no en los anteriores, el espacio de la fantasía. Unas veces mezcla el pasado con el presente, como ocurre en el momento inicial: antes de comenzar sus recuerdos, Larra y el espectador perciben las voces de Adelita y de Pedro articuladas con gran lentitud, simbolizando el paso real del tiempo, frente a la aceleración temporal de la mente de Fígaro; el mismo Larra las funde con sus propias voces cuando llamaba a su padre en la «soledad infantil del internado de Burdeos». Otras veces imagina dentro de la propia imaginación, a la manera de las muñecas rusas, posibles conversaciones, que él en modo alguno escuchó. Éstas son las secuencias que tienen lugar cuando Larra no está presente en el Ministerio, en el café o en casa de Dolores.

También reproduce terribles acciones, como los fusilamientos, en los que él no había participado. Tal dimensión subconsciente, ubicada en unos acontecimientos del tiempo real recordado, hace todavía más compleja la estructura temporal de la pieza, porque en estas situaciones oníricas lo que se presencia es la conciencia torturada del escritor comprometido que, en su más profunda intimidad, se considera copartícipe de aquellas iniquidades.

La presencia de su padre convierte el gabinete de la casa de Larra en su antiguo domicilio familiar de Valladolid.

Don Mariano marca el tiempo al precisar la edad de su hijo: «Sólo cuentas dieciséis años.» Al marcharse el padre, aparece Pedro y establece la doble temporalidad pasado-presente:

> PEDRO.—1826. Usted está en Madrid.
> LARRA.—*(Mientras abandona la levita y el criado le pone el frac.)* ¡Antes de casarme no tuve criado!
> PEDRO.—*(Impasible.)* ¿La capa?
> LARRA.—Sí. *(Se la deja poner.* PEDRO *le tiende el sombrero y lo toma.)*
> PEDRO.—*(Va a coger la levita.)* ¿Bastón?
> LARRA.—No. *(Lo mira.)* ¡Vete!
> PEDRO.—Ya me fui con las señoras.

Esta actitud temporalizadora de Pedro volverá a aparecer en otros momentos del drama:

> PEDRO.—¿No tenía ya un criado a fines del año 28?
> LARRA.—No. Y tú no estás aquí.
> PEDRO.—Estoy fuera. Como tu hija, pero más lejos. [...] Tú evocas, pero también imaginas. Ahora dialogas tu último drama... muy aprisa. Se agota el tiempo.

Pedro queda convertido así en un signo escénico de tiempo, que, al poner de manifiesto la distorsión que sufren los recuerdos en la mente de su señor, establece la distancia reflexiva y enfrenta el tiempo dramático con el del espectador, propiciando de esta forma el «tiempo de la mediación»[54].

La presencia de Pepita o de Dolores en la sala del piano, sustituyendo al padre del escritor, son otros tantos signos que van informando sobre el avance de la vida personal de éste (tiempo) y del lugar donde los hechos se producen (espacio).

El lugar ocupado por los intelectuales también manifiesta temporalidad. En el juego presente-futuro con que los recuerdos aparecen, es de particular interés la conversación que

---

[54] El concepto de *mediación* ha sido acertadamente aplicado al teatro histórico de posguerra por Francisco Ruiz Ramón («El drama histórico», en *Celebración y catarsis (Leer el teatro español)*, Murcia, Universidad de Murcia, 1988, págs. 167-174).

al comienzo de la Parte primera sostienen Larra y Mesonero, al despojarse éste de su máscara. Los acontecimientos terribles que el escritor costumbrista está recordando son de 1831; mientras los evoca, los asistentes a «El Parnasillo» gesticulan de acuerdo con la narración, cuyas formas verbales de expresión manifiestan el signiticado plural del tiempo, puesto que el presente en el que están construidas tiene valor de futuro (son hechos de 1831, descritos en 1828), pero el contexto de recuerdo en el que se encuentran (se proyecta desde 1837) les concede valor de pasado:

> MESONERO.—En 1831 cuelgan al librero Millar, y en Granada a la pobre Marianita Pineda. [...] En el mismo año ejecutan a Valdés, a Chapalangarra, ¡a tantos ilusos convencidos de que aquí había leones cuando sólo había ovejas! [...] Y a Torrijos, con sus cincuenta y dos compañeros, los atraen a una sucia trampa y los fusilan en una playa... [...]
> LARRA.—¡Mesonero! [...] ¡Estamos en 1828!

La luz, como signo escénico es, en ocasiones, la encargada de indicar el caótico discurrir de la mente. Un momento de la segunda parte en el que hablan Larra y Espronceda, tras la subida al poder de Martínez de la Rosa, ejemplifica lo que acabamos de indicar; mediante este procedimiento escénico no sólo se alerta al espectador, sino que se pone en guardia al personaje:

> ESPRONCEDA.—Larra, discrepamos. Pero esta mano será siempre la de un amigo. *(Leve cambio de coloración en la luz que los alumbra, y que* LARRA *advierte con vaga aprensión.)* Y aunque haya tratado cruelmente a esa obrita que Ros de Olano y yo dimos al teatro...
> LARRA.—¿De... qué habla?
> ESPRONCEDA.—Me dolió... Pecó usted de severo. ¡Al fin, crítico! Pero no lo hizo por mala fe sino a causa de su temperamento, demasiado reflexivo. Hace tiempo que se lo he perdonado.
> LARRA.—Y eso... ¿no sucedió el año 34?
> ESPRONCEDA.—Sí. ¿Y qué?

LARRA.—Y... ¿no estamos en el 33? *(Corta pausa.* ESPRON-
CEDA *responde con una voz fría, metálica.)*
ESPRONCEDA.—Y qué.
LARRA.—*(Sobrecogido.)* Nada.
[...]

(La luz ha vuelto suavemente a su estado anterior. LARRA *lo nota y respira con alivio.)*

El signo de temporalidad que informa desde el espacio de la política es la sucesión de los nombres de los personajes que van ocupando el sillón ministerial. Pero a la dinámica del cambio se añade la noción de permanencia expresada a través de los trajes y de la reiterada presencia de don Homobono (la figura del sempiterno censor es tan atemporal que, incluso cuando el puesto lo ocupa Clemente Díaz, produce la confusión de Larra). La superposición de las acciones llevadas a cabo en estos espacios representa una nueva noción temporal: mientras los ministros dictan leyes y decretos, los contertulios de «El Parnasillo» gesticulan a favor o en contra de los mismos. La simultaneidad, que no es posible en un tiempo real, hace patente el recuerdo y concede agilidad a la escena.

En cuanto a los objetos, el más importante como signo temporal es la pistola, cuya presencia jalona el proceso dramático simbolizando el avance de la angustiosa desesperación del espíritu de Larra. Las acotaciones evidencian dicho proceso. Tras despedirse de Mesonero, después de su primera conversación, «Larra sube a su gabinete. Junto al velador toca levemente, sin mirarla, la pistola». Carnerero cierra con el escritor su contrato regalándole el estuche amarillo. La acotación indica: «Turbado, el suicida se acerca un tanto al velador y mira con disimulo el arma que en él descansa»; aunque el proceso temporal de la historia está alterado, el avance dramatúrgico se consigue con la presencia del fatídico objeto. Su fallido intento de «despertar» a los contertulios ante los horrores de la guerra coloca a Larra, de nuevo, en presencia del arma: «Pasa al gabinete. Junto al velador, toca la pistola.» El gesto indica el estado de ánimo del personaje, y el objeto informa de que se ha dado un nuevo paso hacia la catástrofe final.

Muy próximo ya el desenlace, Pedro le aconseja: «Y a no pensar en esa caja amarilla.» Pero para *Fígaro* ya es tarde, todo está a punto de concluir. Con Díaz en la censura, sus posibilidades como escritor están anuladas, por eso, a la vez que se oye en boca de Pedro la palabra de aliento («¡Ánimo!»), él «se acerca al velador y contempla la pistola», que se hallará en su mano cuando la última máscara, la de Dolores, haya caído y el pasado desaparezca, para dar lugar al presente del suicidio en el que la detonación pone fin al tiempo de Larra.

Con función temporalizadora es preciso interpretar las expresiones del padre Froilán explicadas en la nota 102 del texto. Igualmente se encuentra en el fiel reflejo de la histórica polémica del posibilismo, que, colocada en el pasado, reaviva el presente y concede al tiempo de la historia una dimensión intemporal, al hacer revivir los lances literarios sobre el compromiso en el primer tercio del siglo XIX a los receptores que, sólo quince años antes del estreno de *La detonación,* pudieron leer la que, como apuntamos, tuvo lugar en las páginas de la revista *Primer Acto*.

Queremos, por último, hacer mención brevemente de ese otro tiempo que no es el de la historia, ni el de la representación, ni el del público, ni el del dramaturgo, sino la suma y concurrencia de todos ellos para la reflexión mediadora capaz de producir la expiación o catarsis. Este tiempo se halla dramatúrgicamente marcado en la pieza en los momentos en los que los comentarios de los personajes sobre aquellos sucesos que están viviendo provocan en el espectador la intranquilidad por su presente. Tal función desempeñan los argumentos de Espronceda tras la subida al poder de Martínez de la Rosa:

> ESPRONCEDA.—Las causas que enfrentan entre sí a los españoles no son bizantinas cuestiones sucesorias. Son intereses inconfesables. Hablan unos de sus sagradas creencias y de los fueros tradicionales, pero defienden la Ley Sálica, que es francesa, para que don Carlos sea rey. Otros hablan de las libertades... y las quieren para que el dinero se mueva y sus caudales crezcan. [...] Esta guerra es una farsa: mañana pactarán los ricos de ambos bandos. Y sin embargo hay que apoyar al bando que se dice liberal, porque algún paso sí daremos.

O bien la acusación de Larra a Mendizábal:

> LARRA.—Usted ha sido un político desterrado por servir a la libertad, pero no nos ha dado libertad. Usted ha defendido la causa popular en sus discursos, pero es usted un millonario opulento, y su desamortización es otra hábil jugada de la bolsa a favor de los ricos, no de los braceros. En resumen: usted inaugura otra sustanciosa etapa de privilegios.

La actualidad que, desgraciadamente, poseen ambas intervenciones para un receptor de hoy es la más elocuente explicación de la noción temporal de la que nos estamos ocupando: aquella que, desde la escena del pasado, conecta al público con su presente y le ayuda a mirarlo, a valorarlo y a sacar sus conclusiones.

En *La detonación* el tiempo y el espacio son resortes básicos de la tragicidad de la pieza. Larra lucha contra su tiempo durante el transcurso de su vida, su resistencia se desarrolla en un espacio hostil que le impide encontrar el resquicio que le permitiría salir al «inmenso firmamento negro y estrellado», pero estos mismos elementos temáticos constituyen el armazón de la estructura dramatúrgica de la obra y convierten *La detonación* en un complejo y hábil mecanismo de construcción formal.

RECEPCIÓN DE LA OBRA TRAS EL ESTRENO

La detonación se estrenó el 20 de septiembre de 1977 y se mantuvo en cartel durante cuatro meses; como en tantas otras ocasiones, el acontecimiento tuvo una dimensión que excedía lo puramente teatral; asistieron a la representación destacadas personalidades del mundo de la cultura, de la política y de la escena (Pedro Laín Entralgo, Joaquín Calvo Sotelo, Torcuato Luca de Tena, Pío Cabanillas —ministro de Cultura—, Santiago Carrillo, Rafael Alberti, Gustavo Pérez Puig, Irene Gutiérrez Caba, Antonio Gala...). Aún no se habían cumplido los dos años de la muerte del dictador y ya dibujó Buero, con valentía, a través de la pintura histórica de la

España del primer tercio del siglo XIX y de Mariano José de Larra, uno de sus escritores más comprometidos, la situación del ayer y del presente que se estaba viviendo. Pero, además, trazó la situación de cualquier momento de la lectura o representación del texto, mientras no esté erradicada de la sociedad la injusticia, en tanto que los políticos actúen en su propio beneficio, que a los artistas se les coloquen mordazas, o no las necesiten por estar ya contaminados por el influjo del poder.

La reacción de la crítica no fue unánime. Mientras que en niveles académicos y en una parte de la periodística se recibió con ponderación, y en algunos casos con entusiasmo, la nueva etapa de un autor que había querido y conseguido escribir en la España reprimida del franquismo, que no había renunciado a los principios políticos, éticos y estéticos motivadores de sus comienzo y que iniciaba la transición con singular arrojo, otros cayeron en una inaceptable descalificación[55]. Y algunos, faltos de todo equilibrio en sus juicios, llegaron a apreciaciones a todas luces erróneas[56].

Buero, en carta personal ya citada (14 de octubre de 1977), afirmaba:

---

[55] Enrique Buendía («Teatro de laboratorio. *La detonación*», *Reseña*, 109, noviembre de 1977, págs. 23-25) cree que «es un teatro viejo, escenocrático, casi muerto». José Antonio Gabriel y Galán («El enigma de España siempre vence a Buero», *Nuevo Fotogramas*, 14 de octubre de 1977, pág. 39), tras algua alabanza, cuestiona la efectividad del teatro de Buero, cuyo lenguaje cree que repercute más en los que no son considerados como «culpables». La injusticia en el juicio resulta inaceptable cuando se descalifica, después de aparentes cumplidos, la producción completa del autor (Eduardo Haro Tecglen, «A propósito de *La detonación*. Larra y Buero: Un amor sin límites a la libertad», *Tiempo de Historia*, 36, noviembre de 1977, págs. 38-42).

[56] Sólo así se entiende un título como el que puso Manuel Gómez Ortiz («Una lección de historia para escolares», *Ya*, 22 de septiembre de 1977, pág. 42). Lorenzo López Sancho *(«La detonación*, un espejo de Buero con muchas imágenes», *ABC*, 24 de septiembre de 1977, pág. 63) cree que Buero «ha sido dominado por la documentación» y en un sentido similar se pronuncia Antonio Valencia *(«La detonación*, en el Bellas Artes (20-9-77)», *Hoja del Lunes de Madrid*, 26 de septiembre de 1977, pág. 48). Ángel Fernández Santos («Estreno de *La detonación*, de Buero Vallejo. Redes secretas de una tragedia», *Diario 16*, 22 de septiembre de 1977, pág. 19) considera que en la obra todo «está perfectamente pensado y programado», pero ve «un desequilibrio profundo».

No soy tonto y lo esperaba. Éste era el estreno del «ahora o nunca», pues el «Dr. Valmy» se había escrito muchos años antes. Ésta era mi primera obra postfranquista al 100 por 100, y la ocasión de ver si Buero, aun siendo antifranquista, no sabía asumir la nueva (pero no tan nueva) situación y se iba al garete con Franco. De lo contrario, habría que resignarse con un Buero que seguía caminando...

Afortunadamente muchos comprendieron el valor del estreno y de la obra que acababan de presenciar. En una entrevista de Miguel Bayón realizada días después (en la que Buero explicaba ante los términos «ruptura» o «continuidad», referidos a su última obra entonces: «Nunca he roto conmigo mismo de modo total. He sido de los escritores que creen más en promover en sí mismos una evolución que les permita experimentar, que en inútiles desplantes. Lo que no sé es dónde voy después de *La detonación*»), el crítico afirmaba: «Un estreno de Buero nunca ha sido cualquier cosa. Mucho menos, cuando Buero estrena en un clima —relativo al menos— de libertades cívicas. *La detonación* marca un hito más en los dramas históricos de este autor que por sí solo llena toda una época»[57].

Sin reservas acogió la obra y su representación Julio Trenas, que calificó el espectáculo del Bellas Artes con un nueve y dio razones incontestables de sus valores en cuanto a contenido y estructura, como se advierte en estas apreciaciones: «El dramaturgo trasciende el personaje y su tiempo, lo pone en pie, le plantea interrogantes actuales y a veces le hace responder con su propia voz, facilitándonos una lección no por insospechada menos útil»; «sin alardear de ello, Buero comienza por desbrozar la abundante maleza tópica rodeadora de su personaje»; «su ritmo escénico podría decirse que se desarrolla en la simultaneidad del compás de tres por cuatro»; «hay que decir que esta vez no se ha gastado pólvora en salvas. El disparo que un 13 de febrero, del que se han cumplido ciento cuarenta años, cercenó la vida de Mariano José de Larra, ha

---

[57] Miguel Bayón, «Buero Vallejo tras *La detonación:* "Hay que ingeniárselas bajo las dictaduras"», *Diario 16,* 29 de septiembre de 1977, pág. 23.

sonado como diana positiva en el teatro español. Éste era el comentario general, en los vestíbulos del Bellas Artes, durante el intermedio de la "noche del estreno". Todos coincidían en la responsabilidad y valentía del autor dramático»[58].

Pablo Corbalán alaba abiertamente esta «nueva lectura» de Larra, el que «sufre y muere en dos fusilamientos, los de las dos Españas que se matan a ciegas»; así mismo pondera «una puesta en escena muy hábil, sugerente y segura, contenida y holgada, atenta a lo anecdótico y a lo categórico»[59].

«Obra [...] muy compleja, extensa, donde hay que resumir un mundo amplísimo, ha sido muy bien resuelta por Buero Vallejo en su dialéctica y efectividad escénica» es la conclusión de Manuel Díez Crespo[60]. En la misma línea se manifiesta Juan Emilio Aragonés cuando defiende la construcción dramatúrgica de la pieza frente a los que la ven como «mero resultado de una extrema investigación sobre Larra y las circunstancias españolas de su entorno» y piensa que aceptar esto «es tanto como reducir una gran tarea de creación a los límites de un simple trabajo recopilador de datos. Sin negar la importancia de la tarea de los archiveros, la misión que nuestro autor se ha impuesto, en esta y en todas sus obras, es de alcance muy superior»[61].

José Monleón, en un extenso estudio de los elementos temáticos y de construcción argumental de la obra publicado en la revista *Triunfo*, habla de la «Poética integradora» del autor, capaz de articular los planos en los que fundamenta su análisis: «Exposición de la historia de España, materia irrenunciable para entender al personaje», «Relación entre aquella época y la nuestra» y «Destrucción del "suicidio romántico"»[62].

---

[58] Julio Trenas, «Bellas Artes. *La detonación*, de Antonio Buero Vallejo», *Arriba*, 22 de septiembre de 1977, pág. 32.

[59] Pablo Corbalán, «*La detonación*, de Buero Vallejo», *Informaciones*, 22 de septiembre de 1977, pág. 30

[60] M[anuel] Díez Crespo, «En el Bellas Artes. Estreno de *La detonación*, de Buero Vallejo», *El Alcázar*, 23 de septiembre de 1977, pág. 24.

[61] Juan Emilio Aragonés «Larra, espejo para españoles», *La Estafeta Literaria*, 622, 15 de octubre de 1977, págs. 30-31.

[62] José Monleón, «Larra, Buero y nuestra época», *Triunfo*, 1 de octubre de 1977, págs. 38-39.

Desde las páginas de *ABC*, Carlos Seco Serrano confesó su temor inicial y su satisfacción final ante el estreno que comentamos:

> He tardado mucho en decidirme a ver su último estreno [de Buero], «La detonación». Me habían prevenido contra él, de una parte, ciertas críticas poco entusiastas, si no adversas del todo; y de otra, el hecho de que el protagonista del nuevo drama fuese Larra, de cuya figura me he ocupado reiteradamente. Temía ver a «Fígaro» desvirtuado, como tantas veces, por la anécdota [...] de su pasión por Dolores Armijo [...]. Acudí, por fin, al teatro; y he vuelto una segunda vez. Ahora [...] pienso que esa frialdad manifestada por algunos críticos [...] tiene por causa el hecho de que *esperaban* precisamente lo que yo *temía* [...]. Pero no es el amor desesperado —y Buero ha sabido verlo así— la razón profunda del suicidio de Larra. Esa razón profunda hay que buscarla, más bien, en la negativa del escritor a «pactar» con una realidad que él percibía cada vez más lejos de sus esquemas ideales. [...] Aparte la perfecta comprensión para captar todo este panorama humano —político, ideológico, sentimental—, Buero ha demostrado una extraordinaria capacidad de síntesis logrando un montaje casi perfecto[63].

El juicio más positivo y acertado de entre los que se emitieron con inmediatez al estreno o no mucho después de éste es el de Ricard Salvat:

> A nuestro entender, *La detonación* es, sin duda ninguna, la obra más importante que se ha estrenado en España, de autor español, después del 20 de noviembre de 1975, y la única que apunta hacia una posible dramaturgia del futuro. [...] Hay en *La detonación* una espléndida libertad narrativa, un maravilloso juego de tiempo y espacio, insólitos en el teatro español[64].

---

[63] Carlos Seco Serrano, «El Larra de Buero», *ABC*, 28 de diciembre de 1977, págs. 8 y 9.

[64] Ricard Salvat, «Entrevista a Buero Vallejo», cit., pág. 16. Diversos estudiosos españoles y extranjeros fijaron su mirada en *La detonación* y supieron valorar sus muchos méritos; véase la «Bibliografía». Mariano de Paco, al hacer la revisión del teatro de Buero durante la democracia, señalaba el maltrato sufrido por los autores españoles en ese periodo y afirmaba sobre *La detonación*:

La detonación sigue siendo una obra imprescindible dentro del teatro español desde la segunda mitad del siglo XX. La doble lectura histórica que propone no ha perdido actualidad más de treinta años después de su estreno, sino que ha ampliado su significado por recuperar para el lector más joven la memoria de un pasado próximo, hoy para muchos ajeno. Como Larra en sus textos, Buero sigue en los suyos vigente. Dedicó Buero Vallejo sus esfuerzos al teatro y de él obtuvo unas veces hiel y otras miel, pero consiguió su propósito, el que formuló con emotiva sencillez:

> El teatro es mi vida. Y es, por tanto, la fuente de algunas de mis mayores alegrías y de mis mayores sufrimientos. El teatro es para mí aquella manera que yo encontré un día de poder expresarme y realizarme [...]. El teatro es mi realización y mi vida. [...] Cuando Buero deje de existir ya no quedará más que su obra y Buero será su obra[65].

«Estamos ante una pieza clave en la producción bueriana que conecta plenamente con su teatro anterior y abre una etapa en la que no se abandonará la *estética de la oblicuidad*, pero en la que las poderosas *medias palabras* a las que Larra se refería no están sujetas a ataduras ideológicas» («El último teatro de Buero Vallejo: estrenos y recepción durante la transición democrática», en Emilio de Miguel Martínez [ed.], *Los trabajos de Thalía. Perspectivas del teatro español actual*, Gijón, Cátedra Miguel Delibes/Llibros del Pexe, 2006, pág. 80).

[65] «Cuaderno de bitácora: Lo que mi teatro es... por Antonio Buero Vallejo», *Las puertas del drama*, 2, primavera de 2000, pág. 42.

Esta edición

Para la presente edición hemos cotejado todas las existentes y hemos empleado como texto de base el que aparece publicado en *Obra Completa*, I, edición crítica de Luis Iglesias Feijoo y Mariano de Paco, Madrid, Espasa Calpe, Clásicos Castellanos, 1994, págs. 1501-1618, por haber sido la última revisada por su autor. Se han corregido algunas erratas y, por voluntad de los herederos del dramaturgo (a los que agradecemos el material fotográfico reproducido), se han incorporado los corchetes que indican las supresiones de texto que se llevaron a cabo en el estreno y que se encontraban en las tres primeras ediciones, pero no en la *Obra Completa*. En la anotación del texto hemos puesto especial interés en constatar el tiempo de la escritura de las frases pertenecientes a artículos de Larra, porque nos parece que su utilización en desorden forma parte de una característica dramatúrgica fundamental en la pieza, al deberse todo el proceso verbal y escénico de la misma a la caótica rememoración de la mente trastornada del autor del XIX. Dada la precisión con que Buero ha manejado los elementos históricos, hemos preferido reducir las notas referidas a este componente textual en favor de aclaraciones de carácter lingüístico y literario.

Bibliografía

EDICIONES DE «LA DETONACIÓN»

En español

La detonación, en *Estreno,* IV, 1, primavera de 1978.
— prólogo de Luciano García Lorenzo, Madrid, Espasa Calpe, Austral, núm. 52, 1979 (con *Las palabras en la arena).*
— edición e introducción de Ricardo Doménech, Madrid, Espasa Calpe, Austral, núm. 315, 1993 (con *Las palabras en la arena).*
— en Antonio Buero Vallejo, *Obra Completa,* I, edición crítica de Luis Iglesias Feijoo y Mariano de Paco, Madrid, Espasa Calpe, Clásicos Castellanos, 1994, págs. 1501-1618.

En otras lenguas

Împuşcătura, en *Teatru,* Bucarest, Univers, 1984.
The Shot, Warminster, Aris & Phillips, 1989. Traducción de David Johnston.

SOBRE BUERO VALLEJO

Estudios y compilaciones

AA.VV., *Antonio Buero Vallejo. Premio de Literatura en lengua castellana «Miguel de Cervantes» 1986,* Barcelona, Anthropos/Ministerio de Cultura, 1987.
— *Antonio Buero Vallejo. Premio Miguel de Cervantes [1986],* Madrid, Biblioteca Nacional, 1987.

— *Buero después de Buero*, Toledo, Junta de Comunidades de Castilla-La Mancha, 2003.
Anthropos, núm. 79, diciembre de 1987 (monográfico dedicado a Buero).
BEJEL, Emilio, *Buero Vallejo, lo moral, lo social y lo metafísico*, Montevideo, Instituto de Estudios Superiores, 1972.
BOBES NAVES, Jovita, *Aspectos semiológicos del teatro de Buero Vallejo*, Kassel, Reichenberger, 1997.
Buero por Buero. Conversaciones con Francisco Torres Monreal, Madrid, Asociación de Autores de Teatro, 1993.
CARO DUGO, Carmen, *The Importance of the Don Quixote Myth in the Works of Antonio Buero Vallejo*, Lewiston, Mellen University Press, 1995.
CORTINA, José Ramón, *El arte dramático de Antonio Buero Vallejo*, Madrid, Gredos, 1969.
Cuadernos de Ágora, núm. 79-82, mayo-agosto de 1963 (monográfico dedicado a Buero).
Cuadernos del Lazarillo, núm. 20, enero-junio de 2001 (con Suplemento dedicado a Buero).
Cuadernos El Público, núm. 13, abril de 1986 (monográfico *Regreso a Buero Vallejo*).
CUEVAS GARCÍA, Cristóbal (dir.), *El teatro de Buero Vallejo. Texto y espectáculo*, Barcelona, Anthropos, 1990.
DEVOTO, Juan Bautista, *Antonio Buero Vallejo. Un dramaturgo del moderno teatro español*, Ciudad Eva Perón (B.A.), Elite, 1954.
DIXON, Victor y JOHNSTON, David (eds.), *El teatro de Buero Vallejo. Homenaje del hispanismo británico e irlandés*, Liverpool University Press, 1995.
DOMÉNECH, Ricardo, *El teatro de Buero Vallejo*, Madrid, Gredos, 1993².
DOWD, Catherine Elizabeth, *Realismo trascendente en cuatro tragedias sociales de Antonio Buero Vallejo*, Valencia, Estudios de Hispanófila, University of North Carolina, 1974.
Estreno, V, 1, primavera de 1979; XXVII, 1, primavera de 2001; y XXXIII, 1, primavera de 2007 (monográficos dedicados a Buero).
FUENTE, Ricardo de la y GUTIÉRREZ, Fabián, *Cómo leer a Antonio Buero Vallejo*, Madrid/Gijón, Júcar, 1992.
GERONA LLAMAZARES, José Luis, *Discapacidades y minusvalías en la obra teatral de D. Antonio Buero Vallejo (Apuntes psicológicos y psicopatológicos sobre el arte dramático como método de exploración de la realidad humana)*, Madrid, Universidad Complutense, 1991.
GONZÁLEZ-COBOS DÁVILA, Carmen, *Antonio Buero Vallejo, el hombre y su obra*, Salamanca, Universidad, 1979.
GRIMM, Reinhold, *Ein iberischer «Gegenentwurf»? Antonio Buero Vallejo, Brecht und das moderne Welttheater*, Copenhague/Múnich, Wilhelm Fink, 1991.

Halsey, Martha T., *Antonio Buero Vallejo*, Nueva York, Twayne, 1973.
— *From Dictatorship to Democracy, The Recent Plays of Antonio Buero Vallejo (From* La Fundación *to* Música cercana*)*, Ottawa, Dovehouse Editions, 1994.
Härtinger, Heribert, *Oppositionstheater in der Diktadur. Spanienkritik im Werk des Dramatikers Antonio Buero Vallejo vor dem Hintergrund der franquistischen Zensur*, Wilhelmsfeld, Gottfried Egert, 1997.
Iglesias Feijoo, Luis, *La trayectoria dramática de Antonio Buero Vallejo*, Santiago de Compostela, Universidad, 1982.
— (ed.), *Buero antes de Buero*, Toledo, Junta de Comunidades de Castilla-La Mancha, 2007.
— y Paco, Mariano de, *Obra Completa*, I, introducción a su edición crítica de Antonio Buero Vallejo, Madrid, Espasa Calpe, Clásicos Castellanos, 1994, págs. IX-CIX.
Iniesta Galvañ, Antonio, *Esperar sin esperanza: El teatro de Antonio Buero Vallejo*, Murcia, Universidad de Murcia, 2002.
Johansson, Mats, *El sueño de la razón*, de A. Buero Vallejo, Edsbruk, Stockholms Universitet, 1999.
Johnston, David, *Buero Vallejo. El concierto de San Ovidio*, Londres, Grant & Cutler Ltd., 1990.
Lagos, Manuel (coord.), *El tiempo recobrado. La historia a través de la obra de Antonio Buero Vallejo*, Ciudad Real, Junta de Comunidades de Castilla-La Mancha y Caja Castilla-La Mancha, 2003.
Las puertas del drama, XXVII, 2, primavera de 2000 (monográfico dedicado a Buero).
Leyra, Ana María (coord.), *Antonio Buero Vallejo. Literatura y Filosofía*, Madrid, Complutense, 1998.
Mathías, Julio, *Buero Vallejo*, Madrid, EPESA, 1975.
Montearabí, 23, 1997 (monográfico dedicado a Buero).
Müller, Rainer, *Antonio Buero Vallejo. Studien zum Spanischen Nachkriegstheater*, Colonia, 1970.
Newman, Jean Cross, *Conciencia, culpa y trauma en el teatro de Antonio Buero Vallejo*, Valencia, Albatros/Hispanófila, 1992.
Nicholas, Robert L., *The Tragic Stages of Antonio Buero Vallejo*, Valencia, Estudios de Hispanófila, University of North Carolina, 1972.
O'Connor, Patricia W., *Antonio Buero Vallejo en sus espejos*, Madrid, Fundamentos, 1996.
Paco, Mariano de, *De re bueriana (Sobre el autor y las obras)*, Murcia, Universidad, 1994.
— *Antonio Buero Vallejo en el teatro actual*, Murcia, Escuela Superior de Arte Dramático, 1998², 2000.
— «Buero Vallejo», en Javier Huerta Calvo (dir.), *Historia del teatro español*, II, Madrid, Gredos, 2003, págs. 2757-2788.

— (ed.), *Estudios sobre Buero Vallejo*, Murcia, Universidad, 1984.
— (ed.), *Buero Vallejo (Cuarenta años de teatro)*, Murcia, CajaMurcia, 1988.
— (coord.), *Memoria de Buero*, Murcia, CajaMurcia, Obra Social y Cultural, 2000.
— y Díez de Revenga, Francisco Javier (eds.), *Buero Vallejo dramaturgo universal*, Murcia, CajaMurcia, Obra Social y Cultural, 2001.
Pajón Mecloy, Enrique, *Buero Vallejo y el antihéroe. Una crítica de la razón creadora*, Madrid, 1986.
— *El teatro de A. Buero Vallejo, marginalidad e infinito*, Madrid, Fundamentos, Espiral Hispanoamericana, 1991.
Pérez Henares, Antonio, *Antonio Buero Vallejo. Una digna lealtad*, Toledo, Junta de Comunidades de Castilla-La Mancha, 1998.
Puente Samaniego, Pilar de la, *A. Buero Vallejo. Proceso a la historia de España*, Salamanca, Universidad, 1988.
Regreso a Buero Vallejo, Guadalajara, Ayuntamiento, 2000.
Rice, Mary, *Distancia e inmersión en el teatro de Buero Vallejo*, Nueva York, Peter Lang, 1992.
Ruggeri Marchetti, Magda, *Il teatro di Antonio Buero Vallejo o il processo verso la verità*, Roma, Bulzoni, 1981.
Ruple, Joelyn, *Antonio Buero Vallejo. The First Fifteen Years*, Nueva York, Eliseo Torres & Sons, 1971.
Santiago Bolaños, M.ª Fernanda, *La palabra detenida. Una lectura del símbolo en el teatro de Antonio Buero Vallejo*, Murcia, Universidad de Murcia, 2004.
Schmidhuber, Guillermo, *Teatro e historia. Parangón entre Buero Vallejo y Usigli*, Monterrey, Gobierno del Estado de Nuevo León, 1992.
Serrano, Virtudes y Paco, Mariano de, *Buero Vallejo: La realidad iluminada*, Madrid, Fundación de Cultura y Deporte de Castilla-La Mancha, 2000.
Trapero Llobera, Patricia, *El tragaluz. Antonio Buero Vallejo*, Palma de Mallorca, Monograma, 1995.
Verdú de Gregorio, Joaquín, *La luz y la oscuridad en el teatro de Buero Vallejo*, Barcelona, Ariel, 1977.
www.cervantesvirtual.com/bib_autor/BueroVallejo/, página dirigida por Mariano de Paco.

Libros y estudios que incluyen a Buero

Abuín, Ángel, *El narrador en el teatro. La mediación como procedimiento en el discurso teatral del siglo XX*, Santiago de Compostela, Universidad, 1997.

AMORÓS, Andrés, MAYORAL, Marina y NIEVA, Francisco, *Análisis de cinco comedias (Teatro español de la posguerra)*, Madrid, Castalia, 1977.

ARAGONÉS, Juan Emilio, *Teatro español de posguerra*, Madrid, Publicaciones Españolas, 1971.

AZNAR SOLER, Manuel (ed.), *Veinte años de teatro y democracia en España (1975-1995)*, Sant Cugat del Vallès, Associació d'Idees-CITEC, 1996.

BALESTRINO, Graciela y SOSA, Marcela, *El bisel del espejo. La Reescritura en el Teatro Contemporáneo Español e Hispanoamericano*, Salta, Universidad, Cuadernos del CESICA, 1997.

BARRERO PÉREZ, Óscar, *Historia de la literatura española contemporánea (1939-1990)*, Madrid, Istmo, 1992.

BERENGUER, Ángel y PÉREZ, Manuel, *Tendencias del teatro español durante la transición política (1975-1982)*, Madrid, Biblioteca Nueva, 1998.

BONNÍN VALLS, Ignacio, *El teatro español desde 1940 a 1980. Estudio histórico-crítico de tendencias y autores*, Barcelona, Octaedro, 1998.

BOREL, Jean-Paul, *El teatro de lo imposible*, Madrid, Guadarrama, 1966.

CENTENO, Enrique, *La escena española actual (Crónica de una década, 1984-1994)*, Madrid, Sociedad General de Autores y Editores, 1996.

EDWARDS, Gwynne, *Dramaturgos en perspectiva. Teatro español del siglo XX*, Madrid, Gredos, 1989.

ELIZALDE, Ignacio, *Temas y tendencias del teatro actual*, Madrid, Cupsa, 1977.

FERRERAS, Juan Ignacio, *El teatro en el siglo XX (desde 1939)*, Madrid, Taurus, 1988.

FLOECK, Wilfried (ed.), *Spanisches Theater im 20. Jahrhundert. Gestalten und Tendenzen*, Tübinga, Franke, 1990.

FORYS, Marsha, *Antonio Buero Vallejo and Alfonso Sastre. An Annotated Bibliography*, Metuchen (NJ)/Londres, The Scarecrow Press, Inc., 1988.

FRITZ, Herbert, *Der Traum im spanischen Gegenwartsdrama*, Frankfurt, Vervuert, 1996.

GABRIELE, John P. (ed.), *De lo particular a lo universal. El teatro español del siglo XX y su contexto*, Frankfurt am Main, Vervuert, 1994.

GARCÍA LORENZO, Luciano, *El teatro español hoy*, Barcelona, Planeta/Editora Nacional, 1975.

GARCÍA PAVÓN, Francisco, *El teatro social en España (1895-1962)*, Madrid, Taurus, 1962.

GARCÍA RUIZ, Víctor, *Continuidad y ruptura en el teatro español de la posguerra*, Pamplona, EUNSA, 1999.

GARCÍA TEMPLADO, José, *Literatura de la posguerra, el teatro*, Madrid, Cincel, 1981.

GIULIANO, William, *Buero Vallejo, Sastre y el teatro de su tiempo*, Nueva York, Las Américas, 1971.

GÓMEZ GARCÍA, Manuel, *El teatro de autor en España (1901-2000)*, Madrid, Asociación de Autores de Teatro, 1996.

GUERRERO ZAMORA, Juan, *Historia del teatro contemporáneo*, Barcelona, Juan Flors, 1967.

HALSEY, Martha T. y ZATLIN, Phyllis (eds.), *The Contemporary Spanish Theater*, Nueva York, University Press of America, 1988.

— *Entre Actos: Diálogos sobre teatro español entre siglos*, State College, The Pennsylvania State University, Estreno, 1999.

HOLT, Marion P., *The Contemporary Spanish Theater (1949-1972)*, Boston, Twayne, 1975.

HUERTA CALVO, Javier, *El teatro en el siglo XX*, Madrid, Playor, 1985.

— (dir.), *Historia del teatro español*, II, Madrid, Gredos, 2003.

ISASI ANGULO, Amando Carlos, *Diálogos del Teatro Español de la Postguerra*, Madrid, Ayuso, 1974.

LIMA, Robert y ZATLIN, Phyllis (eds.), *Homenaje a Martha T. Halsey*, Estreno, University Park, Pennsylvania, 1995.

MARQUERÍE, Alfredo, *Veinte años de teatro en España*, Madrid, Editora Nacional, 1959.

MOLERO MANGLANO, Luis, *Teatro español contemporáneo*, Madrid, Editora Nacional, 1974.

MUÑOZ CÁLIZ, Berta, *El teatro crítico español durante el franquismo, visto por sus censores*, Madrid, Fundación Universitaria Española, y *Expedientes de la censura teatral franquista*, I, Madrid, Fundación Universitaria Española, 2005 y 2006.

NEUSCHÄFER, Hans-Jörg, *Adiós a la España eterna. La dialéctica de la censura. Novela, teatro y cine bajo el franquismo*, Barcelona, Anthropos, 1994.

NICHOLAS, Robert L., *El sainete serio*, Murcia, Universidad de Murcia, Cuadernos de la Cátedra de Teatro, 1992.

OLIVA, César, *El teatro desde 1936*, Madrid, Alhambra, 1989.

— *El teatro español del siglo XX*, Madrid, Síntesis, 2002.

PEDRAZA JIMÉNEZ, Felipe B. y RODRÍGUEZ CÁCERES, Milagros, *Manual de literatura española. XIV. Posguerra, dramaturgos y ensayistas*, Pamplona, Cénlit, 1995.

PÉREZ MINIK, Domingo, *Teatro europeo contemporáneo*, Madrid, Guadarrama, 1961.

PÉREZ-STANSFIELD, María Pilar, *Direcciones de Teatro Español de Posguerra, Ruptura con el Teatro Burgués y Radicalismo Contestatario*, Madrid, José Porrúa Turanzas, 1983.

RAGUÉ ARIAS, María José, *El teatro de fin de milenio en España (De 1975 hasta hoy)*, Barcelona, Ariel, 1996.

RICO, Francisco *et al.*, *Historia y crítica de la literatura española*, vols. 8 (Época contemporánea, 1939-1975), 9 (Los nuevos nombres, 1975-1990) y 8/1 (Época contemporánea, 1939-1975). Primer

suplemento), Barcelona, Crítica, 1981, 1992 y 1999, respectivamente.
RODRÍGUEZ ALCALDE, Leopoldo, *Teatro español contemporáneo*, Madrid, EPESA, 1973.
ROMERA CASTILLO, José y GUTIÉRREZ CARBAJO, Francisco (eds.), *Teatro histórico (1975-1998). Textos y representaciones*, Madrid, Visor, 1999.
RUGGERI MARCHETTI, Magda, *Studi sul teatro spagnolo del novecento*, Bolonia, Pitagora, 1993.
RUIZ RAMÓN, Francisco, *Historia del teatro español. Siglo XX*, Madrid, Cátedra, 1977[3].
— *Celebración y catarsis (Leer el teatro español)*, Murcia, Universidad de Murcia, Cuadernos de la Cátedra de Teatro, 1988.
SALVAT, Ricard, *El teatre contemporani*, Barcelona, Ediciones 62, 1966.
SANZ VILLANUEVA, Santos, *Literatura actual*, Barcelona, Ariel, 1984.
SPANG, Kurt (ed.), *El drama histórico. Teoría y comentarios*, Pamplona, EUNSA, 1998.
TORO, Alfonso de y FLOECK, Wilfried (eds.), *Teatro Español Contemporáneo. Autores y Tendencias*, Kassel, Reichenberger, 1995.
TORRENTE BALLESTER, Gonzalo, *Teatro español contemporáneo*, Madrid, Guadarrama, 1968[2].
URBANO, Victoria, *El teatro español y sus directrices contemporáneas*, Madrid, Editora Nacional, 1972.

SOBRE «LA DETONACIÓN»

Noticias, entrevistas y críticas

Á[LVAREZ], C[arlos] L[uis], «*La detonación*, de Antonio Buero Vallejo, en el Bellas Artes», *Blanco y Negro*, 28 de septiembre-4 de octubre de 1977, pág. 48.
ARAGONÉS, Juan Emilio, «Larra, espejo para españoles», *La Estafeta Literaria*, 622, 15 de octubre de 1977, págs. 30-31.
AVILÉS, Juan Carlos, «*La detonación* de Buero Vallejo», *Guía del Ocio*, 17-23 de octubre de 1977, pág. 31.
BAQUERO, Arcadio, «*La detonación*, Buero Vallejo y su Larra», *Sábado Gráfico*, 1 de octubre de 1977, pág. 44.
BAYÓN, Miguel, «Buero Vallejo tras *La detonación:* "Hay que ingeniárselas bajo las dictaduras"», *Diario 16*, 29 de septiembre de 1977, pág. 23.
B[ILBATÚA], M[iguel], «*La detonación*. Larra-Buero: "No soy cobarde, sólo pienso"», *Cuadernos para el Diálogo*, 231, 1-7 de octubre de 1977, pág. 7.

BUENDÍA, Enrique, «Teatro de laboratorio. *La detonación*», *Reseña*, 109, noviembre de 1977, pág. 23-25.

CASTRO, José, «*La detonación*, inspirada en la vida de Larra. Estrena Buero Vallejo», *Gaceta Ilustrada*, 18 de septiembre de 1977, págs. 8-10.

CORBALÁN, Pablo, «*La detonación*, de Buero Vallejo», *Informaciones*, 22 de septiembre de 1977, pág. 30.

DÍEZ CRESPO, M[anuel], «En el Bellas Artes. Estreno de *La detonación*, de Buero Vallejo», *El Alcázar*, 23 de septiembre de 1977, pág. 24.

FERNÁNDEZ SANTOS, Á[ngel], «Estreno de *La detonación*, de Buero Vallejo. Redes secretas de una tragedia», *Diario 16*, 22 de septiembre de 1977, pág. 19.

FERNÁNDEZ TORRES, Alberto, «*La detonación*, de Antonio Buero Vallejo», *Ínsula*, 372, noviembre de 1977, pág. 15.

GABRIEL Y GALÁN, José Antonio, «El enigma de España siempre vence a Buero», *Nuevo Fotogramas*, 14 de octubre de 1977, págs. 39-40.

GÓMEZ ORTIZ, Manuel, «Una lección de historia para escolares. *La detonación*, de Antonio Buero Vallejo, en el Bellas Artes», *Ya*, 22 de septiembre de 1977, pág. 42.

GORTARI, Carlos, «*La detonación*, de Antonio Buero Vallejo», *Pipirijaina*, 6, enero-febrero de 1978, págs. 55-56.

HARO TECGLEN, Eduardo, «A propósito de *La detonación*. Larra y Buero: Un amor sin límites a la libertad», *Tiempo de Historia*, 36, noviembre de 1977, págs. 38-42.

LLOVET, Enrique, «Teatro. *La detonación*. Buero, Larra y la libertad», *El País*, 22 de septiembre de 1977, pág. 31.

LÓPEZ SANCHO, Lorenzo, «*La detonación*, un espejo de Buero con muchas imágenes», *ABC*, 24 de septiembre de 1977, pág. 63.

MALLORQUÍ, Eduardo, «Abarcar sin apretar», *Cambio 16*, 10-16 de octubre de 1977, págs. 83-84.

MONLEÓN, José, «Larra, Buero y nuestra época», *Triunfo*, 1 de octubre de 1977, págs. 38-39.

RAMOS, M.ª Jesús, «*La detonación*», *Crítica*, noviembre de 1977, pág. 32.

RICO, Eduardo G., «*La detonación*, en el Bellas Artes (Larra, según Buero)», *Pueblo*, 24 de septiembre de 1977, pág. 22.

SALVAT, Ricard, «Entrevista a Buero Vallejo», *Estreno*, IV, 1, primavera de 1978, págs. 15-18.

SECO SERRANO, Carlos, «El Larra de Buero», *ABC*, 28 de diciembre de 1977, págs. 8-9.

SEGURA, Florencio, «*La detonación*, de A. Buero Vallejo», *Razón y Fe*, t. 196, núm. 958, noviembre de 1977, págs. 1012-1015.

T[RENAS], J[ulio], «*La detonación*, en el Teatro Bellas Artes», *Arriba*, 22 de septiembre de 1977, pág. 45.

TRENAS, Julio, «Bellas Artes. *La detonación*, de Antonio Buero Vallejo», *Arriba*, 22 de septiembre de 1977, pág. 32.
VALENCIA, Antonio, «*La detonación*, en el Bellas Artes (20-9-77)», *Hoja del Lunes de Madrid*, 26 de septiembre de 1977, pág. 48.

Artículos

CASA, Frank P., «The Darkening Vision: the Latter Plays of Buero Vallejo», *Estreno*, V, 1, primavera de 1979, págs. 30-33.
DÍAZ, Janet W., «Buero Vallejo's Larra: *La detonación*», *Estreno*, V, 1, primavera 1979, págs. 33-35.
FRITZ, Herbert, «El drama histórico de Antonio Buero Vallejo. De la esperanza al desengaño», en Kurt Spang (ed.), *El drama histórico. Teoría y comentarios*, Pamplona, EUNSA, 1998, págs. 239-270.
GUERENABARRENA, Juanjo, «El teatro español: una lección de *La detonación*», *Hispanic Journal*, VIII, 1, 1986, págs. 47-60.
HALSEY, Martha T., «Larra, The Tragic Protagonist of *La detonación*», *Estreno*, IV, 1, primavera de 1978, págs. 14-15.
— «Writers and their Critics: Buero's *La detonación*», *Hispanic Journal*, VIII, 1, 1986, págs. 47-60.
— «El intelectual y el pueblo: tres dramas históricos de Buero», *Anthropos*, 79, 1987, págs. 46-49.
IGLESIAS FEIJOO, Luis, «Imágenes del poder en el teatro español contemporáneo: Valle-Inclán y Buero Vallejo», *Crítica Hispánica*, XVI, 1, págs. 141-156.
JOHNSTON, David, «Posibles paralelos entre la obra de Unamuno y el teatro "histórico" de Buero Vallejo», *Cuadernos Hispanoamericanos*, 386, 1982, págs. 340-364.
NAVAS RUIZ, Ricardo, «*La detonación* o "El carnaval y las máscaras": Una introducción histórica», *Estreno*, IV, 1, primavera de 1978, págs. 12-14.
PACO, Mariano de, «El teatro español en la transición: ¿una generación olvidada?», *Anales de Literatura Española*, 17, 2004, págs. 145-158.
— «El último teatro de Buero Vallejo: estrenos y recepción durante la transición democrática», en Emilio de Miguel Martínez (ed.), *Los trabajos de Thalía. Perspectivas del teatro español actual*, Gijón, Cátedra Miguel Delibes-Llibros del Pexe, 2006, págs. 75-96.
PAYERAS GRAU, María, «Lectura parcial de *La detonación:* Visión retrospectiva sobre un drama de Antonio Buero Vallejo», *Iris*, 1990, págs. 55-65.
PAZ, Marta Lena, «Referente histórico e intertexto en *La detonación* y *Tres jueces para un largo silencio*», en *Literatura como intertextualidad*, Buenos Aires, Vinciguerra, 1993, págs. 268-275.

Ruggeri Marchetti, Magda, «Sobre *La detonación* de Antonio Buero Vallejo», *Actas del Congreso de AEPE,* Budapest, Akadèmiai Kiado, 1978, págs. 189-199. [Reproducido en Mariano de Paco (ed.), *Estudios sobre Buero Vallejo,* Murcia, Universidad de Murcia, 1984, págs. 315-326.]

Ruiz Ramón, Francisco, «De *El sueño de la razón* a *La detonación.* (Breve meditación sobre el posibilismo)», *Estreno,* V, 1, primavera de 1979, págs. 7-8. [Reproducido en Mariano de Paco (ed.), *Estudios sobre Buero Vallejo,* Murcia, Universidad de Murcia, 1984, págs. 327-331.]

Serrano, Virtudes, «Tiempo y espacio en la estructura dramática de *La detonación*», en Cristóbal Cuevas García (dir.), *El teatro de Buero Vallejo. Texto y espectáculo,* Barcelona, Anthropos, 1990, págs. 201-211.

La detonación

Esta obra se estrenó el 20 de septiembre de 1977, en el Teatro Bellas Artes, de Madrid, con el siguiente

REPARTO

Mariano José de Larra, *27 años*	Juan Diego
Pedro, *criado, 39 años*	Pablo Sanz
Don Mariano de Larra, *50 años*	} Luis Lasala
Brigadier Nogueras, *45 años*	
Don Homobono, *45 años*	Francisco Merino
Calomarde, *52 años*	
Cea Bermúdez, *50 años*	
Martínez de la Rosa, *50 años*	} Alfonso Goda
Mendizábal, *47 años*	
Istúriz, *52 años*	
Calatrava, *56 años*	
Voluntario Realista 1.°	} Manuel Pérez Brun
Miliciano 1.°	
Asaltante 1.°	Suprimido en el estreno
Voluntario Realista 2.°	} Mariano Carrillo
Miliciano 2.°	
Asaltante 2.°	Suprimido en el estreno
Mesonero Romanos, *34 años*	José Hervás
Ventura de la Vega, *29 años*	Luis Gaspar
Bretón de los Herreros, *40 años*	Guillermo Carmona
Clemente Díaz, *25 años*	Fernando Conde
Carnerero, *45 años*	} Julio Oller
Borrego, *40 años*	
Arriaza, *57 años*	Primitivo Rojas
Grimaldi, *40 años*	Matías Abraham

PADRE FROILÁN, *50 años*	Antonio Soto
PEPITA WETORET, *20 años*	} María Jesús Sirvent
DOLORES ARMIJO, *26 años*	
PIPÍ, *camarero, 30 años*	Luis Perezaguas
JOSÉ MARÍA CAMBRONERO, *34 años*	} Juan Santamaría
GENERAL CABRERA, *35 años*	
PADRE GALLEGO, *60 años*	José María Álvarez
JOSÉ DE ESPRONCEDA, *28 años*	Francisco Portes
MERCEDARIO	
DOMINICO	
JESUITA	} Suprimidos en el estreno
ASALTANTE 3.º	
ASALTANTE 4.º	
JUANÍN, *14 años*	José Alfonso Castizo
CAPITÁN CRISTINO	Suprimido en el estreno
MARÍA GRIÑÓ, *60 años*	María Álvarez
VOZ DE ADELITA	Lola Balaguer
VOZ DE LA MADRE DE PEPITA	} María Álvarez
VOZ DE MARÍA MANUELA	
OTRAS VOCES.	

Derecha e izquierda, las del espectador.

Todos los textos entrecomillados que se atribuyen a Larra proceden de sus artículos. Unos pocos entre comillas atribuidos a otras personas son también auténticos.

Escenografía: Vicente Vela.
Figurines y Máscaras: Víctor María Cortezo.
Realización de las Máscaras: Carlos Aladro.
Adjunto a la Dirección: Luis Balaguer.
Dirección: José Tamayo.

Los personajes y fragmentos entre corchetes fueron suprimidos en el estreno.

El decorado

Un gabinete, un café, la antecámara de un ministro, su despacho, el rincón de otra sala, la calle, las afueras y el campo, son los lugares que en esta fantasía se suscitan esquemáticamente, a veces de modo simultáneo. Su disposición respectiva puede variar mucho según el espacio disponible. Si imaginamos un escenario habitual, pero de gran anchura, el decorado podría ser como el que a continuación se describe.

La escena se dividiría en tres zonas principales. La más amplia, casi central, si bien un tanto corrida hacia la izquierda, sugiere el gabinete del piso que ocupó Mariano José de Larra en la calle de Santa Clara, número 3. Tal vez elevado su suelo por un peldaño, su perímetro avanza en gran parte hacia el proscenio, aunque dejando sitio suficiente para el cruce de personajes. La disposición de esta salita es simple: en el primer término derecho, un fino velador sobre el que brilla el plateado servicio de café y chocolate. Junto a él, dos sillas forradas de seda. La pared del fondo carece de esquinas y se pierde, tanto en los laterales como en la altura. En su centro hay una chimenea cuya repisa sostiene dos candelabros, dos floreros de cristal cuajados de claveles, un reloj, un apagavelas y un frasquito de esencia. Encima cuelga el espejo o *tremó*[1] corriente en los interiores burgueses de la época. A la derecha de la chimenea, doble puerta de cristales esmerilados, y a la izquierda, el menudo bufete de caoba donde el escritor tiene

---

[1] *Tremó:* «Adorno a manera de marco que se pone a los espejos que están fijos en la pared» (DRAE).

sus papeles. En el centro de su cuerpo superior descansa un estuche de madera amarilla y a la derecha de éste, un quinqué. Algo sesgado y ante este escritorio, el sillón de badana verde. No hay paredes laterales en el gabinete. Las sustituyen en parte dos gradas algo oblicuas que avanzan hasta la mitad de la estancia. Entre ellas y la pared del fondo, dos huecos laterales. Estas dos escaleras conducen a la parte superior de las otras dos zonas del escenario: dos bloques más retrasados que el borde anterior del suelo del gabinete, cuyos muros frontales, no obstante hallarse separados por éste, pertenecen al mismo lugar. Trátase de aquel destartalado Café del Príncipe al que el humor romántico llamó *El Parnasillo*[2]. El bloque de la izquierda no es muy elevado: quizá su altura no alcance a la de un hombre en pie. Por la izquierda se pierde en el lateral; su derecha la dibuja oblicuamente la escalera que, desde el gabinete, conduce a su parte superior. Adosados a este muro frontal, dos quinqués de petróleo, y, delante, dos o tres toscas mesitas pintadas de chocolate, con sillas de Vitoria a su alrededor. A lo alto del bloque se puede acceder también por gradas invisibles. En su breve superficie, dos sillas de estilo, y junto a su borde posterior, un piano con su taburete. No hay paredes; en el fondo y a cierta distancia síguese viendo el muro del saloncito de Larra. El bloque de la derecha, más elevado y complejo, tiene asimismo su muro frontal oblicuamente cortado

---

[2] *El Parnasillo:* tertulia de los intelectuales del Romanticismo. Estaba situada en el Café del Príncipe, al lado del Teatro Español, antiguo Corral del Príncipe. Buero elige para la concepción escénica de este espacio la jugosa descripción que del mismo hace Mesonero Romanos en el capítulo titulado «Episodios literarios: 1830-1831: I. El Parnasillo» de la segunda época de *Memorias de un setentón (Obras de don Ramón de Mesonero Romanos,* V, edición de Carlos Seco Serrano, Madrid, Atlas, BAE, 1967, págs. 173-176), donde también se explica el origen del nombre por el que se le conoció, por haber tomado posesión de aquel humilde y no muy lustroso café «una numerosa falange de tan despiertos y animados jóvenes». Así mismo, describe a los parroquianos que ya en la época de «El Parnasillo» se van incorporando a sus tertulias, lo que, en el drama, cuando Larra sale a la calle y se encuentra con Mesonero Romanos, sirve como punto de arranque para confeccionar las dos vertientes de opinión y la disposición de las mismas en el espacio dramático, que harán exclamar a Larra: «Ese café parece un cumplido resumen de España.» El escritor costumbrista indica a Larra cómo el dueño había inventado un servicio más económico del normal para los nuevos clientes.

por las gradas que conducen a sus alturas, y en él se divisa otro quinqué idéntico a los de la izquierda. Delante, otro par de mesitas achocolatadas con sus correspondientes sillas. Este bloque es más ancho que el izquierdo, pues a su derecha forma un saliente que se acerca al proscenio cobijando en parte las mesitas, y en cuya cara frontal se abre la no muy limpia puerta vidriera del café, con su ventilador de hojalata. Sobre este primer cuerpo del bloque álzase otro más estrecho y de menguada altura. Aparte de su acceso oculto, se llega a él por una corta escalerilla, que sube oblicuamente a su izquierda casi como una continuación de la grada derecha del gabinete central. Un breve espacio entre ambas permite bordear el primer cuerpo y llegar hasta el saliente, sobre el cual hay sitio suficiente para una pequeña mesa de trabajo colmada de manuscritos y papeles y una silla; ambos muebles de perfil al proscenio. La ornamentación del alto zócalo del segundo cuerpo sugiere suntuosidad oficial. Lujosamente alfombrada, su superficie superior parece pertenecer a un saloncito de recibo. Cerca del borde anterior hay un sillón y al fondo un sofá pequeño, ambos de costosa talla. En el gran muro del fondo que abarca la escena se percibe durante casi toda la acción una misma transparencia.

Parte primera

Oscuridad. Amortiguados por la distancia, sordos cañonazos y crepitar de fusilería que adquieren intensidad. El quinqué del bufete y la chimenea se encienden solos lentamente. La vaga silueta de un criado prende las velas de los candelabros y desaparece después por el hueco posterior del lado derecho. La luz general se eleva en el gabinete; resto de la escena permanece oscuro. Continúan los disparos. En el centro del aposento y con los ojos fijos en la puerta, un joven bajo y delgado, de levita azul con cuello de terciopelo negro. Cuando se vuelve hacia el frente, destellan el dorado tisú de su chaleco y el albor de su cuello de nipis[3] *sobre el negro corbatón. En su mano izquierda brilla*

---

[3] *Nipis:* tela muy fina, de color amarillento y transparente. Como el vocablo, procedía de Filipinas, donde se confeccionaba con las fibras más tenues sacadas de los pecíolos de las hojas del abacá. Este y otros pormenores que de él se refieren dan idea del cuidado que el escritor ponía en componer su aspecto. Los detalles externos del retrato literario que Buero traza de Larra están inspirados en la imaginería plástica que del mismo se conserva, en especial en el óleo de José Gutiérrez de la Vega, del Museo Romántico de Madrid. Por cierto, el nombre de este pintor figura entre los que Mesonero, en el texto citado anteriormente, coloca como contertulio de «El Parnasillo», en la «cohorte artística de los adscritos a la Academia de San Fernando». En la emotiva biografía de Larra que publica Carmen de Burgos, *Colombine,* en 1919 *(Fígaro, Revelaciones, «ella» descubierta, epistolario inédito),* Madrid, Imprenta de «Alrededor del Mundo», págs. 9 y 10), puede leerse la descripción emocionada de la autora ante las prendas que vistió el sujeto de su estudio y que ella pudo contemplar gracias a doña Pepita de Larra, prima hermana del autor, que le abrió las puertas de su casa y le entregó una caja con objetos y textos inéditos, cuya existencia no se conocía: «Tengo delante de mí la camisa que llevaba "Fígaro" la noche que se mató. [...] Es una camisa finísima, de un nipis de hilo más costoso que la seda [...]. ¡Qué maravilloso paño azul el de esa levita y qué recio

la piedra de una sortija. Atrozmente pálido y ojeroso, el rostro de este mozo de veintiocho años aún no cumplidos es el del desdichado que responde al nombre de MARIANO JOSÉ DE LARRA: *una curiosa fisonomía de rasgos aniñados, tersas mejillas y gruesos labios todavía no trabajados por la madurez, alta frente y ojos penetrantes sin la menor arruga en los que se agazapa, sin embargo, el enigmático cansancio de un anciano. La mosca bajo el labio se une a la sedosa y endrina barbita de collarín; el breve pero grueso bigote, que no llega a unirse con la barba, resalta la sensualidad de la boca. El aparente desaliño romántico de su negra cabellera está muy estudiado: ayudados por el cosmético para evitar la expansión lateral de la melena que otros escritores ostentan, los mechones de las sienes avanzan bien pegados y el gran tupé, minuciosamente vuelto hacia arriba, intenta acaso ayudar a la apariencia de una estatura mayor de la que su dueño posee realmente. Por un momento,* LARRA *humilla la cabeza y cierra los párpados. El ruido de las descargas se amortigua. En el muro del fondo se transparenta poco a poco el inmenso firmamento negro y estrellado que acompañará todo el delirio del suicida, aunque, en ocasiones, otras luces lo hagan palidecer. La atormentada cabeza se yergue con resolución y el lejano fragor bélico cesa bruscamente. Silencio total. El escritor gira y se acerca a la chimenea. Toma el apagavelas de metal y, una tras otra, mata las luces de los candelabros. Deja el apagador y mira la caja amarilla. Saca una llavecita de su chaleco mientras se aproxima al bufete y la introduce en la diminuta cerradura plateada del estuche. Algo nota de repente y retira aprisa la llavecita mirando hacia la puerta. Ábrese ésta muy despacio y entra* PEDRO: *un criado que no llega a los cuarenta años, pero cuyo recio semblante aldeano, ajado por las arrugas, parece más viejo. Su atuendo, discreto y sobrio, es propio de un sirviente de confianza. Al reparar en la actitud de su señor le observa un instante y cierra despacio la puerta sin dejar de mirarlo.*

LARRA.—¿Qué quieres?
PEDRO.—*(Habla con extraña lentitud.)* A...de...li...ta...de...sea... dar...le...las...bue...nas...no...ches...

---

tercipelo de seda negra el de su cuello, que se conserva al través del tiempo sin haber perdido su color y su satinado! Muy estrecha de pecho, muy ceñida de talle, esta levita da la idea de la estatura de "Fígaro".»

Larra.—¿Por qué hablas tan despacio?
Pedro.—[Per...do...ne...Es...] el...se...ñor... [quien...] ha...bla... muy...de...pri...sa...
Larra.—Te he dicho que acompañes a las señoras [hasta el portal.]
[Pedro.—Es...que...A...de...li...ta...] *(Se oye la voz de una niña de cuatro o cinco años tras de la puerta.)*
Adelita.—*(Su voz.)* Pa...pá...pue...do...dar...te...un...be...so...?
Larra.—*(Sombrío.)* ¿Por qué habla como tú?
Pedro.—*(Sorprendido.)* ¿Co...mo...yo?
Larra.—*(Desvía la vista.)* Dile a Adelita que estoy muy cansado. (Pedro *lo mira, perplejo, y abre despacio la puerta, que vuelve a cerrarse tras su lenta salida.* Larra *cierra los ojos, se pasa la mano por la frente y se acerca al estuche. Lo abre y saca de él una pistola de dos cañones, que examina. Se oye su voz, aunque él no despega los labios.)*
Larra.—*(Su voz.)* [No fallará.] Unos instantes... y la paz. [No otra cosa:] este mundo es demasiado horrible para atribuírselo a un Autor bondadoso. Veintisiete años... como un siglo. [Tengo bastante.] *(Levanta un poco la pistola.)* [Demasiado pesados...] Me aplastan. [¿Será porque ya soy un moribundo?] El que va a morir lo recuerda todo [en un momento.] Eso dicen... *(Se adelanta hacia el frente.)* [El criado hablaba despacio. También Adelita.] Era yo quien hablaba aprisa. Mi mente ha entrado ya en la carrera final. *(La voz baja su tono.)* ¡Y no quiero, [me niego a] recordar! *(Durante estas palabras el quinqué se apaga solo y la luz que ilumina a* Larra *se reduce hasta dejar visible solamente la palidez de yeso de su cara. Los oscuros cristales de la puerta se iluminan con un lento destello.)*
Adelita.—*(Su voz, sobre la extraña claridad.)* [Pa...pá...] ¿pue...do...en...trar...? *(Los cristales vuelven a oscurecerse.)*
Larra.—*(Su voz.)* Perdóname tú.
Adelita.—*(Su voz.)* Pa...pá... *(La puerta se aclara y oscurece de nuevo.)*
Larra.—*(Su voz.)* [¿Es mi voz?] ¿No llamaba yo así, en mi soledad infantil del internado de Burdeos?[4].

---

[4] Quizá esta secuencia, en la que las voces de Pedro y Adelita sufren la ralentización de la pérdida de conciencia del protagonista y la niña llama a su

ADELITA.—*(Su voz, sobre el efecto luminoso que se repite.)* Pa...pá...
LARRA.—*(Su voz atribulada, al mismo tiempo.)* Pa...pá... *(Una irreal claridad creció en el gabinete. Entre la escalera izquierda y el muro del fondo se proyecta un foco de fría luz. Por el hueco entra una figura enmascarada.* LARRA *deja la pistola sobre el velador y habla con su boca.)*
[LARRA.—Pa...pá...] *(Se vuelve hacia la figura que se acerca: un hombre maduro, de levita gris y alto sombrero de copa, que se descubre en silencio. La media careta que lleva muestra cejas altivas, ojos de fuego.)*
D. MARIANO.—¿Quieres dejarnos?
LARRA.—Sí.
[D. MARIANO.—Sólo cuentas dieciséis años. Sigues bajo mi potestad y has de continuar tus estudios.
LARRA.—*(Con suavidad.)* En Valencia tal vez, o de nuevo en Madrid, si usted me autoriza.]
D. MARIANO.—*(Suspira.)* Los azares de la política nos han obligado a tenerte lejos [mucho tiempo.] Ahora que podemos, permanezcamos juntos. [Aquí, en Valladolid, la Universidad es buena.
LARRA.—Yo quiero irme.
D. MARIANO.—¡Tu madre no para de llorar!
LARRA.—Se le pasará. No es ninguna tragedia. Todos los hijos se alejan de sus padres tarde o temprano.

---

padre sin obtener su respuesta, esté inspirada en el hecho de que fue su hija quien encontró el cadáver. Así lo describe *Colombine (Fígaro...,* cit., pág. 246): «Era la hora en que la niña debía entrar, como todas las noches, a darle un beso a su padre antes de acostarse. [...] Adelita, la linda niña de rizos rubios, no tenía idea de la muerte; pero el espectáculo de su padre caído en el suelo, casi bajo la mesa, con un revólver al lado y los muebles derribados, la sobrecogió. Sintió que no comprendía y huyó aterrorizada llamando a los criados: —Papá está debajo de la mesa.»

Por otra parte, en la pregunta retórica de Larra, personaje dramático, que recuerda el internado de Burdeos, se encuentra el primer tiempo de la evocación que dará origen a la peripecia del escritor, por lo que esta se sitúa así en su infancia, hacia 1814; algo después, durante el diálogo con su padre, este le recuerda: «Sólo cuentas dieciséis años», con lo que hace avanzar el tiempo para el receptor hasta 1825. Así se inicia una historia que comienza y concluye el 13 de febrero de 1837, inscrita en un marco temporal brevísimo, el instante previo a la detonación con la que da fin la vida del protagonista.

D. Mariano.—]Si de algo puede servirte el consejo de este médico no demasiado tonto que es tu padre, no te enfrentes aún con el mundo. Lo desconoces.
Larra.—Por eso me voy. Debo conocerlo [si quiero escribir de él:] Y arrancar las caretas.
D. Mariano.—¿Qué caretas?
Larra.—Todos llevan alguna.
D. Mariano.—También tú la necesitarás. [Este es un mal mundo.]
Larra.—[Aunque los demás crean vérmela, intentaré no llevarla.] *(Ríe.)* Mi careta será mi risa. Pero no ocultará nada [al que sepa leer.]
D. Mariano.—*(Melancólico.)* [Un escritor satírico...] La pasión adolescente por la verdad... *(Se aleja unos pasos.)*
Larra.—La pasión por la verdad, *tout court*.
D. Mariano.—No hables mucho en francés, [Mariano José.]
Larra.—*(Con ironía.)* No hay peligro. Se ha vuelto distinguido. *(Entretanto los dos niveles del bloque de la derecha se iluminan suavemente. En el sillón de arriba se halla sentado el Excelentísimo Señor Don Francisco Tadeo* Calomarde: *un cincuentón de recargado uniforme ministerial. En su semblante, media máscara que recuerda el ojo sagaz y la olfateadora nariz del zorro. A ambos lados de la escalerilla que conduce a su sitial, dos Voluntarios Realistas con la bayoneta calada hacen guardia, inmóviles*[5]. Calomarde *lee unos decretos mientras, sentado a la mesa del nivel inferior,* Don Homobono *tacha con su gran pluma de ave líneas y líneas de un manuscrito. Sobre su levita oscura y un tanto raída lleva manguitos de trabajo; la media máscara que cubre su rostro le asemeja a una lechuza.* Don Mariano *sigue hablando.)*

---

[5] El Cuerpo de Voluntarios Realistas fue una milicia que Fernando VII organizó, por orden del 10 de junio de 1823, para preservar el sistema totalitario que pretendía imponer, una vez aniquilado el régimen liberal. Su objetivo era evitar el restablecimiento del gobierno constitucional y luchar contra los brotes de liberalismo. Quedó disuelto, a su muerte, en 1833, y muchos de sus miembros pasaron a engrosar las filas del carlismo. En *El sueño de la razón* Goya sufre en su casa el asalto brutal de los estos Voluntarios, situación que se le acababa de presentar en sus atormentados sueños.

D. Mariano.—Cierto. Desde que Luis XVIII nos impuso al rey felón[6]... Yo serví al rey José. [O sea, a su hermano Napoleón, que nos parecía la encarnación de la libertad. Y lo era en cierto modo...] Pero [fue barrido... y] la libre Francia apoya ahora a nuestro tirano... [Fui afrancesado cuando soñaba, como tú, en quimeras. Y tuve que huir con José Bonaparte, y no habría podido regresar sin el amparo del infante don Francisco de Paula.] *(Se acerca a su hijo.)* Y a ti ya te llaman liberal y afrancesado, por ser hijo mío. [Un descuido,] una palabra imprudente y te desterrarán. Vivimos bajo el terror de las Comisiones Militares, los Voluntarios Realistas, las juntas de la Fe... [Y fusilan por nada: por haber callado cuando otros daban vivas al rey absoluto, mientras se premia y se honra a los delatores. En España ya no hay más que cobardes y verdugos: otros cobardes.] Pues bien, te aconsejo la cobardía. En la poltrona de Gracia y Justicia se ha sentado un monstruo, o quizá un enfermo. Y [ese enfermo] es quien [manda,] oprime y mata...

Poco después, en el drama que comentamos, serán ellos los que hagan guardia (y por lo tanto mantengan su presencia escénica) en la antecámara ministerial hasta la subida al poder de Cea Bermúdez. Larra, en su primera entrevista con Mesonero, le explica que vivía «de un empleíllo que me ha buscado mi padre». Dicha ocupación, según José Luis Varela *(Larra y España,* Madrid, Espasa Calpe, 1983, págs. 237-247), fue en los Voluntarios Realistas, aunque indica que para 1828, cuando comenzó la publicación de *El Duende Satírico del Día,* ya habría podido abandonarlo, si bien añade que ningún documento «avala esta suposición». Como hemos explicado en la Introducción (nota 35), Buero lamentó no haber conocido este pormenor de la vida de su personaje.

[6] *Felón:* cruel, malvado, traidor. Es el apelativo con el que ha pasado a los anales de la historia de España Fernando VII, a quien se le aclamó como el «deseado» antes de que comenzase su funesta etapa absolutista. Manuel Villalba Hervás *(Recuerdos de cinco lustros (1843-1868),* Madrid, La Guirnalda, 1896, pág. 5) se refiere a él como «aquella deformidad moral que se llamó Fernando VII». Con un protagonismo mucho más acusado y, por tanto, con mayor atención a su negativa personalidad ejerce el antagonismo contra Goya en *El sueño de la razón,* obra en la que Buero aborda, en 1970, el tema del artista ante el totalitarismo y la dictadura. El tiempo de la historia del Goya bueriano se desarrolla en 1823; el pintor está recluido en su finca madrileña, la «Quinta del Sordo», atemorizado por la idea de la represión iniciada por el rey. Sus pinturas expresan el miedo, como en *La detonación* lo manifestarán los sueños y visiones que asaltan a Larra, donde ve reflejada su parte de culpa colectiva y en los que se le anuncia su destino.

D. Homobono.—*(Se levanta y se cuadra.)* Excelentísimo señor...

Calomarde.—¿Don Homobono?

D. Homobono.—*(Tocando con su dedo lo que leía.)* En este albañal[7] creo encontrar una alusión [de mal gusto] a vuestra excelencia, [aunque muy velada.]

Calomarde.—[¿Cuánto se lo he de repetir? Si algo le ofrece duda,] no dude en tachar.

[D. Homobono.—Yo sólo quiero servir a vuestra excelencia con mi mayor celo..., por el bien de España.

Calomarde.—*(Seco.)* Lo sé. Vuelva a su tarea.] (Don Homobono *se inclina, se sienta y tacha con voluptuosidad.* Larra *ha permanecido pensativo, con la cabeza baja. La luz abandona el bloque derecho.)*

D. Mariano.—Bajo su mano [está] la censura. ¿Y tú quieres ser un escritor satírico? [¡Te lo tacharán todo! Y será lo mejor que pueda sucederte.]

Larra.—Yo voy a intentarlo.

D. Mariano.—*(Reprime su contrariedad.)* Después de terminar tus estudios... ¿No? *(Breve silencio.)* No, claro. [Conozco esa obstinación silenciosa.] Has resuelto [abandonarlos,] vivir a salto de mata y burlar a Calomarde... hasta que él te destruya.

[Larra.—Ese ministro desaparecerá un día, papá. Y también el rey. Entretanto el país va de miseria en miseria. Los escritores deben denunciarlas. Yo no seré un títere; no escribiré futesas[8].

D. Mariano.—¡Irás a la cárcel!]

Larra.—[Acaso. Pero] quizá se pueda hablar... sin hablar.

---

[7] *Albañal:* depósito de inmundicias.

[8] *Futesas:* cosas de poca sustancia. La determinación de Larra, expresada a través de su firme propósito, coloca al personaje y a su autor en una línea de escritura comprometida que uno y otro cultivaron a lo largo de toda su obra. Buero afirmaba ya en una «Autocrítica» de *Historia de una escalera* (*Obra Completa,* II, edición crítica de Luis Iglesias Feijoo y Mariano de Paco, Madrid, Espasa Calpe, Clásicos Castellanos, 1994, pág. 320; en adelante, sus textos se citan por esta edición abreviando *O.C.*), publicada en Barcelona (*El Noticiero Universal,* 25 de julio de 1950), la necesidad del dramaturgo de «dar valerosamente la cara a los problemas».

D. Mariano.—*(Escéptico.)* ¿A medias palabras?

Larra.—También son poderosas. [Y se usaron siempre, porque siempre hubo mordazas][9].

D. Mariano.—*(Después de un momento.)* [No permitiré que te arrojes a los leones.] Te prohíbo que salgas de Valladolid.

Larra.—*(Suspira. Da unos pasos. Se vuelve hacia su padre.)* ¿Cree que tiene el derecho de prohibírmelo?

D. Mariano.—*(Irritado.)* ¿Cómo?

Larra.—Seamos humildes los dos, se lo ruego. Los hijos somos imperfectos... y también los padres. *(Lo mira fijamente.)* [¿Está seguro de que puede mantener su autoridad sobre mí?] *(El padre vacila, lo mira durante una larga pausa. Al fin se despoja con suavidad de la máscara y muestra su semblante marchito, su mortecina mirada.)*

D. Mariano.—*(Su voz tiembla.)* Si te quieres ir por mi culpa, te pido perdón. Sé que conoces... mi flaqueza. [Pero ya he abandonado a esa mujer][10].

---

[9] Estas palabras de Larra son el primer paso en el desarrollo de uno de los principales temas de la obra, el que enlaza la actitud política y literaria del autor del siglo XIX con la de su recreador en el siglo XX. En «De mi teatro» *(O.C.,* II, cit., págs. 505-506) afirma Buero: «Yo me encontré al comienzo de mi carrera dramática ante un panorama español soberanamente dificultoso. Frente a él, cabía callarse; cabía irse. [...] Y cabía, pese a todo, intentar hablar, expresarse. Esto, sobre todo en aquellos años, no dejó de acarrear ciertamente, a los que lo empezamos a intentar, acusaciones de acomodación, de pacto con la situación política. [...] Había, sin embargo, que jugar el difícil juego de la presencia en las tablas españolas en momentos en los que la censura oficial y la censura ambiental eran muy rigurosas. ¿Se podía hacer algo? Yo creo que un escritor verdadero siempre piensa, en circunstancias como esta, que se puede hacer algo. Quizás no todo lo que se quisiera, pero bastante más de lo que nuestro desánimo inicial parece sugerirnos.» La actitud bueriana de hablar y escribir en su país hasta el límite que imponía la dictadura, correspondiente a la que en el drama sustenta Larra, se refleja en lo que se conoce como la «polémica del posibilismo», cuyos términos se explican en la Introducción. También su Goya expresaba, en *El sueño de la razón,* su empeño en pintar en su patria: «Delaciones, persecuciones... España. No es fácil pintar. ¡Pero yo pintaré!»

[10] El episodio al que hace referencia (calificado por alguno de sus biógrafos de «misterioso») lo cuenta Carmen de Burgos *(Fígaro...,* cit., pág. 40): «Recurro a la prima hermana de "Fígaro". Doña Pepita duda y responde:

—Mi padre me habló de eso varias veces; le había impresionado profundamente ver llorar a "Fígaro" con desconsuelo; decía que era la primera vez que lo vio llorar.

Larra.—*(Con ternura.)* No es una flaqueza. Es un impulso natural.

D. Mariano.—También es natural... que tú te hayas prendado de ella. (Larra *desvía la vista.*) Te lleva años y ha jugado contigo. Hasta que, un día, descubres que esa doncella angelical era... demasiado amiga de tu padre. [El día entero te pasaste llorando.]

Larra.—Calle, por favor.

D. Mariano.—*(Va a su lado.)* [Comprendo cuánto sufres. Tu padre es, como todos, un pobre hombre sujeto a sus pasiones. Y estoy muy pesaroso de haber ofendido a tu madre. Tú estás en lo cierto: nada debo prohibirte. Pero no te vayas.] Yo he roto ya con esa loca.

Larra.—Si me quedo, no podré olvidarla.

D. Mariano.—Siempre tienes razón...

Larra.—Yo le comprendo. [Sé que en casi todos los matrimonios sucede lo mismo. También por eso quiero irme: para buscar, lejos de esa embustera..., el amor.] Y mi afecto hacia usted es aún mayor: [más humano.]

D. Mariano.—¿De veras?

Larra.—*(Ríe, conmovido.)* Abrace al hijo petulante que quiere amar y triunfar. *(El padre le oprime contra su pecho.)*

D. Mariano.—Ten cuidado... *(Se sobrepone y se separa.)*

Larra.—Lo tendré.

D. Mariano.—*(Con un hondo suspiro.)* Adiós, hijo mío.

Larra.—Que sea muy feliz. *(Sin ponerse la máscara, el padre se cubre y da unos pasos hacia el hueco de donde surgió.)* Papá... *(El padre se vuelve.)* Ya ve que no es imposible.

—¿Y era por amores?

—Amores y algo más. Ya todos han muerto, y yo creo un deber no negar la verdad que se busca. Mariano José se enamoró en Valladolid de una señorita mucho mayor que él, muy guapa y muy coqueta, que se gozaba en despertar la pasión del joven. Él la creía pura, la adornaba de todas las virtudes...; pero... un día súbitamente se le reveló la verdad. Su amada era la amante de su propio padre, D. Mariano de Larra...»

Este desengaño amoroso de su adolescencia posee también en el drama su función puesto que amplía el tiempo de la frustración personal de Larra y completa las que le sobrevienen al escritor tras los fracasos con Pepita y con Dolores.

D. Mariano.—¿El qué?
Larra.—*(Cariñoso.)* [Conseguir] que caigan las caretas. (D. Mariano *sonríe avergonzado y sale por el hueco izquierdo al tiempo que, por el derecho, reaparece* Pedro *sosteniendo un frac, sombrero y capa. Dejando en una silla lo demás, se acerca con el frac a* Larra.)
Pedro.—¿De frac, [señor?]
Larra.—*(Mirando hacia donde salió su padre.)* De frac. *(Empieza a despojarse de la levita. Súbitamente irritado se vuelve.)* ¿Por qué tú?
Pedro.—1826. Usted está en Madrid.
Larra.—*(Mientras abandona la levita y el criado le pone el frac.)* ¡Antes de casarme no tuve criado!
Pedro.—*(Impasible.)* ¿La capa?
Larra.—Sí. *(Se la deja poner.* Pedro *le tiende el sombrero y lo toma.)*
Pedro.—*(Va a coger la levita.)* ¿Bastón?
Larra.—No. *(Lo mira.)* ¡Vete!
Pedro.—Ya me fui con las señoras.
Larra.—*(Colérico.)* ¿Pues qué haces aquí? (Pedro *se encoge de hombros. Su señor deja de mirarlo y baja la voz.)* ¿He muerto ya?
Pedro.—*(A media voz.)* Casi. (Larra *se abstrae y reflexiona. La luz volvió a iluminar el bloque derecho. Desde su sillón, habla* Calomarde. *Sumiso y atento, le escucha* Don Homobono.)
[Calomarde.—Su majestad el rey don Fernando...
D. Homobono.—Que Dios guarde...
Calomarde.—...Suele decir que él es el tapón de la botella de cerveza.
D. Homobono.—Sabias palabras, excelencia.
Calomarde.—Pero, ¿usted cree que el tapón regio está bien apretado?
D. Homobono.—*(Cauto.)* ¿Vuestra excelencia no lo cree?
Calomarde.—El rey es demasiado bondadoso. Contemporiza.
D. Homobono.—¿A pesar de las ejecuciones y los destierros?
Calomarde.—¡Bah! Bien pocos.
D. Homobono.—Entonces, el tapón...]

Calomarde.—[No saltará. ¡Porque el tapón soy yo!] Aún hemos de ver restauradas en [nuestra gloriosa] España las virtudes que la hicieron grande: la devoción [de todos] a nuestra Santa Iglesia, de grado o por fuerza; [la saludable ignorancia de tanto filosofismo extranjero;] el acatamiento al trono absoluto; [las hogueras de la Inquisición para todos los masones...][11].

D. Homobono.—¡Eso sería el Paraíso en la Tierra!

Calomarde.—Sí... *(Baja la voz.)* Pero quizá con otro rey [lleno de santa intransigencia. Porque] su majestad ya no tiene buena salud. Y si... muriese..., tendríamos otro rey... digno de los altares.

D. Homobono.—*(Tímido.)* Su hermano don Carlos [María Isidro...] *(Corto silencio.)*

Calomarde.—Que el Cielo nos conserve a don Fernando.

D. Homobono.—¡Hágase la voluntad divina!

[Calomarde.—Amén. Puede ya dejar su tarea, don Homobono.

D. Homobono.—Yo había pensado examinar todavía el periódico de Carnerero[12]...

---

[11] *Masón:* el que pertenece a la masonería, sociedad secreta cuyos miembros profesan principios de fraternidad, usan emblemas y signos especiales, y se agrupan en entidades llamadas logias. En la época que nos ocupa proliferaron, en contra de las prácticas absolutistas y por ello perseguidas desde el Estado, estas asociaciones, integradas por políticos y artistas liberales. El término tiene, como tantos otros elementos de la obra, valor especular de tiempos; recordemos que el general Franco animaba en sus discursos durante la dictadura a luchar contra los judeo-masones, de cuyas confabulaciones para perder al país alertaba continuamente a los ciudadanos españoles. A lo largo de la obra surgen otros calificativos que describen opciones políticas de ambos bandos (apostólicos —defensores del absolutismo—, constitucionales —fieles a la Constitución—, doceañistas —quienes contribuyeron a la redacción de la Constitución de 1812—, carlismo —partido de don Carlos—, cristinos —defensores de la regente—...), usados por el dramaturgo para configurar el tiempo de Larra.

[12] Ramón de Mesonero Romanos *(Memorias...,* cit.) lo sitúa como uno de los asiduos parroquianos del Café del Príncipe («El Parnasillo»), junto con otras «personas de cierta gravedad, diplomáticos antiguos en su mayor parte», entre los que también nombra al poeta Arriaza, concurrente, así mismo, en la pieza a la mesa de los veteranos, según la información que el propio Mesonero, personaje dramático, da a Larra en su primer encuentro. El autor de costumbres

Calomarde.—Otra debilidad del rey. Si por mí fuera, tampoco se publicaría. Aunque ese papelucho no es peligroso. Y alguna espita hay que ponerle al barril para que no estalle. Porque una cosa es el tapón de la botella y otra, la espita del barril.

D. Homobono.—Admirable sabiduría, excelencia.] *(La luz les abandona. Entretanto ha aparecido por la izquierda del primer término don Ramón de* Mesonero Romanos. *Cuenta treinta y cuatro años y tal vez aparenta algunos más. Cabello oscuro no muy abundante, leve tendencia a la obesidad, boca sumida y sonriente bajo su media máscara de hombre campechano, donde los ojos miopes apenas son dos puntitos negros protegidos por las diminutas y gruesas gafas. Viste levita oscura y chistera no muy alta. En sus manos, el bastón de puño de hueso. Se ha detenido en el lateral y espera, risueño.* Larra *levanta la vista, se cubre y se emboza en la capa.)*

Pedro.—Señor... (Larra *lo mira. El criado señala a la puerta del fondo, donde el lento resplandor aparece y se extingue.)* La niña llama.

Larra.—*(Desabrido.)* No oigo nada. *(Avanza, baja el escalón y se acerca a* Mesonero. *Viva luz los envuelve; el gabinete queda en penumbra.* Pedro *desaparece con la levita por uno de los huecos del fondo.)* Mi señor don Ramón de Mesonero Romanos...

---

va ofreciendo a lo largo de su texto otros aspectos de la personalidad de Carnerero («antiguo diplomático y moderno periodista [...], y que además estaba, como quien dice, *en su casa*, como que habitaba el cuarto principal del café»); también apunta su don de gentes al comentar cómo «con su amena y sabrosa conversación, sus animados cuentos, chistes y chascarrillos, que por su color demasiado subido no me atrevo a compulsar aquí, formaba las delicias de los jóvenes poetas». Fiel a su estilo narrativo, Mesonero deja entrever, sin tintes demasiado ácidos, la actitud oportunista de aquel que se hizo con la prensa de este tramo de la historia política y que supo nadar y guardar la ropa con el absolutismo, en tiempos de Fernando VII, y con la moderación, durante la regencia de María Cristina: «Carnerero, obediente como un girasol, fundó el periódico *La Revista Española*, hallando en ella el medio de prodigar el humo de su incienso a los diversos matices políticos que se sucedieron, hasta que en 1838, falto de fuerzas físicas y sobrado de achaques adquiridos en su vida accidentada, arrojó su incensario a las plantas (que no a las narices) del altísimo Mendizábal» (pág. 179).

Mesonero.—*(Amaga un abrazo.)* Cuánta solemnidad, Larra... [¿Es por los años que le llevo?
Larra.—Es respeto y admiración.
Mesonero.—No exagere. Ni yo ni nadie escribe aquí apenas...] ¿Le presento hoy en el café?
[Larra.—Cuando usted mande.] *(Dan unos pasos hacia la derecha.)*
[Mesonero.—¿Abandonó sus estudios?
Larra.—Pues...
Mesonero.—Mal hecho. Yo tengo un buen pasar gracias a mis negocios. Pero usted, ¿de qué va a vivir? De la literatura no es fácil.
Larra.—Vivo de un empleíllo que me ha buscado mi padre.
Mesonero.—Menos mal. Vamos al Café del Príncipe. *(Nuevos pasos hacia la derecha.)*]
Larra.—¿«El Parnasillo»?
Mesonero.—Así lo ha bautizado la hueste romántica, que va acorralando a las viejas glorias. *(Ríe.)* Yo soy ecléctico: me siento con los mozos y con los maduros. *(Confidencial.)* [Haga lo mismo:] los maduros tienen en sus manos la poca prensa que nos dejan.
Larra.—*(Risueño.)* Y los jóvenes, sus ilusiones y sus desprecios.
Mesonero.—[Y los bolsillos vacíos. Pero el dueño no se atreve a echarlos porque el café estaba muerto sin ellos. Incluso ha ideado para ellos el medio sorbete a dos reales de vellón...] Van mozos de mérito allí. Espronceda, por ejemplo. [¡Qué tronera![13]. Escribe poemas desaforados, pero buenos.] Huyó a Lisboa hace poco.
Larra.—¿Huyó?
Mesonero.—¡Con diecisiete añitos! [Así es él.] A los catorce presenció la ejecución de Riego y organizó una sociedad secreta con otros mozalbetes: «Los Numantinos»[14]. [¡Para

---

[13] *Tronera:* «Persona de vida disipada y libertina» (DRAE); aplicado aquí este término coloquial por Mesonero no posee valor peyorativo sino de cariñosa admiración por el joven poeta rebelde.

[14] La ejecución del militar y político liberal Rafael de Riego, que se sublevó en Cabezas de San Juan el 1 de enero de 1820, proclamando la Constitución

vengar a Riego y a todos los liberales ejecutados! Figúrese.] Chiquilladas. [No sé qué demonios pensarían poder hacer...] Pero [el pastel se destapó y a Espronceda] le cayeron encima cinco años de reclusión en un convento de Guadalajara.

LARRA.—¿A los catorce?

MESONERO.—La justicia de nuestro amado monarca es muy severa...] Por fortuna, a las pocas semanas le dieron los frailes certificado de haber cumplido su condena..., porque tampoco ellos le aguantaban. [Alguna otra gatada[15] habrá hecho, cuando huye.] A otros sí los va a conocer usted. A Ventura de la Vega... *(Se ilumina la figura del nombrado, sentada a la izquierda del Parnasillo: patillas y melena enmarcan media máscara notablemente aniñada.)* También perteneció a «Los Numantinos» [y estuvo a punto de ser atrapado. Algo se olerían de todos modos, porque] un día los Voluntarios Realistas [le armaron la encerrona y] le raparon la cabeza.

LARRA.—¿Será posible?

MESONERO.—A los apostólicos les irritan las melenas; [las consideran subversivas.] El peinado de usted es discreto, [como el mío.] Sea discreto siempre, amigo Larra... Vega sueña con representar sus comedias, [que no son nada malas.] Don Manuel Bretón de los Herreros ha representado ya tres con muy feliz suceso[16] [y ha prometido echarle una mano. Si lo hará o no, nadie lo sabe.] *(Sentada junto a* VEGA *se ilumina la figura de* BRETÓN. *Careta sardónica, de pocos ami-*

---

de 1812 y obligando a Fernando VII a jurarla, tuvo lugar en la Plaza de la Cebada de Madrid, el 17 de noviembre de 1823, y fue precedida de una ignominiosa y cruel procesión del reo arrastrado por un burro sobre un serón, recibiendo los insultos de la misma multitud que en otro tiempo lo había vitoreado. La sentencia disponía su descuartizamiento, como lo relata Galdós en *El terror de 1824*. Estos hechos movieron a Espronceda, con catorce años, a fundar, con sus amigos Ventura de la Vega y Patricio de la Escosura, la sociedad secreta «Los Numantinos» para vengar la muerte de Riego. El joven revolucionario fue por ello condenado al destierro en un monasterio de Guadalajara.

[15] *Gatada:* «Acción vituperable en que median astucia, engaño y simulación» (DRAE).

[16] *Suceso:* éxito.

gos. En ella, el párpado cerrado del ojo izquierdo que le falta.) [A mí me lleva ocho o diez años.] Se sienta con los jóvenes, pero su corazón está con los otros. [El segundo Moratín, le llaman, o se llama él quizá. No tanto, claro. Debido a un lance de su mocedad] perdió un ojo, y tiene malas pulgas. Una letrilla circula que le va pintiparada. Óigala:

> Una víbora picó
> a Manuel Bretón el tuerto.
> ¿Murió Bretón? No por cierto.
> La víbora reventó[17].

LARRA.—*(Riendo.)* ¿La compuso usted?
MESONERO.—¿Qué dice?... [Yo me llevo bien con todos, hasta con él.] A usted le noto, [en cambio,] ganas de pelea. Pues no le faltarán enemigos. Clemente Díaz, pongo por caso... *(Luz a la izquierda sobre* DÍAZ: *un tipo flaco, muy joven, con melenas. Media careta de bilioso color, de nariz ganchuda y granulosa.)* Para él nada hay bueno salvo lo suyo, que nadie conoce. ¡Y tantos otros alborotadores! [«El Estudiante», que así dice firmarse, aunque no se ha visto dónde; Gil y Zárate, López Pelegrín, Estébanez, Pezuela... Toda una tropa de insolentes] ante los mayores en años. Pero entre éstos se sienta Carnerero, a quien usted debe conocer ineludiblemente. *(Surge su figura iluminada a la derecha. Cabello ya gris, corpulento, aire afable, media careta inocentísima, cuidado y costoso atavío.)*
[LARRA.—¿Quién es?
MESONERO.—¡Grave ignorancia! *El Correo Literario y Mercantil* es de don José María. Un tipo muy curioso.]
LARRA.—¿Por qué?
MESONERO.—*(Baja la voz.)* Con José Bonaparte, redactor [literario] de *La Gaceta*. [Tuvo que emigrar, claro, y regresó más liberal que nunca, para trabajar en *El Patriota Español*.] Pero viéndolas venir: [sólo un poquitín] antes de que los

---

[17] Atribuida a Ventura de la Vega en *La Ilustración Española y Americana*, núm. IV, pág. 77. Parece que Bretón quedó lisiado a consecuencia de un lance amoroso, en torno a 1820.

cien mil hijos de San Luis nos encajasen [en el trono] a nuestro amado rey absoluto...

LARRA.—*(Con zumba.)* Que Dios guarde...

MESONERO.—*(Lo mira y sigue.)* ... se declaró [arrepentido de sus errores y] furibundo apostólico. [Incluso representó una cosita... muy oportuna... acerca de la entrada en Madrid de su majestad, titulada *La Noticia Feliz*][18]. En fin: [tan bien se las ha sabido arreglar,] que ha terminado por obtener el privilegio real de ser el único editor autorizado. Cultive a Carnerero: no hay otra puerta. [Sacará pronto *Cartas Españolas*, la única revista permitida.

LARRA.—Lo pensaré.

MESONERO.—No hay nada que pensar...] Con él se sienta el poeta Arriaza. Supongo que lo admira... *(Durante estas palabras se hace visible la figura de* ARRIAZA. *Delgado, elegante. Media máscara arrugada y tristona. Cabellera discreta, entre rubia y gris.)*

LARRA.—Lo respeto.

MESONERO.—*(Lo mira un momento.)* Muy bien. Hay que ser respetuosos. [Lista, Quintana, Juan Nicasio Gallego, también son respetables. Se quiera o no, han sido nuestros maestros. Algunos, todavía en el destierro...

LARRA.—Lo cual es aún más respetable.

MESONERO.—Claro: yo lo respeto todo.] Le conviene conocer también a [don Juan] Grimaldi. [Vino con los cien mil hijos de...

LARRA.—*(Le corta, burlón.)* De eso, sí.

MESONERO.—De San Luis, sí.] Es francés. [De él es la famosísima *Pata de Cabra*[19]... y del otro francés que la escribió antes.] Muy liberal en el fondo...

---

[18] *La Noticia Feliz* la representó Carnerero en 1823, para conmemorar la vuelta del rey; de lo que supuso habla elocuentemente el comentario que Mesonero incluye en sus *Memorias*... (cit., pág. 179), donde indica «que por lo ultra-exagerada podía arder en un candil». Ricardo Doménech, en su edición de *La detonación* (Madrid, Espasa Calpe, 1993³, nota 9 de la Introducción), indica: «Cinco años después, estrenó otra pieza de intención semejante: *El regreso del monarca*, donde el autor felicita al rey "por su vuelta de la gloriosa expedición de Cataluña".»

[19] *Todo lo vence el amor o La pata de cabra*, de Juan Grimaldi, refundición libre de la pieza francesa *Le pied de mouton*, de Martainville, se estrenó en 1829

LARRA.—[Se comprende.] Todo absolutista [en la superficie] debe ser liberal en el fondo si quiere un mañana rentable.
MESONERO.—*(Ríe.)* No está mal... Pero cultive a Grimaldi. Es el director del Teatro del Príncipe. *(A la derecha la luz sacó de la penumbra a* GRIMALDI. *Media edad, máscara de hombre suave y amanerado.)* Sacerdotes y militares tampoco faltan. El padre Froilán... *(Ríe. Se ilumina a la derecha la figura del padre. Calvo, hosco. Careta cejijunta y casi verdosa.)* [Seguro que] es censor, aunque lo disimula. [Nunca se sabe si habla o gruñe...] Y el [servicial] camarero Pipí, que así le llamamos en recuerdo del de *La Comedia Nueva*[20].
[LARRA.—Bien pudiera ser confesor real ese padre Froilán.
MESONERO.—¿Por qué?
LARRA.—Es tocayo del que fue capellán de Carlos el Hechizado[21].

---

y fue uno de los más resonantes éxitos del momento. Se combinan en ella la comedia de magia, tan del gusto del público español desde el siglo XVII, con el modelo moratiniano de la defensa del amor entre jóvenes. La pata de cabra será el talismán con el que Juan y Leonor podrán librarse de las asechanzas de don Simplicio Bobadilla de Majaderazo y Cabeza de Buey y del tutor de la «niña». En la pieza, su procedencia francesa viene dada por los giros que aún conserva de su lengua originaria; expresiones de valor exclamativo con las que anticipa su naturaleza algo histriónica: «Bien sûr!», «Oh, là, là!», «C'est magnifique!», «Mon Dieu!', «Incroyable!», «Mes amis», «Mais non, mon cher ami!» Larra, por su parte, muestra, al comienzo de la obra, su contagio lingüístico del país vecino cuando, al responder a su padre sobre su actitud venidera, le afirma su pasión por la verdad «tout court» («simplemente»).

[20] *La comedia nueva o El café* se estrenó en el Teatro del Príncipe el día 7 de febrero de 1792. Su autor indicaba en la «Advertencia» que ofrecía en ella una pintura fiel del estado del teatro de su momento. La obra se convirtió en el paradigma de la crítica neoclásica frente a los excesos dramáticos de la escena española. El personaje de Pipí, el camarero del café donde concurren los asistentes al teatro, es el evocado por los parroquianos de «El Parnasillo», quienes, según refiere Mesonero en el capítulo dedicado al madrileño establecimiento, al necesitar el dueño un refuerzo para su único camarero, contrató a «otro mancebo de servilleta y mandil para servir de Ganímedes a los nuevos concurrentes», un chico llamado Pepe, al que ellos llamaban Pipí.

[21] Carlos II y su capellán protagonizan el drama de Antonio Gil y Zárate *Carlos II el Hechizado,* publicado en 1837. Allí, el escritor construye al personaje de don Froilán dominado por una pasión irrefrenable por la joven protagonista, y, al no poder acceder a su amor, se venga acusándola de hechicera. Para ello se inspira en la figura del confesor y consejero del príncipe Carlos, empeñado en demostrar que su esterilidad se debía a un encantamiento. Bue-

MESONERO.—Usted sabe mucho...]
LARRA.—[Ese café parece] un cumplido resumen de España.
MESONERO.—Del avispero de España. [¡Evite picaduras!] ¿Usted quiere ser escritor satírico?
LARRA.—Eso pretendo.
[MESONERO.—O sea de costumbres, como yo.
LARRA.—No exactamente...]
MESONERO.—[¿No exactamente?] *(Le pone una mano en el hombro.)* [Si yo fuese, digamos,] Bretón, le animaría a escribir las sátiras más hirientes. Ningún modo mejor de anularlo. En vez de eso, le aconsejo que sea mi rival. Costumbrismo. Haga reír, pero no enfade. [(LARRA *se abstrae. Su voz, en el ambiente.)*
LARRA.—*(Su voz.)* «Déjate, pues, ya de habladurías, que te han de costar la vida, o la lengua; imítame a mí (...) y escribe sólo (...) de las cosas que natural y diariamente en las Batuecas acontecen...»[22].
MESONERO.—]*(Confidencial.)* Tampoco se le ocurra meterse en conspiraciones. [En los cafés se cuenta todo y, por consiguiente, la policía también se entera. Aquí nadie sabe

---

ro dibuja en este religioso el prototipo de la visión arcaica y ancestral, de la intransigencia y el dogmatismo en política y religión, y lo hace con un sentido del humor deformante próximo al esperpento, al convertirlo en un ser ridículo, privado de la locuacidad propia de un orador religioso, gesticulante y algo repulsivo, que habla con su «perenne gargajo retenido en la garganta». Su contrapunto en el drama es el Padre Gallego, liberal moderado, que usa de correcta expresión y equilibrado pensamiento. Larra alude al confesor real al final de su artículo de 1836, «Dios nos asista. Tercera carta de Fígaro a su corresponsal en París» *(El Español,* 3 de abril de 1836. En adelante, indicaremos la revista y la fecha de publicación de los textos de Larra a partir de la edición de Carlos Seco Serrano, Madrid, Biblioteca Castro, 1960, I y II). En la actualidad se puede acceder a muchos de los artículos de *Fígaro* en numerosas ediciones; véase, por ejemplo: *Artículos,* edición de Enrique Rubio Cremades, Madrid, Cátedra, 1981; *Artículos varios,* edición de Evaristo Correa Calderón, Madrid, Castalia, 1989; *Obras completas,* tomo I, *Artículos,* edición de Luis Iglesias Feijoo, Madrid, Biblioteca Castro, 1996; *Fígaro. Colección de artículos dramáticos, literarios, políticos y de costumbres,* edición de Alejandro Pérez Vidal, estudio preliminar de Leonardo Romero Tobar, Barcelona, Crítica, 1997. Así mismo puede consultarse la bibliografía de y sobre Larra en <www.cervantesvirtual.com/bib_autor/larra/>.

[22] «Carta última de Andrés Niporesas al Bachiller don Juan Pérez de Munguía», *El Pobrecito Hablador,* 22 de marzo de 1833.

conspirar... Apártese de la política. El más triste secreto a voces es que] los liberales no existen.

LARRA.—¿Cómo ha dicho?

MESONERO.—Todos son absolutistas, y lo demuestran cuando llegan al poder. Créame: no hay esperanzas. Refúgiese en el cuadro de costumbres. [Es el mejor consejo que puedo darle. *(Corto silencio.)*] ¿Vamos?

LARRA.—Le agradezco de corazón sus advertencias. Palabras son de un verdadero amigo. Pero, ¿me ha hablado con [entera] sinceridad?

[MESONERO.—¿Lo duda?

LARRA.—Le responderé sinceramente, porque también quiero ser su amigo.]

MESONERO.—¿Adónde va usted a parar?

[LARRA.—A la hipótesis de que su escepticismo de los hombres y de la política no es tal escepticismo, sino otra cosa.

MESONERO.—¿Qué otra cosa?

LARRA.—Don Ramón, yo le suplico que me hable sin máscara.

MESONERO.—¡No he podido ser más franco!]

LARRA.—[Pues yo —perdóneme— lo dudo. Y me atrevo] a decirle que, en mi opinión, su escepticismo es el disfraz que encubre... su temor.

MESONERO.—*(Con voz insegura.)* Usted [se equivoca...] *(Sofocado, se quita el sombrero.)* [Y] me ofende...

LARRA.—No. Yo le respeto y [no quiero que me engañe, porque mi mayor] deseo [es] seguir respetándole.

MESONERO.—*(Va a quitarse la careta; no se decide y baja la mano.)* No hable así a todos. [Se granjeará enemigos.]

LARRA.—Escribiré así para todos, pero sólo hablaré así a un verdadero amigo.

MESONERO.—*(Titubea. Se despoja lentamente de la máscara y muestra su semblante cansado, triste y medroso.)* Demasiados ahorcados, fusilados, desterrados... Y no pocos escritores entre ellos. [*(La luz cambia levemente.)* En 1831 cuelgan al librero Millar, y en Granada a la pobre Marianita Pineda[23].

---

[23] Modesto Lafuente *(Historia General de España desde los tiempos primitivos hasta la muerte de Fernando VII,* tomo 19, capítulo XXIII, Barcelona, Montaner

(A la izquierda del Parnasillo VEGA *y* DÍAZ *reciben con ademanes consternados estas noticias. Los de la derecha dan cabezazos que entrañan corroboración y hasta alegría. El* PADRE FOILÁN *llega hasta frotarse las manos.)*
LARRA.—*(Confuso.)* ¿Cómo?
MESONERO.—En el mismo año ejecutan a Valdés, a Chapalangarra, ¡a tantos ilusos convencidos de que aquí había leones cuando sólo había ovejas! *(Continúan en el Parnasillo los correspondientes ademanes y gestos.)*
LARRA.—*(Turbado.)* Don Ramón, escuche...
MESONERO.—Y a Torrijos, con sus cincuenta y dos compañeros, los atraen a una sucia trampa y los fusilan en una playa... *(Descarga de fusilería. Gemidos. En el Parnasillo, horror y satisfacción disimulada.)*
LARRA.—¡Mesonero! *(Tiros de gracia que apagan los gemidos. En el café los acusan con su macabra pantomima.* MESONERO *está inmóvil, abstraído.)* ¡Estamos en 1828! *(Los del Parnasillo van reasumiendo despacio su anterior inmovilidad.)*

---

y Simón, 1890, págs. 244-245 y 247) da cuenta de la situación de 1831, que atemoriza anticipadamente a Mesonero: «De nuevo se instalaron las odiosas comisiones militares [...], con facultades aún más amplias; de nuevo se erigieron cadalsos; de nuevo fueron arrastradas a ellos las víctimas [...]. De nuevo se entronizó el abominable y alevoso medio de las delaciones.» Describe cómo en una de las primeras tandas de arrestos se apresó a «don Antonio Miyar, instruido librero», que fue también el primero en ser ejecutado «como se esperaba y temía, condenado a la pena de la horca». Habla después de «la horrible tragedia de Granada», cuando «Doña Mariana Pineda, de veintisiete años de edad, [...] incurrió en el enojo del alcalde del crimen don Ramón Pedrosa» y, tras acusaciones mal fundamentadas, fue ejecutada: «Se consumó para afrenta del tiránico gobierno de aquella época (26 de mayo, 1831), y para baldón de los feroces jueces, el sacrificio de la joven heroína, por lo que se llamaba un delito político, pero ni siquiera consumado.» Casi cien años después, en 1927, Federico García Lorca subió al escenario del Teatro Goya de Barcelona su *Mariana Pineda*, con decorados y figurines de Salvador Dalí e interpretada por Margarita Xirgu; y el mismo año del estreno de *La detonación* lo hizo José Martín Recuerda con *Las arrecogías del Beaterio de Santa María Egipcíaca*, en el Teatro de la Comedia de Madrid, dirigida por Adolfo Marsillach y protagonizada por Concha Velasco. En 2006, la Unión Europea reconoció su valor simbólico como heroína de la lucha por los derechos y la libertad, poniendo su nombre a la entrada principal del Parlamento Europeo en Estrasburgo. A lo largo del capítulo mencionado, el historiador decimonónico da noticia del resto de las ejecuciones de la premonición de Mesonero.

Mesonero.—*(Enigmático, mira a* Larra.) Nada he dicho que no me haya oído en alguna ocasión.

Larra.—¡No en ésta!

Mesonero.—¿Y cuál es ésta? *(Silencio.* Larra *mira a la penumbra de su salita, donde, tras los cristales de la puerta, surge y se apaga de nuevo el silencioso fulgor. La luz vuelve a su anterior estado.* Mesonero *habla con humilde naturalidad.)* Ésta es la ocasión en que yo le pregunto: ¿no tenemos el derecho de vivir lo más tranquilos que podamos, aunque sea cerrando los ojos ante la ignominia?] *(En voz muy baja.)* [¿No me va a perdonar mi miedo?] Todos no podemos ser héroes, Larra.

Larra.—Acepte mi gratitud.

Mesonero.—*(Suspira.)* Ya sabe mi secreto. ¿Cuándo sabré yo el suyo?

Larra.—No lo tengo. Intentaré denunciar esa ignominia en que vivimos. Por nuestro [pobre] pueblo, que sólo conoce el hambre y que nos sostiene a todos.

Mesonero.—*(Vuelve a ajustarse la careta mientras habla.)* Tampoco se fíe de él. [Sus estallidos son terribles.] Mata, roba...

[Larra.—A ellos les matan y les roban más.

Mesonero.—*(Se cubre.)* ¿Va usted a defender a la canalla?]

Larra.—*(Sonriente.)* Se me antoja que ya no es tan sincero como hace un momento. No importa. Yo le agradeceré siempre ese momento.

Mesonero.—*(Grave.)* Olvídelo. ¿Vamos al Parnasillo?

Larra.—Perdóneme. Hoy no.

Mesonero.—¿Ahora sale con ésas?

[Larra.—Y... cuando vayamos... no me presente todavía al señor Carnerero.

Mesonero.—*(Estupefacto.)* ¿Ésa es la habilidad que quiere desplegar?

Larra.—*(Sonríe.)* Ésa no. Otra.

Mesonero.—]*(Esboza un frío gesto de incomprensión.)* [¿De cierto no quiere acompañarme?]

Larra.—Otro día. Y muy agradecido.

Mesonero.—Como quiera. Quede con Dios. *(Se inclinan.* Mesonero *sale por la derecha.* Larra *se vuelve hacia el Parnasillo y contempla un instante a los hombres inmóviles. La luz los abandona bruscamente, al tiempo que* Larra *sube a su gabinete.*

Junto al velador toca levemente, sin mirarla, la pistola. Luego se desprende de capa y sombrero, dejándolos en el sillón. La luz crece. PEDRO *reaparece por el hueco derecho, que se tiñe de lívido resplandor.* LARRA *no se vuelve, pero se envara: nota perfectamente la presencia ilusoria.)*

PEDRO.—¿No tenía ya un criado a fines del año 28?

LARRA.—No. Y tú no estás aquí.

PEDRO.—Estoy fuera. Como tu hija, [pero más lejos.]

LARRA.—*(Se vuelve.)* ¿Me tuteas?

PEDRO.—*(Con gesto de ignorancia.)* Tú sabrás. *(Cruza y recoge la capa y el sombrero.)*

LARRA.—*(No ha dejado de observarlo.)* ¿Que yo sabré?

PEDRO.—*(Se vuelve hacia su señor.)* [¿No es éste tu último drama? *(Va a irse.)*

LARRA.—¡Mi único drama fue el *Macías!*[24].

PEDRO.—*(Se detiene. Tono trivial.)* Pues éste será el segundo.

LARRA.—¿Cuál?]

PEDRO.—Tú evocas, pero también imaginas. Ahora dialogas tu último drama... [muy aprisa. Se agota el tiempo.]

LARRA.—¿Y tú eres un personaje?

PEDRO.—Y tú otro. [El principal, quizá.

LARRA.—¿Quizá?

PEDRO.—¿No me estás dando demasiado papel?]

LARRA.—Cierra esa boca.

PEDRO.—No puedo.

---

[24] *Macías,* drama histórico en cuatro actos y en verso, se estrenó el 24 de septiembre de 1834. Sus precedentes hay que buscarlos en *Porfiar hasta morir,* de Lope de Vega, y en *El español más amante y desgraciado Macías,* de Bances Candamo. Para Juan Alcina Franch (Introducción a *Teatro Romántico,* Barcelona, Bruguera, 1984, pág. 34) la angustia del trovador medieval «coincide con su dolorosa experiencia amorosa [de Larra] con Dolores de Armijo, dama casada y un tanto veleidosa. Larra vierte en su drama su propia angustiosa situación con una sinceridad y una convicción que no encontramos en ninguno de los dramas del Romanticismo». Y Larra, en las «Dos palabras» que pone al frente de su obra, afirma: «Macías es un hombre que ama, y nada más. Su nombre, su lamentable vida, pertenecen al historiador; sus pasiones al poeta. Pintar a Macías como imaginé que pudo o debió de ser, desarrollar los sentimientos que experimentaría en el frenesí de su loca pasión, y retratar a un hombre, ese fue el objeto de mi drama.» Larra utilizará el mismo tema para su novela *El doncel de don Enrique el Doliente.*

LARRA.—Nunca son tan vívidas las imaginaciones.
PEDRO.—*(Retirándose.)* Excepto si hay una pistola cerca. (LARRA *lo mira, desazonado.* PEDRO *sale por el hueco izquierdo. Tocada suavemente en un piano y apenas perceptible comienza a oírse, hacia su final, la más famosa cavatina de «El barbero de Sevilla», de Rossini. En la penumbra del bloque izquierdo se divisa vagamente a la ejecutante: una señorita sentada de espaldas que subraya con almibarados contoneos la melodía que arranca del teclado. En el rostro del escritor asoma la emoción y, cuando mira hacia la borrosa presencia, el piano ha llegado a sus tonos normales. La luz del hueco se extinguió y la del gabinete se ha amortiguado mucho, pero otras luces empiezan a bañar a* CALOMARDE *y a* DON HOMOBONO. *Cuando rompen a hablar,* LARRA *les escucha con gesto burlón, y, durante el diálogo de ambos, su atención se reparte entre los dos bloques.)*
CALOMARDE.—*(Examina un papel.)* ¿Quién es ese Larra [a quien se le ha autorizado la publicación de unos cuadernos?]
D. HOMOBONO.—*(Se levanta.)* Un chicuelo, excelencia. Algo descarado, eso sí. Se ha atrevido a visitarme.
CALOMARDE.—¿Y lo ha recibido?
[D. HOMOBONO.—Presentó sus manuscritos a don Manuel Abad según lo preceptuado. Pero después he tenido que recibirlo.
CALOMARDE.—¿Por qué?]
D. HOMOBONO.—Traía una recomendación del Comisario de Cruzada.
CALOMARDE.—*(Con un mohín de contrariedad.)* ¡El padre Varela!
[D. HOMOBONO.—El señor duque de Frías también lo protege[25].

---

[25] Manuel Abad se encontraba al cargo de la Escribanía de Cámara y de Gobierno, del Supremo Consejo de Castilla, organismo que concedía licencia para que fuesen publicados los escritos, previo paso por la correspondiente censura. En diversos textos de la época viene aludido el Padre Varela (Manuel Fernández Varela), Comisario General de Cruzada, como hombre ilustrado e incondicional defensor de las letras. Bernardino Fernández de Velasco y Pimentel, duque de Frías, luchó en la guerra de la Independencia, estuvo exiliado, como liberal, hasta 1828, y fue el protector de Larra (como el personaje

CALOMARDE.—¡Buenos valedores!] Por lo menos habrá usted repasado escrupulosamente sus textos...

D. HOMOBONO.—Nada grave, [excelencia.] Escribe que no va a meterse en honduras; [que no quiere que le rompan la cabeza.]

CALOMARDE.—¿Qué edad tiene?

D. HOMOBONO.—Diecinueve años. Pero se expresa con [gran] prudencia.

CALOMARDE.—Peor. Juventud y prudencia juntas son temibles. *(Reflexiona.)* Vigile [bien] sus [próximos] cuadernos. *(Mira el papel.)* ¿Los llama... *El Duende Satírico del Día*?[26].

D. HOMOBONO.—Puro énfasis. Se inclina más bien hacia las escenas de costumbres, [como el señor Mesonero.]

CALOMARDE.—[Bien. Pero] vigile.

D. HOMOBONO.—¡Descuide vuestra excelencia! *(Se sienta y continúa su trabajo. La luz los abandona y crece sobre la señorita ejecutante.* LARRA *la mira y comienza a subir las gradas de la izquierda. El gabinete se oscurece. La señorita termina de tocar con un afectado ademán. Amables aplausos de gente invisible.* LARRA, *ya arriba, aplaude también. Se levanta ella muy complacida, se vuelve y corresponde a los aplausos con sus ge-*

---

dramático le explicará a Pepita, durante la secuencia rememorada de su noviazgo). Seguramente, la importancia de los protectores de Larra o su falta de agudeza para interpretar la ironía llevaron a don Homobono a juzgar desde la superficie las ideas de Larra en su «Diálogo. El duende y el librero» *(El Duende Satírico del Día,* 26 de febrero de 1828).

[26] *El Duende Satírico del Día* es el nombre de los primeros cuadernos publicados por Larra y también uno de sus pseudónimos. Antes había utilizado el anagrama *Ramón Arriala;* andando el tiempo sería *El Pobrecito Hablador, El Bachiller Juan Pérez de Munguía,* y *Andrés Niporesas;* no obstante, el que lo consagró para la posteridad fue *Fígaro.* Carmen de Burgos *(Fígaro...,* cit., pág. 56) explica la génesis del término, de la que Buero hará una singular reconstrucción dramática, y afirma que lo usó por primera vez en su artículo de enero de 1833 «Mi nombre y mis propósitos» *(La Revista Española,* 15 de enero de 1833). Allí, considera el escritor que *Fígaro* es «nombre a la par sonoro y significativo de mis mañas, porque aunque ni soy barbero, ni de Sevilla, soy, como si lo fuera, charlatán, enredador y curioso [...]; suelo hallarme en todas partes; tirando siempre de la manta y sacando a la luz del día defectillos leves de ignorantes y maliciosos». Mesonero Romanos *(Memorias...,* cit., págs. 188-189) también explica los pseudónimos de Larra y de otros escritores de su tiempo y ofrece su versión del nacimiento de *Fígaro,* en boca de Grimaldi.

nuflexiones. Es PEPITA WETORET: *una criatura muy joven y linda, de dorados cabellos. Su media máscara, de ingenua muñequita.)*
PEPITA.—*(Al auditorio invisible.)* ¡Oh, por favor!... *(Sin dejar de aplaudir,* LARRA *da un paso hacia ella. Cesan los de la sala.)*
LARRA.—[Pepita...,] ¡bravísimo! *(Le besa la mano.)*
PEPITA.—¡Adulador! Eso es de *El barbero*.
LARRA.—¿Nos sentamos?
PEPITA.—Como si fuéramos sólo amigos. Mamá nos mira.
LARRA.—Sabe que nos queremos.
[PEPITA.—No te ve con buenos ojos.
LARRA.—Ya me verá.] *(Se sientan en las dos sillas. Él le toma una mano.)*
PEPITA.—*(La retira vivamente.)* ¡Cuidado!
[LARRA.—*(Risueño.)* En efecto, no nos pierde de vista.
PEPITA.—¿Lo ves?]
LARRA.—¿Y si cortásemos el nudo gordiano?[27]. Nos levantamos, nos acercamos y le digo: señora, tengo el honor de pedirle la mano de su hija.
PEPITA.—*(Sofocada.)* ¿Estás loco?
[LARRA.—¿No te atreves?
PEPITA.—]Eso lo tienen que hacer tus papás...
LARRA.—*(Calla un momento.)* [Se resisten.] Piensan que no debo casarme sin ingresos seguros.
PEPITA.—¡Mariano! Es de mal gusto hablar de esas mezquindades. (LARRA *la mira con cierta tristeza y se abstrae. Ella se abanica y saluda aquí y allá muy remilgada. El foco que ilumina a la pareja deja fuera a* PEPITA *y se concentra sobre el escritor. Los dos lados del Parnasillo se iluminan entretanto.* VEGA *está leyendo un folleto. Entre sus amigos,* CARNERERO *aparece sin máscara y muestra un rostro esquinado y torvo. Todos rehúyen su mirada.)*
VEGA.—*(A media voz.)* Escuchen esto: «...Y así doy licencia al señor Carnerero para que pueda (...) disputar conmigo, y

---

[27] *Nudo gordiano:* su origen se remonta al que «ataba al yugo la lanza del carro de Gordio, antiguo rey de Frigia, el cual dicen que estaba hecho con tal artificio que no se podía descubrir ninguno de los dos cabos» (DRAE); se aplica a dificultades insolubles.

no se la doy para rebuznar, porque ésa ya la tiene de Dios»[28].

BRETÓN.—*(Con avinagrada sonrisa.)* Lo hemos leído. [Y los otros veintinueve insultos que le dedica: los he contado.]

VEGA.—[*El duende* se ha excedido, pero hay que admitir que es diestro esgrimidor...] Vean la cara de Carnerero. Parece otra.

DÍAZ.—La injuria es una facilidad.

VEGA.—[No cuando se razona como él lo hace. Además,] *El Correo* le injurió antes: le llamó «bestia», [«borrico»,] «cloaca», [y afirmó que su «Oda a la Exposición» era malísima.

DÍAZ.—Y lo era.]

BRETÓN.—Usted parece olvidar que [también] yo escribo en *El Correo*.

VEGA.—A usted le elogia en su respuesta.

BRETÓN.—¡Ja! ¿Y las alusiones indirectas?

[VEGA.—No veo ninguna.

BRETÓN.—Pues las hay, y contra mí.]

VEGA.—Imaginaciones suyas.

BRETÓN.—O miopía de usted. [Ese lechuguino[29] quiere llamar la atención difamando a los demás, como hacen tantos cuando empiezan. Ya se le bajarán los humos.]

DÍAZ.—Fácil es disparar flechas contra Carnerero. ¿Por qué no se las lanza al Gobierno?

VEGA.—No le dejarían.

DÍAZ.—Entonces que se calle, como hacemos otros. [Todavía está por ver que le prohíban algún artículo. *(Óyese en el aire la voz de* LARRA.*)*

LARRA.—*(Su voz.)* «Un (...) mozalbete con cara de literato, es decir, de envidia...»[30].

---

[28] «Donde las dan las toman», *El Duende Satírico del Día*, 31 de diciembre de 1828. Sobre la polémica entre Carnerero y «El Duende» puede verse el capítulo quinto de José Escobar, *Los orígenes de la obra de Larra*, Madrid, Prensa Española, 1973.

[29] *Lechuguino:* el despectivo que Bretón lanza contra Larra tanto puede aludir a su condición de joven galanteador como a su tendencia a componerse siguiendo la moda.

[30] «La polémica literaria», *La Revista Española*, 9 de agosto de 1833.

Vega.—Por lo menos lo que publica nos ha hecho reír a todos.
Bretón.—Será a usted.
Vega.—¡Y se vende!
Díaz.—Se vocea.]
Vega.—*(De buen talante.)* ¿Los dos contra mí? Corriente. Se aplaza el juicio hasta que lo traiga Mesonero. [Entonces verán qué tal persona es.
Bretón.—*(Ríe.)* O no lo veremos. Me han dicho que, de tan bajito que es, ni se le ve.
Vega.—¡Vamos, Bretón! *(Pero ríe también, y* Díaz *con ellos. Hablan los del otro lado.)*
Carnerero.—Será imperceptible, pero sus artículos no lo son.
Grimaldi.—Se le liman los dientes.
Carnerero.—¿De qué modo?
Grimaldi.—Echándole algún hueso.]
Arriaza.—Un mosquito no puede picar a una columna del país.
Grimaldi.—*Bien sûr!*
P. Froilán.—Ese mocoso... *(Y sigue rezongando palabras ininteligibles, que un perenne gargajo retenido en la garganta hace aún más rasposas, ante la inútil atención de los demás.)*
Carnerero.—[No es que me vaya a quitar el sueño. Pero] su intención es clara: suplantar a *El Correo*.
Grimaldi.—*Oh, là, là!* ¡Suplantar! (Mesonero *entra por la puerta de cristales. Reverencias.)*
Mesonero.—Felices, señores.
Grimaldi.—Don Ramón, convenza usted al señor Carnerero de que no es tan fiero el león como lo pintan.
Mesonero.—¿Qué león?
Arriaza.—*El Duende Satírico del Día.*
[Grimaldi.—Háganos la merced de sentarse y háblenos de ese mocito.
Mesonero.—Mil gracias. Es el caso...]
Vega.—¡Mesonero! ¡Le estamos esperando!
Mesonero.—Ya lo oyen. Si me permiten...
Carnerero.—Vaya, vaya con sus románticos.
Mesonero.—Discúlpenme. [Ya hablaremos de Larra. No es mal chico.] *(Se inclina y cruza bajo la recelosa mirada de* Carnerero.*)*

GRIMALDI.—*(Riendo.)* [¡Por cierto!] ¿Sabe usted que el padre Varela me lo ha recomendado [vivamente] como traductor de comedias? (MESONERO *saluda en el otro lado y se sienta.*)
[CARNERERO.—¿Y le va usted a complacer?
GRIMALDI.—]Como el pillastre domina mi lengua...
[CARNERERO.—Y como lo recomienda el padre Varela...
P. FROILÁN.—*(Ceñudo.)* ¡Hum!... ¡El padre Varela!...]
CARNERERO.—¿Me estaré quedando sin amigos?
GRIMALDI.—*Mais non!* ¿Usted no comprende? *(Baja la voz.)* Dos [o tres] traduccioncitas... y se volverá manso y bueno.
CARNERERO.—*(Sonríe por primera vez.)* Grimaldi, me descubro ante usted. Pero también yo sé lo que debo hacer. *(Se pone su media máscara, se levanta y se cubre.)*
P. FROILÁN.—¡Duro... *(Farfulla.)* ... en la cabeza!
CARNERERO.—[¡Señor] Bretón!
[BRETÓN.—Mi señor don José María...
CARNERERO.—]¿Me acompaña usted? [He de consultarle un asunto.]
BRETÓN.—*(Se levanta.)* A sus órdenes. *(A sus contertulios.)* Ustedes lo pasen bien. *(Se inclina y se cubre.)*
CARNERERO.—*(A todos.)* [Dios les guarde,] señores. (BRETÓN *se reúne con él y salen cuchicheando por la puerta de cristales, al tiempo que el Parnasillo se oscurece y crece la luz en el bloque izquierdo.*)
PEPITA.—*(Molesta.)* ¿Has olvidado que estoy yo aquí?
LARRA.—¿Cómo podría? Nadie me quiere bien sino tú. *(Le toma las manos. Ella mira a todos lados, inquieta.)* Nos casaremos el año que viene. Y si nuestras familias se oponen...
PEPITA.—¿Qué?
[LARRA.—¿Te atreverías a cortar el nudo gordiano de otro modo?
PEPITA.—¿Cómo?]
LARRA.—¿Te escaparías conmigo? *(Un silencio.)* ¿Vendrías?
PEPITA.—*(Baja los ojos.)* Soy tuya. [Siempre estaré a tu lado. Y] si es menester pasaré contigo privaciones... o te cuidaré con todo mi amor, si te hieren.
LARRA.—*(Sorprendido.)* ¿Por qué me van a herir?
PEPITA.—[Si me raptas,] quizá tengas que batirte con mi padrino, o con alguno de esos moscones que me rondan...
LARRA.—*(Risueño.)* [¡Novelera!

Pepita.—¿Tienes pistolas? ¿Eres buen tirador?
Larra.—]Pepita, el duelo es una barbaridad.
[Pepita.—¿Tú crees?
Larra.—¡Claro!]
Pepita.—Será como tú dices. Pero [si tienes que luchar por mí..., sé que lo harás.] Tú no eres un cobarde.
Larra.—Soy tan valeroso que estoy resuelto a luchar también contra ese disparatado código del honor[31]. *(Ríe y le besa la mano.)* Pepita, eres una romántica.
Pepita.—*(Hecha mieles.)* ¡Por tu culpa! ¡Y muy celosa! [Tú chicoleas[32] demasiado con las damas en los salones.
Larra.—¡Meros cumplidos!
Pepita.—]*(Puerilmente enfadada.)* ¡No toleraré que me engañes! ¡Tomaré una de tus pistolas...!
Larra.—*(Riendo.)* Y me matarás.
Pepita.—*(Compungida.)* A ti nunca podría, bien mío. Pero a ella...
Larra.—Ella eres tú, amor. No fantasees, que todo se arreglará. [Convenceré a nuestras familias.] *(Se iluminó el bloque derecho. Carnerero y Bretón han subido por las gradas ocultas al despacho de Don Homobono. El hombrecillo se levanta. Reverencias. El semblante de Larra se nubla.)* Porque estoy empezando a ser célebre... [*El Duende Satírico del Día* se vende como pan.] (Don Homobono y Carnerero *van hacia la escalerilla.* Bretón *se rezaga. Ellos le instan a que les acompañe. Él se excusa e indica que esperará donde se halla.)*
Pepita.—¿Sabes que hasta mamá se reía con [las burlas de] tus artículos?
Larra.—¿Lo ves? Me los ganaré a todos. *(Se le nota pendiente de lo que imagina en el otro bloque.)*
Pepita.—*(Ríe.)* ¡Y bastantes enemigos también! *(El censor mima el ademán de llamar con los nudillos a la puerta de* Calo-

---

[31] La negativa opinión de Larra sobre los duelos está recogida en «El duelo», *Revista Mensajero*, 27 de abril de 1835. Allí alude al honor como «quisicosa que, *en el sentido que en el día le damos*, no se encuentra nombrada en ninguna lengua antigua».

[32] *Chicolear:* galantear. Más adelante, Larra opondrá a este reproche su advertencia: «Ojo con los *moscones*», aludiendo a otros galanteadores persistentes en sus pretensiones amorosas.

MARDE. *El ministro asiente y se levanta.* DON HOMOBONO *deja pasar a* CARNERERO *y entra tras él.* CALOMARDE *tiende su mano y el periodista se la estrecha rendidamente con las suyas. Después van a sentarse al sofá, donde departen muy animados sin que se les oiga.* DON HOMOBONO *permanece de pie.)*

LARRA.—¡Los venceremos juntos! *(Se aproximan sus cabezas. Él va a besarla. Se oye la voz de la madre de* PEPITA.*)*

LA MADRE.—*(Su voz.)* ¡Pepita! *(Se separan ellos con presteza.)* ¡Deja ya el palique! El señor duque de Frías quiere felicitarte por tu ejecución de la cavatina.

PEPITA.—*(Se levanta.)* Voy, mamá. (LARRA *se levanta y le besa la mano.)*

LARRA.—Ojo con los moscones. No me obligues a desafíos innecesarios.

PEPITA.—*(Se suelta.)* ¡Bobo! [El duque de Frías es muy mayor para mí.

LARRA.—Y además es nuestro protector. ¡Bendito sea!] (PEPITA *le sonríe y desciende del bloque por su parte oculta. Su enamorado se vuelve y mira hacia el otro bloque.* CARNERERO *está asegurando con vehemencia al ministro que* BRETÓN *se halla cerca y puede confirmar lo que él dice. El servicial censor se dispone a llamarlo y* CALOMARDE *le detiene con un ademán. Siguen hablando.* LARRA *inicia la bajada a su gabinete. La luz se va del bloque izquierdo y aumenta en el centro. El ministro se levanta prometiendo algo y el periodista se inclina agradecido, volviendo a estrechar la poderosa mano del prócer.* CARNERERO *y el hombrecillo se reúnen con* BRETÓN. *El ministro vuelve a su sillón. Con un expresivo abrir de brazos,* CARNERERO *indica a su cómplice la satisfactoria solución del asunto.* LARRA *se demora en los peldaños y los observa. El funcionario despide con zalemas a los dos visitantes y éstos descienden por la parte oculta.* LARRA *termina de bajar. El censor toma asiento y se enfrasca en su trabajo.* PEDRO *entra repentinamente por el hueco de la derecha y su señor se sobresalta. Con misteriosa sonrisa, el criado va al escritorio, toma papeles y se los pone en la mano a* LARRA. *El escritor los mira y* PEDRO, *sonriente y con suavidad, le conduce hacia la derecha. Sube* LARRA *por la escalera con vaga inquietud.)*

LARRA.—«... Fue al Corregimiento, y de allí pasó después a la censura eclesiástica; por más señas, que fue un excelente padre, y en un momento, esto es, en un par de meses, la despachó; volvió al Corregimiento y fue de allí a la censura política; en una palabra, ello es que en menos de medio año salió prohibida»[33]. (LARRA *termina de subir y se acerca a la mesa. El señor chupatintas parece muy ocupado.*) ¡Don Homobono!

D. HOMOBONO.—¿Eh?... ¡Ah! Buenos días. *(Sigue trabajando.)*

LARRA.—*(Impaciente.)* Quisiera hablarle del sexto número de mi *Duende satírico*. *(El hombrecillo no atiende. El escritor carraspea.)* [Me dicen que lo han prohibido. Supongo que será un error... El padre Varela no halla nada reprensible en sus páginas.] (DON HOMOBONO *se echa hacia atrás sin levantarse.*)

D. HOMOBONO.—Siento [en el alma tener que] desengañarle... [Creo que] no habrá sexto número.

LARRA.—*(Demudado.)* ¿Por qué?

D. HOMOBONO.—[Lamento confirmárselo...] *El Duende* ha sido prohibido.

[LARRA.—*(Le considera unos instantes.)* ¿Por usted?

D. HOMOBONO.—¡Dios Santo! Yo siempre defiendo a los escritores jóvenes... *(Se encoge de hombros.)* Pero no sé qué demonios habrá dicho usted...]

LARRA.—*(Le ofrece los papeles.)* ¿Quiere leer los textos?

D. HOMOBONO.—¿Para qué? Es orden superior.

[LARRA.—¿Del Consejo de Castilla?[34].

D. HOMOBONO.—De allí será.]

LARRA.—*(Crispado.)* Apelo contra ella. ¿Me hará el favor de solicitar al señor ministro que me reciba [ahora mismo?]

D. HOMOBONO.—Su excelencia no está...

[LARRA.—Le esperaré.

D. HOMOBONO.—]Vuelva usted mañana[35]...

---

[33] «Don Cándido Buenafé o el camino de la gloria», *La Revista Española*, 2 de abril de 1833.

[34] El Supremo Consejo de Castilla o Consejo Real constituyó la segunda dignidad del Estado, después de la corona. Los Reyes Católicos lo dotaron del poder jurídico e institucional que mantuvo hasta el siglo XIX.

[35] La frase de don Homobono reproduce el título del artículo que Larra publicó en *El Pobrecito Hablador* (14 de enero de 1833). El tiempo avanza y retrocede también en los textos que proceden del autor decimonónico, de forma que el empleo del material literario funciona como indicador del caos del

LARRA.—Ustedes siempre saben decir esas palabras, y yo siempre sé volver. Volveré.

D. HOMOBONO.—*(Baja la voz.)* De amigo a amigo: no creo que le conceda audiencia... [Ya le he dicho que] es orden superior.

LARRA.—Pido que se me dé por escrito.

D. HOMOBONO.—*(Ríe.)* ¡Señor de Larra, no pida la luna! [Ya se nota lo nuevo que es en estos trámites.] A mí también me lo han confirmado verbalmente. Pero es inapelable. *(Se levanta y le da afectuosas palmaditas en el hombro. Con agria sonrisa,* LARRA *lo mira sin moverse.)* Usted siga bien. *(Va a su mesa.)*

[LARRA.—¿Tal vez ha visitado a su excelencia el señor Carnerero?

D. HOMOBONO.—*(Sorprendido, miente muy mal.)* ... No he reparado.]

LARRA.—*(Breve risa.)* [Luego ha venido.] No se atribule por mí; no voy a desanimarme. [Usted lo pase bien.] *(Se dirige a las gradas. Tras él,* D. HOMOBONO *acecha sus movimientos. Ante la escalerilla pequeña, el escritor se detiene y mira hacia arriba. Los Voluntarios Realistas lo observan, suspicaces, y cruzan sus fusiles.* LARRA *baja peldaños y los Voluntarios retornan a su anterior posición. El censor se desentiende del asunto con un desdeñoso movimiento de sus manos y va a sentarse. Se inicia un lejano clamoreo de campanas.* LARRA *sigue descendiendo. Sonriente, le espera el criado. La luz abandona el bloque.)*

PEDRO.—Ea, pues a vivir. ¡Cómo repican las campanas en 1829! El duendecito se casa con su ángel. [¡Pero hay un campanario que no tañe por vosotros! Teresa Mancha, la que va a ser amante de Espronceda, no tiene un cuarto y se une con un tal Gregorio del Bayo.] «El casarse pronto y mal»... ¡Qué artículo! Lo escribiste después... y siempre lo supiste[36].

---

personaje, al igual que los avances y retrocesos que se producen en el desarrollo de los acontecimientos históricos al pasar a dramáticos.

[36] De forma más explícita se advierte el juego temporal en esta secuencia en la que la cita del título del artículo «El casarse pronto y mal» *(El Pobrecito Hablador,* 30 de noviembre 1832) que hace Pedro, en 1829, viene acompañada

LARRA.—¡No!

PEDRO.—Cuando la cubriste de besos [y de caricias] la primera noche, ya lo sabías. Lo que ignoras es por qué quisiste engañarte. [Y yo tampoco lo sé...] Son cosas del sentimiento. *(El campaneo arrecia.)* ¡Jesús! Ahora son todas las iglesias de España. Su majestad enviudó y se desposa con María Cristina de Nápoles. ¡Alegría! [El marido hará lo que disponga esta cuarta reina: ya va para maduro.] *(Se ilumina el Parnasillo.)* Indultarán, regresarán los desterrados... Poco a poco, eso sí. *(Desanimado, se sienta el escritor.* PIPÍ, *un camarero joven, entra por la izquierda y sirve botellas. Se llenan los vasos en el café.* VEGA *se levanta con el suyo en la mano.)*

VEGA.—¡Viva la reina Cristina!

TODOS.—*(Menos el* PADRE FROILÁN.*)* ¡Viva! *(Beben.)*

[PEDRO.—Y la tocata llega hasta diciembre, porque... también casan a Dolores Armijo con el apuesto teniente don José María Cambronero.

LARRA.—No los nombres.

PEDRO.—No. Es pronto.] *(La puerta del café se abre y entra* CARNERERO.*)*

---

por la explicación del tiempo: «Lo escribiste después... y siempre lo supiste.» Antes de llegar a esta afirmación del criado, Buero, con dominio absoluto de la arquitectura dramática, fue salpicando la relación de Larra y Pepita, como la que sostiene después con Dolores, de sutiles pinceladas que advierten al personaje y al público de que también el escritor se oculta ciertas verdades: Pepita y Dolores nunca accedieron a romper con la sociedad y sus convenciones y él cerró los ojos ante los subterfugios que ellas utilizaban para mantenerlas. Como ejemplo de la construcción dramatúrgica de este aspecto del personaje, es significativo el gesto que se indica en la acotación, cuando Pepita, en su primera entrevista, al nombrar Larra los problemas económicos, le reprocha: «¡Mariano! Es de mal gusto hablar de esas mezquindades»; y «Larra mira con cierta tristeza y se abstrae.» Por ello Pedro le advierte: «Siempre lo supiste»; el mismo criado desvelará el truco de Larra al esconder la carta de Dolores en el escritorio, para que Pepita la encuentre y así contar con una excusa válida para separarse de ella. También en sus citas con Dolores el dramaturgo ofrece signos de evasión en el personaje. Cuando la amante le ruega «secreto», Larra «le levanta la barbilla y escruta su rostro enmascarado» pero le dice: «Ese rostro adorable no oculta nada.» Será el marido de Dolores, despojado de su máscara, quien le haga mirar la verdadera condición de su esposa, aunque Larra preferirá mantener su ceguera hasta el desengaño final. Es un gran acierto del autor mantener esta tensión en el personaje y valorar su lucha, sin dejar de plasmar sus limitaciones.

CARNERERO.—¡Señores, viva la esperanza de España!
TODOS.—¡Viva! *(El campaneo se amortigua y cesa.)*
P. FROILÁN.—*(Farfulla.)* ... ¡Reina de pacotilla!
CARNERERO.—[¡Albricias, Vega! ¡Albricias, Mesonero! *(Se abraza con ellos.)*] ¡Brindemos por sus majestades!
GRIMALDI.—*(Que está escanciando.)* [¡Aquí tiene] su vaso! (CARNERERO *lo toma y lo alza. Menos el* PADRE FROILÁN, *todos se levantan.)*
CARNERERO.—¡Por nuestro buen rey y nuestra encantadora soberana!
VEGA.—¡Y por la amnistía! *(Beben. El* PADRE FROILÁN *se cala su teja y se va murmurando. Risas generales.)* ¡Soplan vientos de libertad! *(Se oscurece el Parnasillo.)*
[PEDRO.—Y escribes tu lamentable «Oda al Rey»[37]. ¡Es tan hermosa la esperanza! Cierto que siguen las ejecuciones.
LARRA.—Cállate.]
PEDRO.—[Eres tenaz] en esos años, [aunque] todos te creen un vencido. *(Luz sobre* CLEMENTE DÍAZ.)
DÍAZ.—¿Y ése era un rebelde? [*(Luz sobre* MESONERO.)
MESONERO.—Déle tiempo al tiempo...
DÍAZ.—¡Pero no a Larra!] Ya no es más que un pisaverde[38]. [*(Luz sobre* CARNERERO.)
CARNERERO.—O muy astuto...
DÍAZ.—¡Abajo Larra! *(Luz sobre* BRETÓN.)
BRETÓN.—¡Abajo!] *(Luz sobre* VEGA.)
VEGA.—*(Se levanta.)* ¡Eso no lo tolero!
CARNERERO.—Calma, señores. *(Con intención.)* ¡Todo se andará! *(Vuelve a entrar, al tiempo, el* PADRE FROILÁN, *satisfechísimo.)*

---

[37] *Colombine,* en el capítulo dedicado a «El poeta» (*Fígaro...,* cit., págs. 66-67) explica: «Larra escribió una Oda al casamiento del Rey que no se imprimió, y que no se conocía, pero que yo he encontrado entre sus papeles. La portada escrita con su más esmerada letra dice: Al enlace de S. M. el Señor D. Fernando VII con la Serenísima Señora Princesa de las dos Sicilias, Doña María Cristina de Borbón», y transcribe después el texto del poema de Larra, cuyo manuscrito (de ocho folios) se puede consultar en la página dedicada a Larra en la Biblioteca Virtual Miguel de Cervantes.

[38] *Pisaverde:* emplea Díaz este término coloquial contra su adversario político y literario tachándolo de presumido y afeminado, que anda vagando todo el día en busca de galanteos.

P. Froilán.—¡Y antes de lo que piensan! *(Ocupa su sitio habitual ante la sorpresa de todos. Se va la luz del Parnasillo. Luz sobre* Calomarde *y su empleado.)*
[Calomarde.—¿Se casó Larra?
D. Homobono.—*(En pie.)* Sí, excelencia.
Calomarde.—¿Ella es rica?
D. Homobono.—No, excelencia.]
Calomarde.—*(Eleva sus brazos piadosos.)* Una familia cristiana que alimentar. Eso le calmará. *(Vuelven los dos a la penumbra.)*
Pedro.—Y la alimentas. Hay que traducir engendros [franceses,] guiñar el ojo a Grimaldi [y a Carnerero[39]...
Larra.—Son ellos quienes me sonríen.
Pedro.—Porque se han dicho: ya es inofensivo.] Y tu hijo Luis Mariano viene al año siguiente... *(Descarga de fusilería.)* Más ejecuciones. Y tú, callado.
Larra.—Pero hablaré. [No me han quebrado.] *(Lo mira.)* «Mil caminos hay; si el más ancho, si el más recto no está expedito, ¿para qué es el talento? Tome rodeos y cumpla con su alta misión. *(Se levanta lentamente.)* En ninguna época, por desastrada que sea, faltarán materias para el hombre de talento *(Deja de mirar a* Pedro *y se vuelve hacia el oscuro Parnasillo.)*; [si no las tiene todas a su disposición, tendrá algunas.] ¡No se puede decir! ¡No se puede hacer! Miserables efugios, tristes pretextos de nuestra pereza. ¿Son dobles los esfuerzos que se necesitan? ¡Hacerlos!»[40].

---

[39] Larra permaneció en Francia el tiempo del destierro de su padre (1813-1818) y asumió el francés como lengua propia, de ahí los comentarios que en el drama hace Grimaldi, al considerarlo adecuado para la traducción de obras del teatro francés. Durante una etapa de su vida, este conocimiento le sirvió para obtener un sueldo con el que mantener a su familia, traduciendo y adaptando, como hacían tantos otros autores del momento, dramas y comedias del país vecino. Larra lo hizo con diversas obras de Scribe que gozaron de éxito por ser *piezas bien hechas,* de ambiente realista y entorno doméstico burgués, donde tenían lugar pasiones que, una vez desatadas, veían su solución en un final convencional.

[40] «Reflexiones acerca del modo de hacer resucitar el teatro español», *El Pobrecito Hablador,* 20 de diciembre de 1832. En este texto Larra se reafirma en su idea, que es también la de Buero, de seguir escribiendo a pesar de los impedimentos y dificultades.

PEDRO.—[Lo escribirás más tarde y] tienes razón. Pero no convencerás a los necios.

LARRA.—[No importa.] A Quintana[41] le han dejado volver. Espronceda vendrá pronto. La libertad se acerca. *(Nuevo tañido de campanas. Luz en el bloque derecho.* CALOMARDE *y su adicto, en pie, escuchan con enorme interés.)*

PEDRO.—¡Otro repique! En este país se oyen por cualquier motivo.

LARRA.—¡Por mi hijo!

PEDRO.—Y por un regio infante que nace en octubre. Sólo que... [no] es [varón.] Una niña. (CALOMARDE *se sienta, muy preocupado.* DON HOMOBONO *lo imita.)*

CALOMARDE.—[¿Podrá engendrar] su majestad [un heredero?] Está muy enfermo y ha promulgado la Pragmática Sanción: con ella restaura el tradicional derecho de las hembras a reinar y deroga la Ley Sálica de Felipe V, que sólo permite varones en el trono. ¿Alcanza usted las consecuencias?

PEDRO.—La guerra.

[D. HOMOBONO.—Puede que don Carlos se allane[42] ante un derecho tan tradicional...]

CALOMARDE.—[*(Ríe.)* ¿En qué nube está usted?] ¡Se están ya levantando partidas!

[D. HOMOBONO.—¿Carlistas?

CALOMARDE.—¡Claro, don Inocente!] *(Se levanta y pasea.)*

D. HOMOBONO.—Y... ¿qué debemos pensar los buenos patriotas? (CALOMARDE *se detiene; lo mira en silencio.)* [¡Yo tacharé cuanto haya que tachar!]

CALOMARDE.—He mandado cerrar todas las Universidades. No eran más que focos de agitación liberal.

D. HOMOBONO.—¡Muy bien hecho! Para servir a Dios sobra tanta ciencia falsa.

---

[41] En 1814, al regreso de Fernando VII, el poeta Manuel José Quintana fue encarcelado por su adhesión al bando liberal en defensa de la Constitución de Cádiz. En 1820, restablecido el orden constitucional tras el levantamiento de Riego, fue liberado y reinició su tarea política. Pero al sobrevenir el absolutismo, en 1823, fue despojado de todos sus cargos y desterrado de Madrid, a donde se le permitió volver en 1828.

[42] *Allanarse:* conformarse, avenirse, acceder.

[CALOMARDE.—¡La funesta manía de pensar!
D. HOMOBONO.—¡El horrendo contagio galicano![43].
CALOMARDE.—Pero hay nubes más negras aún.
D. HOMOBONO.—¡No me asuste!
CALOMARDE.—Bien sabe que en París hubo revolución en julio y que ha subido al trono Luis Felipe de Orleans. ¡Un rey... liberal![44].
D. HOMOBONO.—¡Espantosa mezcla!
CALOMARDE.—Y en Portugal se ha instaurado... ¡una Constitución!
D. HOMOBONO.—*(Se lleva las manos a la cabeza.)* ¡Una Constitución!
CALOMARDE.—Estamos cercados por las dos fronteras, y don Fernando ha tenido que reconocer a Luis Felipe. No había otro modo de que el francés retirase su apoyo a nuestros emigrados.
D. HOMOBONO.—Del mal el menos... Pero... me pregunto... si no habrá que pactar.
CALOMARDE.—¿Pactar?
D. HOMOBONO.—Tolerar algunos liberales en el interior... Permitir algunos regresos...
CALOMARDE.—*(Indignado.)* ¡No, mientras yo esté aquí! *(Confidencial.)* Pero con cautela. Vigilaremos con un ojo los avances del carlismo y tendremos el otro muy atento al auge de la infamia liberal.] Entretanto, ¡más dureza! [Eso es lo que debemos pensar los patriotas.] Chapalangarra quiso entrar con cuatro imbéciles y cuatro fusiles. [¡Se los barre y a él se le prende! Y] se le ejecuta. *(Descarga de fusilería.)* ¿Torrijos y sus cincuenta ilusos? ¡Fusiladlos! *(Descarga.)* ¡Y a los conspiradores del interior, sean hombres o mujeres, cuatro tiros! *(Descarga.)*

---

[43] *Galicano:* de influencia francesa.
[44] El comentario de Calomarde tiene relación con la trayectoria ideológica del que sería el último rey de Francia, cuyo mandato se extendió entre 1830 y 1845. Defensor de la Revolución Francesa, su reinado fue constitucional. Lo reconocieron como legítimo rey todas las potencias de Europa menos el gobierno de Fernando VII. Por ello, desde Francia se ayudó a las tentativas liberales, hasta que el rey español se sometió y el francés retiró su apoyo a los que se le oponían.

D. Homobono.—*(Entusiasmado.)* ¡Cuatrocientos tiros! *(Descargas ligadas como un huracán que se calma de pronto.)*

Larra.—*(Disgustado.)* Y entretanto yo represento *No más mostrador*[45]. [Hay que vivir. ¿O tal vez no?] (Calomarde *toma un papel del sofá y vuelve a sentarse.)*

D. Homobono.—Hablando de cosas más gustosas, excelencia, [permítame decirle que] la revista de Carnerero es un primor. [Erudita,] amena, tranquilizadora... ¡Después dirán que somos enemigos de la cultura! *(Se sienta y tacha.)*

Larra.—[Sí.] Hay que vivir y escribir.

Pedro.—[Porque] Adelita acaba de nacer. Otra boca.

Larra.—*(Molesto.)* ¡No escribo por eso! Mi sombrero.

Pedro.—Al instante. *(Lo toma y se lo ofrece.) El Pobrecito Hablador* está levantando ronchas [y a ti te agrada comprobarlo. ¿Cómo lograste el permiso para esa revista?]

Larra.—¿De qué hablas?

Pedro.—Voy de prisa. Estamos en [agosto de] 1832. ¿Llegamos a la muerte de *El Pobrecito Hablador* o prefieres otros recuerdos?

Larra.—*(Sombrío.)* Yo no prefiero nada. *(Se encaja la chistera, se dirige al fondo y desaparece por el hueco derecho.)*

Pedro.—[¿A qué] juegas? ¿A que ya has desaparecido? *(Ríe en silencio.)* Mientras yo esté, tú también estás. *(La luz de la salita se amortigua.)*

D. Homobono.—Decididamente no me gusta *El Pobrecito Hablador*.

[Calomarde.—*(Que leía con gran inquietud.)* ¡Don Homobono! ¡Es demasiado grave lo que está pasando en el palacio de La Granja para que se me moleste con futesas! Tache lo que le parezca.

---

[45] *No más mostrador* se estrenó el 29 de abril de 1831, en el Teatro de la Cruz. Larra fue acusado de plagio de *Les adieux au comptoir*, de Scribe, y se defendió en «Vindicación» (*La Revista Española*, 23 de mayo de 1834). Un resumen de la polémica puede verse en Mariano José de Larra. *Teatro: No más mostrador. Macías*, edición, prólogo y notas de Gregorio Torres Nebrera, Extremadura, Universidad, 1990, págs. 58-59). En 1976 (4 de marzo, en el Teatro María Guerrero de Madrid) se estrenó *Sombra y quimera de Larra*, versión de Francisco Nieva de la comedia de Larra.

D. Homobono.—Y tacho. Artículos enteros. Pero sería mejor prohibir esos cuadernos.]

Calomarde.—*(De mala gana y pensando a medias en otra cosa.)* No hay que contrariar al padre Varela.

D. Homobono.—*(Lee con cuidado un párrafo, al tiempo que la voz de* Larra *lo recita en el aire.)*

Larra.—*(Su voz.)* «...Nuestra misión es bien peligrosa: los que pretenden marchar adelante, [y la echan de ilustrados,] nos llamarán [acaso] del *orden del apagador,* a que nos gloriamos de no pertenecer, y los contrarios no estarán tampoco muy satisfechos...»[46].

D. Homobono.—Yo sí que estoy aviado. Por un lado, tachar, y por el otro, autorizar. [No sé cómo me las arreglo.] *(Dolido.)* Algo muy serio está pasando.

Calomarde.—*(Colérico.)* ¡Muy serio, sí, señor! ¡El rey se muere! *(Se levanta.)* [Y yo me voy ahora mismo a La Granja para evitar lo peor.]

D. Homobono.—*(Se ha levantado trémulo.)* [¿Que el rey se muere?]

Calomarde.—¡Poco he de poder si no consigo... que derogue antes la Pragmática Sanción!

D. Homobono.—¿Contra la voluntad de la reina [y de sus adictos?]

Calomarde.—Usted no sabe quién es Calomarde. [Siga en su trabajo y dentro de unos días le traeré buenas noticias.] *(Desciende por la parte oculta.* Don Homobono *suspira, se sienta y trabaja. La luz abandona al bloque. El café se ilumina.)*

Carnerero.—¿Cómo se las ingeniará para ir salvando esa revista?

P. Froilán.—*(Con su acostumbrada jerigonza.)* ... La mala hierba...brota y brota...desastre. *(Entra* Bretón *por la puerta.)*

Bretón.—Señores, noticias calentitas [y de muy buena fuente.] ¡Pipí! Un chocolate con bizcochos.

Pipí.—*(Su voz.)* ¡Al momento!

Carnerero.—¡Siéntese y cuente!

---

[46] «El casarse pronto y mal», cit.

BRETÓN.—*(Sin sentarse.)* Su majestad...
GRIMALDI.—¿Qué?
DÍAZ.—¿Qué? *(Gran expectación.)*
BRETÓN.—Se muere sin remedio. *(Se van levantando todos.)*
TODOS.—*(Unos consternados; otros tal vez disimulando su regocijo.)* ¡¡Se muere!!
PIPÍ.—*(Entra por la izquierda con el chocolate.)* ¿Se muere?
CARNERERO.—No quise decirlo por no inquietarles... Es cierto.
ARRIAZA.—¡Dios mío! [Cuando usted lo dice...] *(Se van sentando.)*
BRETÓN.—No saldrá de ésta. *(Silencio embarazoso. Todos se miran.* BRETÓN *se sienta en su sitio y la emprende con el chocolate.)*
[DÍAZ.—Si el rey fallece, la reina nos dejará escribir.
VEGA.—A no ser que don Carlos ocupe el trono. Ya hay partidas.
CARNERERO.—Grupitos que nada lograrán... *(Respira fuerte, se decide.)* ¡La libertad se impone, caballeros!
ARRIAZA.—*(Escandalizado.)* ¡Carnerero!
CARNERERO.—Don Juan, usted sabe que siempre fui liberal. *(Muy asombrado,]* PIPÍ *se va por la izquierda.)*
[GRIMALDI.—Yo no tengo que proclamarlo... ¡Soy francés!]
DÍAZ.—*(Se levanta.)* Adiós, señores [míos.] Tengo que hacer. *(Va hacia la salida y en la puerta se tropieza con* LARRA, *que entra.)*
LARRA.—Perdón. (PEDRO *se va del gabinete por el fondo.)*
DÍAZ.—Perdón. *(Va a salir, pero se detiene al oír a* MESONERO.)
MESONERO.—¡Querido Larra! ¿Sabe ya que el rey agoniza?
LARRA.—*(Frío.)* Es muy capaz de salir de ésta. (BRETÓN *lo mira con su torvo y único ojo.)*
CARNERERO.—*(Por* MESONERO.) [*El Curioso Parlante*[47] no opina así... Ya veremos.] *(Se levanta y se encara con* LARRA.) Mi admirado Larra... [Creo que] debemos olvidar viejas querellas. *(Asombrados, todos escuchan.* CARNERERO *ofrece su mano.* MESONERO *se levanta y se acerca, muy contento.)*

---

[47] *El Curioso Parlante:* pseudónimo con el que Mesonero firmaba sus escritos.

[GRIMALDI.—Larra, ésa es una mano leal. Tómela.]
MESONERO.—¡Pelillos a la mar! (LARRA *sonríe, irónico, y estrecha la mano de* CARNERERO.)
GRIMALDI.—¡Bravo!
CARNERERO.—*(Prolongando el apretón.)* Me sentiría muy honrado si su firma apareciese en *La Revista Española*. [Le ofrezco la crítica de teatro. ¿Acepta? *(Breve pausa.)*] Pero siéntese con nosotros, [se lo ruego.] *(Le indica una silla.)*
LARRA.—Gracias. *(Se sientan.* MESONERO *se sienta a su lado.)*
MESONERO.—[¡Ah, qué hermoso!] ¡Todos amigos!
CARNERERO.—*(Riendo.)* ¡Es usted el mismísimo Diantre, *Bachiller!*
[LARRA.—¡Sólo un pobrecito hablador!
CARNERERO.—A ello me refería.] ¿Cómo logra [usted] que le autoricen las cosas que escribe [en esos cuadernos?] (LARRA *los mira, cauto.)*
[ARRIAZA.—Habrá que pensar en algún valedor poderoso...]
LARRA.—El secreto está en probar a decirlas. *(Mira al* PADRE FROILÁN.) No todos los censores son iguales... *(El padre desvía la vista.)*
DÍAZ.—*(Cruzado de brazos y recostado en la puerta.)* Sólo aprueban lo que no es peligroso. *(Todos lo miran.* LARRA *le observa con frialdad.)*
P. FROILÁN.—*(De mal talante.)* ¡Y así debe ser... porque... *(Gruñe y gruñe con evidente acritud.)* ...¡y afortunadamente!
CARNERERO.—El padre exagera, amigo Larra.
LARRA.—[Siento no poder saberlo.] Un pícaro catarro me ha tomado el oído. [Yo] sólo le he entendido «afortunadamente». *(Risas contenidas.)*
CARNERERO.—¿No se conocen? Padre Froilán, permítame presentarle a...
P. FROILÁN.—*(Se quita entretanto su media máscara y se levanta, muy nervioso e intimidado. Su cara es blanda, borrosa, medrosa. Balbucea.)* Ya dije antes... excúsenme... queden con Dios. *(Se pone torpemente la teja, se precipita a la puerta y sale. Risas generales.)*
CARNERERO.—¿Quién diría que por dentro es de mantequilla?
MESONERO.—Aun así, usted ha sido imprudente, [*Bachiller.*]

LARRA.—No lo crea. Ellos también nos temen. [Y hoy tiene fuertes motivos para sentirse asustado.]
CARNERERO.—*(Ríe y le palmea en la espalda.)* ¡Este hombre es invencible!
LARRA.—*(Con sorna.)* ¿Yo? ¡Pobre de mí!
DÍAZ.—Ya llegará quien le cante las cuarenta a su satírico-manía. *(Todos lo miran.)*
LARRA.—¿Habla usted de mí?
DÍAZ.—¿Tampoco a mí me oye?
LARRA.—[Perfectamente. A Dios gracias,] el catarro se me acaba de pasar. (VEGA *ríe a hurtadillas.)*
DÍAZ.—Pues ya lo sabe. [Hay quien cae en] la manía de ofender [con su sátira] a ciudadanos respetables. [Y] la censura la permite porque carece de importancia pública. (BRETÓN *asiente, risueño.)*
[MESONERO.—Algo tendrá *El Pobrecito Hablador* cuando se vende tan bien, señor Díaz.
DÍAZ.—La gente siempre se huelga con los ataques a personas dignísimas. Bien lo sabe el señor Carnerero.
CARNERERO.—Por favor. Ya he dicho que no hay que recordar eso.]
LARRA.—[El muchacho tiene razón,] señores. [Consideren que] debe de ser un poeta en ciernes.
DÍAZ.—[¡Oiga, señor mío! Está usted hablando con] un poeta y nada más.
LARRA.—¡Si le estoy dando la razón! [Un poeta, nada más que en ciernes.] «Terrible [y triste] cosa me parece escribir lo que no ha de ser leído; empero más ardua empresa se me figura [a mí,] inocente que soy, leer lo que no se ha escrito»[48]. *(Carcajadas mal disimuladas.)*
DÍAZ.—[Lo leerá cuando se pueda publicar. Yo] prefiero callarme [a firmarme Juan Pérez de Munguía o] a escribir [a don Andrés Niporesas acerca] de las Batuecas y los batuecos, en vez de llamarles España y los españoles.
[VEGA.—¡Usted no ha entendido! Larra concede algo para sacar más.

---

[48] «Carta a Andrés escrita desde las Batuecas por El Pobrecito Hablador», *El Pobrecito Hablador,* 11 de septiembre de 1832.

Díaz.—Es su opinión.] Yo a eso le llamo una pluma prostituida. *(Silencio.* Carnerero *chasquea la lengua, reprobatorio.* Larra *se levanta despacio.)*
Arriaza.—Eso en mi tiempo costaba un desafío.
Vega.—[¡Y en éste!] *(Se levanta.)* ¡Crúcele la cara!
Larra.—¡No habrá desafío! [Que] este joven [calle y me desprecie.] Cuando crea que puede hablar, ya no tendrá voz. [Y su pluma no se prostituye... porque no tiene pluma.]
Vega.—¡Muy bien, Larra! *(Y se sienta, sonriente.)*
Díaz.—*(Da un paso hacia* Larra. *Se sobrepone a su rabia.)* Señor de Carnerero: yo [le] admiro y [le doy las gracias por] su magnífica *Revista Española*...
Larra.—¡No es adulación, señor de Carnerero! [Ya sabemos que este mozo no adula.] *(*Díaz *se vuelve hacia él, enfurecido.* Larra *le espera a pie firme.* Díaz *se quita su máscara con mano nerviosa y* Larra *sonríe. El poeta en ciernes vuelve hacia* Carnerero *su anguloso y pálido semblante, cuajado de granos y espinillas.)*
Díaz.—Usted sabrá por qué abre sus puertas al charlatán que le injurió.
Carnerero.—Porque escribe muy bien.
Díaz.—*(Se traga el desdén.)* Adios, señores. *(Sale por la puerta.)*
[Grimaldi.—Carnerero ha demostrado la grandeza de su ánimo. ¡Brindo por él! *(Bebe.* Larra *ha bajado la cabeza.)*]
Carnerero.—[Gracias, Grimaldi. Larra, me habían dicho que es usted un hombre triste, y veo que es cierto. Pero olvide los desplantes de ese chicuelo.] ¿Sabe por qué ha estado tan impertinente? Porque le he rechazado artículos.
Mesonero.—¡Pura envidia!
Carnerero.—*(Se levanta.)* [Hágame la merced de acompañarme a mi casa.] Tengo dispuesto el contrato. ¿Querrá leerlo?
Larra.—Sí.
Grimaldi.—*C'est magnifique!* Nuevos tiempos, sangre nueva.
Carnerero.—*(Se cubre.)* ¡Pipí, apunta todo a mi cuenta! *(Le indica a* Larra *que pase al centro; suben los dos directamente al gabinete. El Parnasillo se oscurece.* Carnerero *y* Larra *se descubren.)* [Considere como suya mi humilde vivienda.
Larra.—Muchas gracias.] *(Una claridad dorada embellece la sala.)*

CARNERERO.—Por favor, tome asiento. (LARRA *lo hace junto al velador.*) Y hágame el honor *(Va al bufete para volver con dos hojas manuscritas.)* de leer este convenio. *(Se las da.* LARRA *lee.)* Como verá, ya lo he firmado.
LARRA.—*(Lo mira hondamente.)* Es más de lo que esperaba.
[CARNERERO.—*(Sonriente.)* Es menos de lo que merece.
LARRA.—¿Tanto le interesan mis artículos?]
CARNERERO.—Mi revista necesita plumas valientes [y liberales.]
LARRA.—¿Para la crítica de teatros?
[CARNERERO.—Siendo suya será valiente.
LARRA.—No le quepa duda. ¿De cierto lo desea?]
CARNERERO.—[En sus crónicas teatrales] y en otros artículos, que también se citan en la cláusula sexta. (LARRA *repasa el contrato.*) Preveo que podrá escribir pronto cuanto ha tenido que callar. Y lo quiero para mí.
LARRA.—¿Me da una pluma?
CARNERERO.—¡Gracias! *(Va al escritorio y moja una pluma.)* [Siéntese aquí, Larra.] *(Va éste al bufete, se sienta y toma la pluma.)*
LARRA.—Debo recordarle que no pienso dejar de publicar *El Pobrecito Hablador*...
CARNERERO.—¡Este papel no se lo impide! (LARRA *firma y le tiende uno de los papeles, guardándose el otro.* CARNERERO *hace una seña hacia la derecha.)* Brindemos por nuestra revista. (PEDRO *ha entrado con dos copas de champaña servidas en una bandeja. Su señor verdadero lo mira, molesto. El viejo periodista toma las copas y ofrece una.)* [Si me hace el obsequio... (LARRA *la toma y* CARNERERO *alza la suya.)* Por usted, dilecto amigo.
LARRA.—Y por la revista.] *(Dejan las copas sobre la bandeja después de beber. El criado se retira por la derecha y vuelve al punto sonriente.)*
CARNERERO.—Y ahora quisiera [rogarle] que, en prenda de amistad, me aceptase un modesto presente. [Es algo que a usted le falta, lo juraría. Y a un caballero no puede faltarle.
LARRA.—¿A qué se refiere?
CARNERERO.—*(Se acerca.)* Creo como usted que] el duelo es una costumbre bárbara, pero en nuestra [torpe] época es difícil a veces rehuirlo. ¿Tiene usted pistolas?

Larra.—[Acertó.] No [las tengo.]

Carnerero.—*(Con sutil sonrisa, al criado.)* [Trae la caja amarilla.] (Pedro *va al bufete, toma la caja y se la lleva a* Carnerero.)

[Larra.—¡Pero no las necesito!

Carnerero.—Nunca se sabe.] Le ruego que acepte éstas. *(Toma la caja y la abre.)* [Son excelentes.] *(Turbado, el suicida se acerca un tanto al velador y mira con disimulo el arma que en él descansa.)* Le harán falta para las grandes decisiones.

Larra.—*(Se vuelve rápido y lo mira.)* ¿Qué decisiones?

Carnerero.—*(Después de un momento.)* Disparar contra algún ratero, [por ejemplo.] *(Se miran fijamente.* Carnerero *cierra la caja y se la tiende.)* En prueba de gratitud. (Larra *titubea, se acerca despacio. Toma la caja.* Carnerero *sonríe, se pone el sombrero y baja del gabinete para tornar a su oscuro sitio en el café. La luz cambia y las estrellas se divisan mejor. Ensimismado, el escritor le tiende a su criado la caja sin mirarlo.* Pedro *la devuelve a su sitio y se retira en silencio, al tiempo que, por la puerta del fondo, entra* Pepita Wetoret, *enmascarada y con modesto atavío. Absorta en sus pensamientos va a sentarse, lenta, junto al velador y se pone a coser medias que traía en un cestito. La penumbra crece en el aposento y un foco destaca a la mujer. Nota ella algo y mira a su marido.)*

Pepita.—¡Cuánto has tardado!

Larra.—Me entretuve en el café. *(Le da un beso rutinario y va a su bufete, donde repasa papeles. La luz crece.)*

Pepita.—¿Has visto a Luisito?

Larra.—Le he dado un beso al entrar. ¿Y Adelita?

Pepita.—Duerme en su cuna. *(Nerviosa, se pincha con la aguja. Gritito.)*

Larra.—Mujer, ten cuidado. *(En un arranque, la esposa se quita la careta y muestra la aspereza de su rostro amargado.)*

Pepita.—¡Yo necesitaría una doncella! ¡Mira mis manos! [Rojas, pinchadas.]

Larra.—*(Frío.)* Hago todo lo que puedo, Pepita.

Pepita.—¡Todo, no! [Ahora ganas mucho más y yo sigo sin doncella.]

Larra.—Pronto la tendrás.

Pepita.—¿Y por qué no ahora?

Larra.—No me fío de nuestra buena suerte actual. Pueden volver los malos tiempos.

Pepita.—Lo peor de tus temores es que me los contagias a mí. ¿Por qué no escribes como Mesonero? Estaríamos más tranquilos.

Larra.—Mi deber es decir verdades.

Pepita.—¡Tu deber es velar por tu familia!

Larra.—¡Y lo cumplo!

Pepita.—¡No!] Yo apenas salgo, y me agoto en la cocina. El piano..., olvidado. Ni siquiera lo tenemos.

Larra.—Tendrás piano, tendrás doncella... (Pepita *rompe a llorar. Él se acerca y le acaricia el cuello.)* [Antes lo comprendías todo mejor.

Pepita.—Tú te diviertes, yo...

Larra.—No. Te consta que] estoy librando una penosa lucha. *(Baja la voz.)* [Y que tengo miedo.] Pero [también esperanzas. Dame un poco más de tiempo.] Las circunstancias van a mejorar... Yo peleo por [todo] eso, pero tú ya no quieres ayudarme.

Pepita.—Pon tú algo de tu parte... Deja de ser el pobrecito hablador. Te van a meter en prisión... [Vuélvete divertido, amable... para todos. ¡Hazlo por tus hijos!

Larra.—Tienen más de lo que les llega a muchísimos niños que apenas comen.

Pepita.—¡Oh! ¡Qué mal gusto! Si no tienen remedio, ¿a qué hablar de esas miserias?

Larra.—Tienen remedio.

Pepita.—Tú no las vas a arreglar...

Larra—Otros me ayudarán.

Pepita.—*(Con suavidad.)* ¿A destruirte?...] ¿No comprendes que hay que reír, gozar de la vida? Mira: en cuanto nos mudáramos y comprases piano, [con sólo tener doncella y cocinera] podríamos abrir nuestro propio salón.

Larra.—¡No te has casado con un gomoso[49], Pepita! *(Va brusco hacia el fondo.)*

Pepita.—*(Se levanta.)* ¡Me he casado con el miedo!

---

[49] *Gomoso:* se emplea aquí con el significado de «pisaverde» (véase nota 38).

LARRA.—Pero muy mal. *(Toma su chistera.)*
PEPITA.—*(Casi grita.)* ¿Adónde vas?
LARRA.—A tomar el aire.
PEPITA.—*(Se acerca a él unos pasos.)* [¿A tomar el aire...] con otra mujer? *(Llora un niño.* LARRA *mira a su esposa sin responder y va hacia la izquierda.)* ¿Quién te manda las esquelitas[50] que te trae Simón? (LARRA *se detiene un segundo y empieza a subir peldaños.* PEPITA, *pendiente un instante del llanto infantil, corre hacia él.)* [¿Quién es ella?
LARRA.—Adiós. *(Sube otros dos escalones.)*
PEPITA.—]¡Mariano! *(Él se detiene, pero no se vuelve. Ella suspira, llorosa.)* Voy, Adelita. Voy, hija mía... *(Recoge el cestillo y la máscara. Se va presurosa por el hueco de la izquierda. Entristecido,* LARRA *se sienta en los escalones.)*
LARRA.—«Todo es [positivo y] racional en el animal privado de la razón. La hembra no engaña al macho, y viceversa; porque como no hablan, se entienden...»[51]. *(Suspira. Cambia de postura. Se descubre. Su voz suena ahora más honda y dolorida.)* [«Escribir como escribimos en Madrid es tomar una apuntación, es escribir en un libro de memorias, es realizar un monólogo desesperante y triste para uno solo.] Escribir en Madrid es llorar, es buscar voz sin encontrarla, como en una pesadilla abrumadora y violenta. Porque no escribe uno siquiera para los suyos. ¿Quiénes son los suyos? ¿Quién oye aquí?»[52]. *(La luz se va yendo del gabinete al tiempo que crece sobre el bloque izquierdo. Cuando llega a su mayor intensidad aparece en él* DOLORES ARMIJO: *una arrogante criatura de veintiséis años, de labios deliciosos y media máscara deslumbradoramente bella, enmarcada por los azulados brillos de su negra cabellera. Viene leyendo con precaución un billetito, que dobla luego y esconde en su seno. El raso de su elegante vestido cruje cuando se sienta al piano y comienza a tocar.* LARRA *se incorpora y escucha. Curiosamente,* DOLORES *inicia la famosa cavatina de «El barbero de Sevilla».* LARRA *se levanta y adelanta el pie hacia otro*

---

[50] *Esquela:* papel donde se da una cita; más adelante, se emplea *billete* con la misma intención.
[51] «Las palabras», *La Revista Española*, 8 de mayo de 1834.
[52] «Horas de invierno», *El Español*, 25 de diciembre de 1836.

escalón, mirando a DOLORES *sin moverse.* DON JOSÉ MARÍA CAMBRONERO, *esposo de la dama, se reúne con ella. Tiene unos treinta y cuatro años y viste uniforme de Capitán de Caballería. Media máscara de espesas cejas y nariz roma, labios gruesos y sensuales.* DOLORES *deja de tocar.)*
CAMBRONERO.—[Continúa. Yo] voy al Ministerio. Tardaré. *(La besa fríamente.)* Adiós. *(Baja por la parte oculta. Ella reanuda la pieza interrumpida con aire de despecho.* LARRA *termina de subir.* DOLORES *advierte su proximidad, deja de tocar y se vuelve.)*
LARRA.—*(Avanza.)* También a usted le gusta esa cavatina... *(Deja su sombrero sobre el piano.)*
[DOLORES.—Está de moda.
LARRA.—]Las mujeres no pueden cantarla.
DOLORES.—No. Pero usted me recuerda a ese barberillo.
LARRA.—¿Fígaro? Era un despreocupado.
DOLORES.—[También el «factotum della città»⁵³. Como usted.] *(Se levanta. Él le besa la mano.)*
LARRA.—[¿Tengo esa fama? Le aseguro que no la merezco.] ¿Tardará en regresar su esposo?
DOLORES.—*(Suspira.)* Sí. (LARRA *la abraza y besa con pasión.)* ¡Por favor! *(Se desprende, va al lateral y escucha.)*
LARRA.—*(Anhelante.)* Dolores..., ¿cuándo?
DOLORES.—*(Va al primer término y se sienta.)* No sé si debo... ceder.
LARRA.—[Dolores,] usted no ama a su marido, y él le es infiel. [Tampoco tienen hijos... Yo sí, y no voy a dejar de atenderlos. Desprecie el escándalo; nuestro amor es verdadero.] ¿A qué esperar? *(Se inclina y le besa el cuello.)*
DOLORES.—*(Se aparta.)* ¡En mi casa no, Mariano! *(Se ilumina una vez más la puerta cristalera del gabinete.)*
ADELITA.—*(Su voz.)* ¡Pa...pá! *(Se extingue la claridad.* LARRA *ha escuchado. Se toca la frente. Mira a* DOLORES *y se sienta a su lado.)*

---

⁵³ *Factótum:* persona entremetida, que oficiosamente se presta a todo género de servicios. Aquí, la cita en italiano de Dolores establece la relación entre las actitudes de Larra y las del personaje teatral de *El barbero de Sevilla*, de Beaumarchais, del que tomará el nombre para su pseudónimo (véase nota 26).

LARRA.—*(Le toma las manos.)* Vivamos juntos. ¡A la luz del día!

DOLORES.—Déme tiempo... [Debo pensarlo.]

LARRA.—Usted me ama, Dolores. *(Le levanta la barbilla y escruta su rostro enmascarado.)* Ese rostro adorable no oculta nada... No me miente. Sea mía.

DOLORES.—En secreto. Por ahora, en secreto.

LARRA.—*(Trémulo.)* ¿Quiere decir... que accede [a una cita?] (DOLORES *no responde y baja la cabeza.)* He buscado un lugar muy discreto...

DOLORES.—*(Le corta.)* ¡No! *(Él la mira, dolido por su vehemencia.)* Una amiga mía tiene una quinta fuera de puertas... [No está en Madrid y] me ha dejado la llave. Yo... preferiría... ese sitio.

LARRA.—¡Donde usted diga, Dolores! No puede imaginarse lo feliz que me hace. Yo estaba... tan cansado de mi vida vacía...

DOLORES.—¿Cree que yo no estoy también infinitamente hastiada de mentiras? [En los salones, en la Ópera, me sentía, de pronto, muy sola. Y me refugiaba como una colegiala en esos pobres poemitas que a veces intento y que usted ha leído.

LARRA.—Son maravillosos.

DOLORES.—Usted es maravilloso.] Yo vivía triste y despechada hasta que empecé a leer sus cuadernos. ¡Cómo respiré! Al fin, la verdad, [la ironía saludable,] el latigazo a esta sociedad hipócrita... Y pensé: a este hombre sí podría amarlo.

LARRA.—Yo cometí el error de casarme pronto y mal...

DOLORES.—Su bellísimo artículo. Lloré por mí misma cuando lo leí.

LARRA.—*(Acentúa con gravedad el tuteo que inicia.)* [No me equivocaré por segunda vez.] Tú eres ya, para siempre, mi verdadera esposa. [La mujer capaz de compartir mis ilusiones y mis peligros.]

DOLORES.—Sé que me necesitas tanto como yo a ti.

LARRA.—Entonces...

DOLORES.—*(Después de un momento.)* Quizá me resisto porque... lo deseo demasiado. (LARRA *estampa en sus manos ardorosos besos.)* Basta... Basta, bien mío. *(Se levanta, agitada.)* [Espera mis noticias.] Te mandaré un billete con el día, la hora y el sitio. *(Le da un beso rápido en la boca, se zafa de los brazos que intentan retenerla y desciende por las gradas ocultas. Emocionado,* LARRA *toma su sombrero y se vuelve hacia el frente, al tiempo que se ilumina el bloque de la derecha. Abrumado y en pie ante su mesa,* DON HOMOBONO *se quita los manguitos de trabajo y se los guarda. Levanta un manuscrito, lo repasa..., lo deja melancólicamente. Entretanto los dos* VOLUNTARIOS REALISTAS *se miran, perplejos. Agachan la cabeza, se cuelgan al hombro sus fusiles y empiezan a bajar peldaños.* DON HOMOBONO *oye algo y se asoma.)*

D. HOMOBONO.—¿Se van?
VOLUNTARIO 1.º—Cumplimos órdenes.
VOLUNTARIO 2.º—¡Dios hará que volvamos!
D. HOMOBONO.—¡Él les oiga! *(Los* VOLUNTARIOS *bajan al gabinete.)*
VOLUNTARIO 1.º—Discutiremos en el cuartel lo que hay que hacer. *(Van al proscenio y se cuadran. Comienza un jubiloso campaneo lejano.)*
[VOLUNTARIO 2.º—¡Somos más de cien mil en todo el país!
VOLUNTARIO 1.º—No se saldrán con su gusto.] Y ahora, bien derechos. La canalla masónica no debe perdernos el respeto. *(Tuercen a la derecha y salen en formación.* DON HOMOBONO *mira el cercano sillón vacío, recoge su sombrero y empieza a bajar, preocupado, por la escalera. El escritor lo ha observado todo. Se cubre y comienza a descender a su vez. Se miran. Sombrerazos.)*
D. HOMOBONO.—¡Señor de Larra, cuánto celebro verle! [¿Me consiente que le acompañe?
LARRA.—*(Muy serio.)* Será un placer.] *(Terminan de bajar. Se oscurecen los dos bloques.)*
[D. HOMOBONO.—]¿Sabe ya la noticia?
LARRA.—¿La amnistía [otorgada por la reina?]
D. HOMOBONO.—[También,] por supuesto. ¡Al fin, todos reconciliados! Pero... lo demás... *(El Parnasillo se ilumina despacio.)*
LARRA.—¿Hay algo más? *(Bajan del gabinete.)*
D. HOMOBONO.—*(Muy triste.)* Ya lo creo. (LARRA *se dirige a la izquierda; el hombrecillo se aparta hacia la derecha.)*
LARRA.—*(Se vuelve.)* ¿Además, qué, don Homobono? *(Se descubre y les hace un guiño a los escritores de la izquierda.* DON

Homobono *se descubre y saluda a los de la derecha con una gran reverencia.)*
[Carnerero.—¿Además, qué?]
D. Homobono.—¿No lo saben? La bofetada...
Todos.—*(Menos* Larra.) ¿Qué bofetada?
D. Homobono.—*(Se sienta a la mesa de* Carnerero. *En la izquierda ríen disimuladamente.)* La infanta doña Carlota, [en plena Cámara Real,] le ha dado un bofetón...
Vega.—Al excelentísimo señor [ministro] don Francisco Tadeo Calomarde. *(Risas generales.* Don Homobono *parece muy corrido.)*
D. Homobono.—No es cosa de risa.
Carnerero.—Cierto que no. Calomarde le llevó la mano al rey moribundo para que firmase el restablecimiento de la Ley Sálica...
Bretón.—Todos sabíamos que era un carlistón.
Carnerero.—Pero el rey se repone, [la reina Cristina y su hermana doña Carlota se lo afean, se] restaura la sucesión femenina al trono...
Mesonero.—Y al pobre Calomarde lo echan, después de...
Vega.—*(Da una palmada.)* ¡Plaf! El bofetón. *(Risas.)*
Larra.—¡Y su excelencia se hunde para siempre en las tinieblas exteriores!
Vega.—Con una frase, eso sí, que pasará a la historia.
Carnerero.—*(Riendo.)* "Señora..."
Grimaldi.—"Manos blancas no ofenden." ¡El *esprit* francés en su boca, por primera vez!
[Vega.—¡Y última! ¡Mudo para siempre! ¡Autocensurado!]
Carnerero.—¡Viva la libertad, don Homobono! *(Entró por la puerta* Clemente Díaz. *Va a cruzar a la izquierda, pero ve a* Larra *y opta por sentarse en la derecha.)*
Díaz.—Señores...
D. Homobono.—*(Se resuelve.)* ¡Pues bien, [caballeros,] viva la libertad! Yo... me he pasado la vida dulcificando las mutilaciones que ese hombre exigía en los escritos de ustedes. [¡Y ahora lo puedo decir muy alto!] *(Risitas.)*
Larra.—*(Se sienta junto a* Vega.) ¿Le han dejado ya cesante, [don Homobono?]

D. Homobono.—Su excelencia don Francisco Cea Bermúdez aún no ha comparecido en el Ministerio...

Vega.—*(Indignado.)* ¿Espera usted continuar?

[D. Homobono.—Yo haré... lo que me manden.]

Arriaza.—Pues no se mueva de allí, hombre, y aclare su situación cuanto antes.

D. Homobono.—Sí, señor. Mi situación... a favor de la libertad. Porque yo, señores..., yo... *(Se echa a llorar.)*

Grimaldi.—*Mon Dieu!*

Carnerero.—Sosiéguese...

D. Homobono.—Perdonen. Estoy tan confuso... [Me vuelvo allá.] *(Se levanta.)* [Yo espero que... intercedan ustedes por mí. Usted sabe que su *Revista*, señor de Carnerero...

Carnerero.—*(Le corta.)* No pierda el tiempo y vaya a esperar al nuevo presidente.

D. Homobono.—Sí, señor.] Siempre a sus órdenes, señores. *(Se cala el sombrero.)*

Bretón.—Don Homobono, usted no ignorará que estamos al borde de una guerra civil.

[D. Homobono.—Pero... se asegura que a don Carlos lo van a mandar a Portugal.

Bretón.—Y desde allí desautorizará la sucesión femenina, y el rey se enfadará como él sabe hacerlo, y le confiscará todos sus bienes. Y estallará la guerra.]

D. Homobono.—¡Pero triunfará la causa de la libertad!

Bretón.—O no.

[Mesonero.—Nadie sabe cómo termina una guerra...]

Larra.—[Cierto.] Conque [habrá de pensarlo bien.] O se ofrece usted a Cea Bermúdez...

Bretón.—O busca a Calomarde y procura consolarlo. *(Silencio. Se oye en el aire la voz de* Larra.*)*

Larra.—*(Su voz.)* «Nosotros, que creemos que el interés del hombre suele tener, por desgracia, alguna influencia en su modo de ver las cosas (...) juzgamos que *opinión* es, moralmente, sinónimo de *situación*»[54].

---

[54] «El casarse pronto y mal», cit.

D. Homobono.—*(Confundido y humillado.)* Son ustedes la esperanza de la patria, siempre lo he dicho. Adiós, señores. *(Sale aprisa por la puerta.)*

Vega.—¡Hasta el Valle de Josafat![55]. *(Carcajadas.)*

Carnerero.—[¡Venga a mi lado,] queridísimo Larra! Tenemos que hablar. (Larra *se excusa en su mesa y se levanta.* Díaz *se levanta, herido por el nulo caso que le han hecho y, cuando* Larra *se acerca, se aparta hacia la entrada del café.* Larra *ocupa el sitio por él abandonado.* Díaz *cruza con la vista baja y se sienta junto a* Bretón. *Socarrón, se acaricia el ilustre tuerto la barbilla y sonríe.)*

Grimaldi.—*(Oprime un brazo de* Larra *y le indica a* Díaz *cuando cruza.)* Se le han atragantado las dos respuestas de usted al folleto en que le ha atacado.

[Larra.—*(Con aire inocente.)* No se quejará de mi mesura. Incluso le he elogiado algunos tercetos.]

Carnerero.—[*(Ríe.)* Hasta ese lujo se ha permitido, sí, señor.] Grimaldi, dígale de qué hablábamos antes.

Grimaldi.—Comentábamos lo conveniente que sería un nuevo seudónimo suyo en *La Revista Española*.

[Carnerero.—Y Grimaldi ya ha pensado en uno.]

Bretón.—*(Que no los pierde de vista.)* ¿Otro apodo? *(Los de la iquierda lo miran y atienden también.)*

Grimaldi.—[Algo] más... francés, si puedo decirlo.

Carnerero.—O italiano. *(Comienza a oírse, muy suave, la cavatina de Rossini tocada al piano.)*

Mesonero.—[¿Por qué?] Larra es español.

Grimaldi.—¡Y el que yo sugiero!

Vega.—¡Pues no entiendo nada!

Larra.—*(Sonríe.)* Yo sí. [O mucho me engaño, o] usted propone [que adopte] el de *Fígaro*.

Arriaza—¡Asombroso!

Larra.—¡Si es muy fácil! Francés, por Beaumarchais. Italiano, por Rossini. Y español, por Sevilla.

---

[55] Alude Vega al lugar bíblico: «Porque he aquí que en aquel tiempo, cuando yo restaure a Judá y a Jerusalén, congregaré a todas las naciones y las haré bajar al Valle de Josafat [Josafat significa "Yavé juzga"], y allí entraré en juicio con ellas» (Joel, 4, 1-2). El sentido en el texto parece en consonancia con la creencia popular que sitúa en este valle el lugar del Juicio Final.

[GRIMALDI.—*Incroyable!*
CARNERERO.—¿Le gusta?
MESONERO.—Preferiría un pícaro más nuestro.]
GRIMALDI.—[Yo lo creo adecuado. «El factótum de la ciudad»:] el rapabarbas que siempre ríe y a todos trae en jaque.
LARRA.—*(Piensa en* DOLORES.*)* Curiosísimo.
CARNERERO.—¿Por qué? *(El sonido del piano se extingue poco a poco.)*
LARRA.—*(Lo mira, risueño y sin soltar prenda.)* No se hable más. Seré Fígaro.
GRIMALDI.—¡Bravo! *(Y palmea sobre la mesa, ufano.)*
DÍAZ.—O sea, lo de siempre. Fígaro dirá, y nada dirá. (LARRA *lo ha mirado muy atento.)*
VEGA.—[¡Claro que] dirá! Y más [desde hoy,] si quitan la censura.
LARRA.—No lo dé por seguro, Vega. [Pero gracias.]
DÍAZ.—Pues [si no desaparece] habrá que enmudecer. Lo contrario es ceder ante ella.
LARRA.—*(Sin mirarlo.)* O ella ante nosotros. ¿Quién podrá más?
DÍAZ.—¡Embolismos![56] [Hay que hablar claro o callarse.]
LARRA.—Usted ya se calla muy bien, señor Díaz. Déjeme a mí decir algo.
VEGA.—¡Larra, no le conteste!
LARRA.—«Ni somos santos ni autoridades, que son los únicos que a todo el mundo oyen y a ninguno contestan»[57]. (BRETÓN *ríe para su capote.* GRIMALDI, CARNERERO *y* ARRIAZA *ríen abiertamente.* VEGA, *a carcajadas.* MESONERO *sonríe.)*
DÍAZ.—*(Rojo de ira, se levanta.)* Soy yo quien no se digna contestar.
[LARRA.—*(Inocentísimo, a los de su mesa.)* ¿Será un santo? ¿O acaso autoridad? *(Arrecian las risas.)*
DÍAZ.—]Adiós, señores. *(Cruza rápido y sale por la puerta.)*

---

[56] *Embolismo:* confusión.
[57] «Carta de Fígaro a un Bachiller, su corresponsal», *La Revista Española*, 31 de julio de 1834.

CARNERERO.—Asunto saldado. ¡Viva Fígaro! *(Se oscurece el Parnasillo, menos el foco que cae sobre* LARRA. *En la penumbra,* CARNERERO *se despide y sale del café. Otra luz ilumina en el gabinete a* PEDRO, *que espera con un papel en la mano.* LARRA *lo advierte, se levanta y pasa directamente a su sala.* PEDRO *le alarga el billete, que* LARRA *abre y lee. Su rostro resplandece.)*
LARRA.—¡Mi capa! *(El criado la tenía ya en el brazo y se la pone. Su señor va al bufete y guarda el billete en un cajón.)*
PEDRO.—¿No lo destruyes?
LARRA.—Quiero conservarlo. *(Echa la llave.)*
PEDRO.—Tú nunca cierras el bufete con llave. [Y has roto otros billetes de la misma mano.]
LARRA.—¡Cállate! *(Avanza hacia el frente.. Se ilumina el bloque derecho.)*
PEDRO.—[Espera.] ¿No sabes lo que sucede en las alturas?
[LARRA.—No fui testigo.
PEDRO.—Lo imaginaste.] (DON HOMOBONO *aguarda ante su mesa, muy nervioso.* LARRA *suspira y vuelve su vista hacia el bloque. Seguido de* CARNERERO, DON FRANCISCO CEA BERMÚDEZ *sube a su salita por la parte oculta. Es un cincuentón que lleva exactamente el mismo uniforme de* CALOMARDE, *y en nada se diferencia de su antecesor salvo por su media máscara de obtuso y mofletudo jefecillo.* DON HOMOBONO *se inclina profundamente.)*
CEA.—Van a regresar diez mil emigrados; las Universidades se abrirán de nuevo. [Es deseo expreso de su majestad la reina.]
CARNERERO.—Todo el país lo agradecerá, excelencia.
CEA.—[Terminaré con las aduanas interiores, las vinculaciones y los mayorazgos.] Habrá libertad para la industria, la contrata y los despidos de los obreros. El país necesita desperezarse.
CARNERERO.—Pero sin innovaciones peligrosas...
CEA.—¡Así lo diré en mi manifiesto! Se requieren medidas administrativas más que políticas. *(Se sienta, mira a* CARNERERO. *Su tono cambia.)* En cuanto a la prensa, hay que ser cautos, [para no perjudicar las reformas.] Autorizaré algún periódico nuevo, más revistas... [La censura será... más comprensiva. Sé que sus publicaciones no me causarán dificultades.]

CARNERERO.—Seré su más leal colaborador, excelencia. Siempre a sus órdenes. *(Se inclina respetuosamente y baja por la parte oculta.* DON HOMOBONO *vuelve a inclinarse, muy inquieto. Quizá tose un poquito.* CEA *lo mira.)*

D. HOMOBONO.—Excelentísimo señor don Francisco Cea Bermúdez...

CEA.—Diga.

D. HOMOBONO.—He sido siempre un fiel servidor del Estado... [Si vuestra excelencia resolviese que puedo seguir en mi puesto...]

CEA.—*(Frío.)* [Don Manuel Abad permanece en el suyo y usted seguirá a sus órdenes.] Tampoco en la Administración convienen innovaciones peligrosas. [Y el señor Carnerero me ha hablado bien de usted.] Trabaje y consulte cuando tenga dudas.

D. HOMOBONO.—*(Que ve el cielo abierto.)* A...gra...decidísimo, excelencia. *(Se sienta y se pone con torpe diligencia los manguitos. La luz se va del bloque.)*

PEDRO.—Ya sabes a qué atenerte. Acude a tu cita. *(Señala al frente, donde se oye ruido de cascos y de ruedas.* LARRA *baja del gabinete y se acerca, ansioso, a la derecha. Se ilumina el primer término; el café y sus inmóviles parroquianos siguen en penumbra. Cesa el ruido. Discretamente vestida de oscuro y con un velo de crespón que le oculta el rostro, entra* DOLORES ARMIJO. LARRA *le besa la mano.)*

DOLORES.—¡Aprisa! [¡Que nadie nos vea!]

LARRA.—Vamos. *(Suben al gabinete, oscuro salvo el foco que los ilumina.)*

DOLORES.—Debo volver pronto a casa... Le he dicho al cochero que espere.

LARRA.—Yo he esperado mucho más, Dolores mía. ¿Me dejas? *(Aparta su velo. Aparece la atractiva máscara de* DOLORES. *La abraza y besa apasionadamente.)* [¡Gracias, cielo mío!] ¡Sin ti estaba muerto! ¡Hoy revivo!

DOLORES.—Ya hay un matrimonio roto y vamos a romper otro...

LARRA.—Los dos estaban destruidos. *(Abrazada por el talle la lleva hacia el fondo. A punto de salir por el hueco derecho, el gabinete se ilumina de pronto fuertemente.* LARRA *se detiene, sorpren-*

dido, y se separa de DOLORES, *que permanece de espaldas, inmóvil y con la cabeza baja.* LARRA *mira a* PEDRO.)
PEDRO.—No. Tú ya no quieres revivir la más intensa hora de tu vida. [Aquella gloria de vuestra carne y —creías— de vuestras almas,] te resulta [ahora] insoportable. (LARRA *baja la cabeza.*) ¡Más que cualquier otro de tus [insoportables] recuerdos! [Ahora no podrías resistir las imágenes de aquella tarde, y aún tienes que llegar al final.]
LARRA.—¿Entonces?
PEDRO.—[Basta el recuerdo sin imágenes.] Sal con tu amante [de la quinta] y revive el infierno que te resta. (LARRA *suspira hondamente. Enlaza de nuevo a* DOLORES *y vuelve con ella hacia las sillas. La luz se va despacio y, con la misma lentitud,* PEDRO *sale por la izquierda.* LARRA *entrega a* DOLORES *su velo y ella se lo pone, mientras el escritor se pone su capa y su sombrero. Entretanto, la luz crece en el primer término de la escena y* CAMBRONERO, *de paisano y con bastón, entra por la derecha y aguarda impasible. Los amantes se cogen del brazo y avanzan, muy amartelados. Bajan del gabinete y, al girar, se enfrentan con el marido burlado.* DOLORES *gime sordamente y retrocede, tirando de* LARRA.)
CAMBRONERO.—[¡Quietos!] (DOLORES *se refugia tras su amante.*) [Aquel coche te espera,] Dolores. Vuelve a casa.
LARRA.—¡Señor de Cambronero!
CAMBRONERO.—¡Hablo con mi esposa!
DOLORES.—¡José María, [te juro que te equivocas!] *(Da unos pasos hacia él.)* El señor de Larra me ha visto sola y se ha brindado a acompañarme. *(Su marido saca entretanto el billete y se lo muestra.)*
CAMBRONERO.—Ésta es tu letra. *(Ella gana un paso, observa el papel y se lleva las manos al rostro.* LARRA *se interpone.)*
LARRA.—*(Ha reconocido la esquela con asombro y tiende la mano.)* ¡Ese papel es mío!
CAMBRONERO.—Ya no. *(Se lo guarda.)*
[LARRA.—¿Cómo ha llegado a usted?
CAMBRONERO.—¡No tiene usted el derecho de preguntármelo!] ¡Sube al coche, Dolores!
LARRA.—¡La señora irá conmigo!
DOLORES.—[¡No, señor de Larra! Debo obedecer a mi marido.] *(A* CAMBRONERO.) He hecho mal, lo reconozco.

(Llora.) Pero una mujer ofendida necesita confiarle a alguien sus penas... Larra sólo es un amigo [generoso y] paciente, que escucha... Te lo juro. [¡Larra, júrelo usted también! Es usted hombre de honor y él le creerá.

LARRA.—*(Amargo.)* ¡Dolores!

DOLORES.—*(A su esposo.)*] ¡No te entregues a la cólera, no des pábulo a las habladurías!

CAMBRONERO.—¡Vuelve a casa!

DOLORES.—Señor de Larra, confío en su caballerosidad. (LARRA *la está mirando con obsesiva fijeza. Con la cabeza humillada,* DOLORES *sale por la derecha. A poco, llega el ruido de los cascos que se alejan.*)

CAMBRONERO.—Si hubiese venido de uniforme, le habría partido el cráneo con mi sable.

LARRA.—*(Se vuelve hacia él.)* ¿Va a retarme?

CAMBRONERO.—Espere mis noticias.

LARRA.—[Le ahorraré gestiones inútiles.] Yo no me batiré.

CAMBRONERO.—[¿También cobarde?] Entonces me daré el gusto de apalearle ahora mismo. *(Empuña su bastón.)* A no ser que me dé su palabra de honor de que mi esposa es inocente...

LARRA.—[Basta, señor de Cambronero.] Usted ha venido en traje civil sabiendo bien lo que hacía. [Usted] no quiere batirse y yo tampoco. Ahórreme su canto al honor y a otros embustes.

CAMBRONERO.—*(Irritado.)* ¿Embustes?

LARRA.—[Antes de hablar de honor] recuerde que tiene una querida.

CAMBRONERO.—¿Y usted? ¿No ha traicionado a su esposa?

[LARRA.—Me traicionó ella antes.

CAMBRONERO.—*(Sardónico.)* ¿Puedo saber con quién?]

LARRA.—[Me refiero a otras traiciones.] *(Se aparta y se sienta, sombrío, en el escalón del gabinete. Habla sin mirar a* CAMBRONERO.*)* [Mi matrimonio es como el suyo: una mentira.] Más sincero que usted con Dolores, yo voy a separarme de Pepita. La libertad es nuestra única dignidad. [Y el amor, nuestra única verdad.] Por una mujer que debió ser la mía, [que es la mía,] a todo estoy dispuesto. Y usted pretende encadenarla mientras se distrae con mujerzuelas... [Pues, lo quiera o no,] yo romperé esas cadenas. [Y ahora, déjeme solo.]

CAMBRONERO.—*(Se acerca.)* Tuve otros indicios antes de esa esquela, y callé. [Porque] es cierto: yo tampoco quiero batirme. (LARRA *lo mira sorprendido.* CAMBRONERO *se despoja lentamente de su careta y aparece un semblante triste y desvalido.)* Pero [la opinión ajena me es muy cara.] Es preciso que subsista la mentira [de que mi mujer no me engaña, y también las demás mentiras] que sostiene[n] el mundo. Con sus verdades corrosivas usted no lo mejorará. Si no hay duelo es que mi mujer no me engaña: [eso es lo que todos deben creer.] Por eso no le desafío. Por eso... y porque [ella no lo merece.] (LARRA *lo mira, iracundo.* CAMBRONERO, *que parece súbitamente cansado, se sienta no lejos de él.)* Usted no ha sido el primero.

LARRA.—*(Colérico.)* ¿Qué dice?

CAMBRONERO.—Míreme. *(El escritor observa su cara desengañada, su mirada sin brillo.)* Le estoy diciendo la verdad. [Su devota admiradora no ama a Larra, como tampoco a los anteriores.] (LARRA *se levanta, descompuesto.)* Una embustera, [y usted lo sabe.] Usted no ha podido jurarme que nada grave ha sucedido. Pero ella juró.

LARRA.—Ella no quería que corriera sangre. Vendrá conmigo cuando pierda ese miedo que [todos ustedes] le han inculcado. [Y entonces la enseñaré a no mentir.]

CAMBRONERO.—[No. Usted y ella] no darán mal ejemplo, [y los rumores se apaciguarán.] La alejaré de Madrid... y también yo me iré. He solicitado la Secretaría del Gobierno de Manila. [Me iré, y todos callaremos.] *(Se levanta.)* Usted [no la volverá a ver y] terminará por olvidarla.

LARRA.—*(Desvía la vista.)* Nunca.

CAMBRONERO.—Peor para usted. Adiós. *(Se cubre y se encamina hacia la derecha.)*

LARRA.—¡Señor de Cambronero!

CAMBRONERO.—*(Se vuelve rápido, con la faz crispada.)* ¿No quería la verdad? Ya la tiene. *(Sale y se ilumina el gabinete. Con mantilla y tocado,* PEPITA *entra por la izquierda del fondo con una maleta en la mano. No lleva máscara. Su marido la divisa y pasa al gabinete.)*

LARRA.—*(Deja su sombrero en una grada.)* [¿Adónde vas?]

PEPITA.—*(Asombrada, deja la maleta en el suelo.)* ¿Has vuelto?

LARRA.—[Siento contrariarte.] Dos caballeros no se matan en las afueras. Se envían los padrinos, fijan fecha...
PEPITA.—¿Vas a batirte?
LARRA.—No.
PEPITA.—*(Hacia la puerta.)* ¡Simón!
LARRA.—*(Se acerca a ella.)* Tú has descerrajado mi bufete y le has enviado a Cambronero una esquela de su esposa.
PEPITA.—¡No lo niego! [Me has ofendido y no puedo tolerarlo.] Me voy con mi madre y me llevo a mis hijos. Adiós. *(Recoge la maleta. Él se interpone.)*
LARRA.—Quieres abandonar el domicilio conyugal [sólo] por vanidad. [¡Por vanidad, un escándalo!] El marido es un cobarde que no ha querido batirse: que Madrid lo sepa y te compadezca. ¡Una lástima! Si desapareciese el bribón de Larra, quizá no faltase el galán dispuesto a apreciar tus buenas prendas... Ese tercer hijo que estás gestando ya es suyo.
[PEPITA.—¡Nunca he conocido a otro hombre!
LARRA.—Aunque así sea.]
PEPITA.—¿Estás loco? [¡Déjame pasar!]
LARRA.—Cuando lo engendraste pensabas en ese príncipe de cuento con el que sueñas, no en mí. Te he faltado, pero tú me faltaste antes, al negarte a compartir mi lucha y mis zozobras. Sólo querías fiestas, juegos, mimos...
PEPITA.—*(Se separa hacia el frente.)* ¡No se pueden oír tales infamias!
LARRA.—No las oirás más. Porque, [en efecto,] vamos a separarnos. Pero [no hoy.
PEPITA.—*(Se encara con él.)* ¡Saldré ahora mismo!
LARRA.—*(Se acerca.)* Nos separaremos] sin novelerías. Estaréis atendidos y veré a los niños cuando me plazca. Así se hará y no de otro modo, aunque ya estés muerta.
PEPITA.—¿Qué dices?
LARRA.—*(Ríe.)* Y [después de lo que hoy has hecho,] sin resurrección posible. Eres... mi difunta[58]. *(Le indica con la cabeza que salga. Ella solloza.)*

---

[58] Así alude a Pepita en la carta que envía a sus padres desde Londres el 27 de mayo de 1835 *(Colombine, Fígaro...,* cit., pág. 174). Puede verse el autógrafo de esta carta en la página dedicada al autor en la Biblioteca Virtual Cervantes.

Pepita.—¡Me escatimabas el dinero para derrocharlo con esa perdida!
Larra.—*(Frío.)* [Tal vez. No soy perfecto.] Pero tú ya habías muerto. *(Cruza ella llorando y sale por el hueco de la izquierda, llevándose su maleta.* Pedro *entra al mismo tiempo por el hueco derecho. El escritor se adelanta hacia el frente.)*
Pedro.—*(Risueño.)* Barba Azul cerró la sala de sus muertas para que su esposa la abriese y poderla matar[59]. Tú has cerrado ese escritorio que nunca cierras para que tu mujer lo abra. [Así te has cargado de razón] y desde ahora será tu difunta.
Larra.—¡Quise [que lo descubriese para] salir de esta situación!
Pedro.—[Para que cometiese una sandez, y te has salido con la tuya. Pero] te compadezco.
Larra.—¿Por qué?
Pedro.—Por Dolores. Ahora, sube. (Larra *suspira y va, a desgana, a los peldaños de la derecha. El bloque se ilumina.)*
Larra.—¿Para qué?...
Pedro.—Sube. *(El escritor sube despacio mientras su voz suena en el aire.)*
Larra.—*(Su voz.)* «Síntomas alarmantes nos anuncian que el hablador padece de la lengua: fórmasele un frenillo que

---

[59] Pedro se refiere al terrible personaje, prototipo de la actitud misógina, concebido por Charles Perrault en 1697, que mata a sus mujeres y almacena sus cadáveres en una habitación, aunque nadie supo lo que allí se encerraba, hasta que la esposa protagonista del final de la historia desobedece la prohibición de su marido de entrar en el funesto cuarto y descubre el horror; él, alertado de la indocilidad de su mujer por la sangre que mancha irremediablemente la llave que le entregó con la orden de no utilizarla, la persigue para consumar su amenaza de muerte; no obstante, la oportuna llegada de los hermanos de la joven lo impide. Buero, gran lector desde muy niño de toda clase de relatos, deja traslucir su imaginario infantil en no pocas ocasiones. Baste recordar cómo el cuento de *La lechera*, heredero del medieval de Doña Truhana, subyace en la imagen de la leche derramada, al final del acto primero de *Historia de una escalera;* los míticos tesoros escondidos y el enanito que ayuda a su búsqueda o la obstaculiza forman parte de los elementos argumentales de *Irene, o el tesoro;* la fábula dramática de *Como un cuento de hadas* es la reutilización de la narración de Perrault *Riqueta el del copete;* y *Caimán* posee su origen en «un mito de los Mayas o de los Incas, no recuerdo ahora...», como explica Rosa, la protagonista, en la Parte primera de la obra.

le hace hablar (...) menos enérgicamente que en su juventud. ¡Pobre Bachiller!»[60]. *(Ya arriba, LARRA se acerca al hombrecillo de la pluma.)*

D. HOMOBONO.—¡Don Mariano, siempre es un placer verle! Aunque hoy... *(Se levanta.)* no tanto.

LARRA.—¿Por qué?

D. HOMOBONO.—*(Recoge una carpeta atada con balduque)*[61]. Le he defendido..., hasta arriesgar mi puesto..., sin resultado.

LARRA.—El liberal Gobierno de Cea me está prohibiendo muchos artículos. ¿Cuáles han caído ahora?

D. HOMOBONO.—*(Baja la vista.)* Todos.

LARRA.—¿Qué?

D. HOMOBONO.—*(Le tiende la carpeta.)* Al comienzo verá usted una notita sin firma... Esta publicación se suspende. *(Los ojos del escritor echan chispas, pero se contiene.)*

PEDRO.—Y pensaste: [me] quieren [anular.] Reducirme a cronista de teatros.

LARRA.—*(Muy serio.)* [Será entonces que] «lo que no se puede decir, no se debe decir»[62].

D. HOMOBONO.—[¡Justo! Y] me alegra que [usted] lo comprenda.

LARRA.—¡Ah, de mi comprensión no tenga duda! «Leyendo en el gran libro (...) de las revoluciones (...) debemos aprender algo en él, y no seguir las mismas huellas de los países demasiado libres, porque vendríamos a parar al mismo estado de prosperidad que aquellas (...) naciones.» Lo sensato es ser siempre ministerial, ¿verdad? «El ministerial anda a paso de reforma» (...)[63].

D. HOMOBONO.—¡Exacto!

LARRA.—(...) «Es decir, que más parece que se columpia, [sin moverse de un sitio,] que no que anda»[64].

---

[60] «Vuelva usted mañana», cit.

[61] *Balduque:* cinta estrecha, por lo común encarnada, usada en las oficinas para atar legajos.

[62] Como en otras ocasiones, el personaje reproduce el título de su artículo («Lo que no se puede decir no se debe decir», *El Observador,* octubre de 1834, publicado en la *Colección* de 1835).

[63] «La policía», *La Revista Española,* 7 de febrero de 1835.

[64] «El ministerial», *La Revista Española,* 16 de septiembre de 1834.

D. Homobono.—*(Algo mosqueado.)* ¡Ejem!... Usted bromea.
Larra.—¿Con un funcionario de Calomarde? ¡Pobre de mí!
D. Homobono.—De Cea Bermúdez...
Larra.—Cierto. [«Nuestra España, que Dios guarde (de sí misma sobre todo)» vive ahora bajo el paternal gobierno de Cea.] ¡Si seré distraído! Y es que al país se le podría decir: «¡Hombre, por usted no pasan días! Por nuestra patria efectivamente no pasan días; bien es verdad que por ella no pasa nada: ella es [por el contrario] la que suele pasar por todo»[65]. Déme eso. (Don Homobono *le entrega la carpeta.*) Buenas tardes. *(Se aleja.)*
D. Homobono.—[Créame que] lo siento.
Larra.—*(Se vuelve.)* Yo me alegro.
D. Homobono.—¿Se alegra?
Larra.—*(Se acerca.)* «Géneros enteros de la literatura han debido a la tiranía y a la dificultad de expresar los escritores sus sentimientos [francamente] una importancia que sin eso rara vez hubieran conseguido»[66]. Conque imagínese lo importante que me siento, [y no es chanza.] Adiós. *(Empieza a bajar peldaños. La luz abandona el bloque.* [*La melancólica voz de* Larra, *en el ambiente.)*
Larra.—*(Su voz.)* «... Hecha abstracción de lo que no se debe, de lo que no se quiere, o de lo que no se puede decir, que para nosotros es lo más (...), dejamos el puesto humildemente a quien quiera iluminar la parte del cuadro que nuestro pobre pincel ha dejado oscura»[67].] *(Ya abajo,* Larra *tira la carpeta sobre su escritorio y se apoya, desalentado, en el sillón.)*
Pedro.—[Habrá que seguir escribiendo en la revista de Carnerero. (Larra *lo mira.)*] Ya te has separado de tu difunta, pero Dolores se ha ido. [Apenas puedes verla en Badajoz, porque está muy vigilada, o lo parece...] El marido ordena desde Filipinas que la lleven a un convento de Ávila.

---

[65] «Ventajas de las cosas a medio hacer», *La Revista Española,* 16 de marzo de 1834.
[66] «*Panorama matritense.* Cuadros de costumbres de la capital observados y descritos por un curioso parlante. Artículo segundo y último», *El Español,* 20 de junio de 1836.
[67] «Conclusión», *El Pobrecito Hablador,* 22 de marzo de 1833.

Larra.—Eso es [más tarde.] En el 34.
Pedro.—¿Todavía no entiendes?
Larra.—Estamos en 1833.
Pedro.—Sí. En el principio de la gran esperanza. Los emigrados regresan... [y notas que vienen] con sus caretas.
Larra.—Excepto uno.
[Pedro.—Excepto uno.] *(El Parnasillo se ilumina. Díaz y el Padre Froilán han vuelto a sus sitios. Todos miran al frente y susurran.)*
Todos.—*(Menos el* Padre Froilán.*)* Se muere... *(Algo más fuerte.)* ¡Se muere!... *(Más fuerte.)* ¡Se muere!
Arriaza.—*(Amedrentado.)* ¿Se muere?
P. Froilán.—*(Enérgico.)* ¡No se muere!
Carnerero.—*(Preocupado.)* Se muere.
Bretón.—*(Despectivo.)* ¡Y no se muere!
Grimaldi.—*(Caviloso.)* Se muere...
Vega y Mesonero.—*(Con tenaz convicción.)* ¡Se muere!
P. Froilán.—*(Enfurecido.)* ¡No se muere!
Carnerero y Arriaza.—*(Poniéndole en los hombros sus manos conmiserativas.)* Sí... Sí se muere... *(Repentino silencio. Por la puerta del café entra* Don Juan Nicasio Gallego, *un sacerdote de sesenta años orondo y arrogante, de blanco cabello y media máscara de ojos bajos. Se detiene un instante y todos se levantan, pendientes de él. Doblan a muerto.* Gallego *levanta un dedo solemne.)*
Gallego.—Su majestad el rey don Fernando VII acaba de expirar.
Todos.—*(En un grito unánime donde hay muchos matices.)* ¡Ha muerto!
Carnerero.—Sea muy bien venido el reverendo Juan Nicasio Gallego, que padeció injusticia por la libertad. *(Abrazan unos al Padre; otros le besan la mano.)*
[Gallego.—No exageremos. Aunque en Madrid me estaba prohibido vivir hasta ahora, yo regresé el 28.]
Bretón.—Padre Gallego...
Díaz.—Clemente Díaz, poeta, para servirle. *(Va el Padre de unos a otros, prodigando saludos.)*
Arriaza.—*(Turbado.)* Un abrazo..., después de estos años.
[Gallego.—Otros muchos han regresado en estos días. ¡La flor y nata!]

P. Froilán.—*(Después de gruñir algo.)* ... ¡de toda la Masonería!
Gallego.—Amados hijos: ¡Viva la libertad!
Todos.—*(Menos el* Padre Froilán.*)* ¡Viva! *(El cura gruñidor, que no ha saludado a su compañero de hábitos, se desliza hacia la puerta murmurando algo ininteligible. Sale del café, bajo las risas de la izquierda.)*
Bretón.—Va a esconderse. *(Risas.)*
Gallego.—[Tengamos caridad...] Es penoso que la Iglesia esté dividida. *(Se sienta en la silla abandonada por el* Padre Froilán. *Se oscurece el gabinete y un foco cae sobre* Larra *y* Pedro, *que atienden.)* Pero [como] lo está el país... Ahora María Cristina es la regente y la infantita Isabel, nuestra reina. Y don Carlos no puede tolerarlo.
Carnerero.—Hay partidas carlistas hasta en Talavera...
Gallego.—Que Dios nos ayude. *(Luz en el bloque derecho.* Cea *se levanta.)*
Cea.—¡Confiscación inmediata de todos los bienes del pretendiente! [¡Destitúyanse de sus Capitanías Generales a los condes de Casa Eguía y de España!]
D. Homobono.—*(Escandalizado.)* Pero, excelencia...
Cea.—*(Amargo.)* No hay más remedio. *(Desciende de su podio y se va.* Don José de Espronceda *entra por la puerta del café y permanece junto a ella. Apuesto, de ojos ardientes, negra melena, bigote y perilla. Veintiocho años agresivos. No lleva máscara.)*
Pedro.—[En efecto. Para él ya no lo hay. La regente tiene que apoyarse en los constitucionales si quiere conservar la corona para su hija. ¡En los hombres que persiguió su esposo!] Hasta los generales piden Cortes Constituyentes, [de las que Cea no quiere ni oír hablar.] La regente se ve forzada a nombrar otro primer ministro y elige con tal tino entre los que han vuelto, que a todos os complace.
Larra.—Martínez de la Rosa. 15 de enero de 1834. *(Entra y se sienta en el podio* Martínez de la Rosa: *melena gris, media máscara de nariz fina, frente noble, chupadas mejillas, uniforme idéntico al de* Cea.*)*
Pedro.—*(Con zumba.)* También tú le prodigas alabanzas. [Es un gran dramaturgo y lo admiras.] Escribes... *(La voz de* Larra *en el ámbito.)*

LARRA.—*(Su voz.)* «¡Un Estatuto Real, la primera piedra que ha de servir al edificio de la regeneración de España y un drama lleno de mérito!»[68]. *(Avergonzado, el escritor baja los ojos.* MARTÍNEZ DE LA ROSA *se levanta. Tembloroso, se levantó el censor.)*

D. HOMOBONO.—Excelentísimo señor...

MARTÍNEZ.—*(Lo mira, severo.)* Sí... Me han hablado de usted... ¡Ya le daré nuevas instrucciones!

D. HOMOBONO.—*(Casi conmocionado.)* Se...rán...fi...fidelísimamente cumplidas, excelencia. *(Con un movimiento, el ministro le manda sentarse.)*

MARTÍNEZ.—Los siguientes decretos entrarán en vigor inmediatamente. Supresión definitiva del Tribunal de la Inquisición...

TODOS.—*(En el Parnasillo, menos* ESPRONCEDA. ARRIAZA *sí aprueba, pero con lánguidas cabezadas.)* ¡Bravo!

[MARTÍNEZ.—Reorganización de la Milicia Urbana...

TODOS.—*(Lo mismo.)* ¡Viva!]

MARTÍNEZ.—Disolución del Voluntariado Realista y apertura de proceso a sus jefes...

TODOS.—*(Lo mismo.)* ¡A la cárcel los asesinos!

MARTÍNEZ.—Quinta de 25.000 hombres para acabar con la sublevación facciosa[69].

TODOS.—*(Lo mismo.)* ¡Bravo! ¡Magnífico!

MARTÍNEZ.—Frente a la Santa Alianza del pasado, la Cuádruple Alianza que los tiempos imponen. Francia, Inglaterra y Portugal firmarán ese tratado, que será bastión imbatible ante [cualquier intentona de] la facción.

TODOS.—*(Lo mismo.)* ¡Viva España!

VEGA.—¡Y ahora, la Constitución! (MARTÍNEZ DE LA ROSA *se sienta.)*

DÍAZ.—¡Y las libertades! (MARTÍNEZ DE LA ROSA *permanece impasible.)* ¿O no va a haber Constitución y libertades?

---

[68] «Representación de *La Conjuración de Venecia,* año 1310. Drama histórico en dos actos y en prosa, de don Francisco Martínez de la Rosa», *La Revista Española,* 25 de abril de 1834.

[69] *Faccioso:* rebelde armado; aquí, referido a los carlistas. Véase Larra, «La planta nueva, o el faccioso», *La Revista Española,* 10 de noviembre de 1833; Galdós traza también su perfil y actuaciones en los *Episodios Nacionales (Un faccioso más y algunos frailes menos).*

Martínez.—Habrá un Estatuto Real. En él se recogerán las justas aspiraciones por las que hemos luchado tantos años... *(Calla un momento.)* atemperadas a las exigencias del presente.

Grimaldi.—Entonces, esperemos.

Mesonero.—Esperemos.

Pedro.—Con ilusión, ¿por qué no? [Un hombre como él no puede defraudar. Y aún no sabéis que le van a llamar «Rosita la pastelera»[70].]

Larra.—Defraudó.

Pedro.—Eras muy joven y entusiasta... Pero no tonto. Como tampoco lo era el hombre sin máscara. Ve con él. *(Cruza la penumbra y se retira por un hueco del fondo.* Larra *va avanzando poco a poco hacia el proscenio.)*

Vega.—¡Con esa quinta, la guerra será un paseo militar!

Gallego.—[No sé...] Hay mucho clero con don Carlos, [en el campo y en las ciudades.]

Arriaza.—Y los frailes, todos carlistas.

Díaz.—¿Y por qué van a ser carlistas?

Espronceda.—*(Se adelanta.)* Porque no quieren el cierre de sus conventos ni la confiscación de sus bienes, medidas ineludibles para remediar el peso muerto de nuestra arcaica distribución de la propiedad. [Ustedes hablan mucho, pero, ¿comprenden las verdaderas causas que enfrentan a españoles contra españoles?] (Larra *ha pasado al primer término.* Espronceda *y él se hallan frente a frente.* Mesonero *se levanta y se acerca a* Larra *para hablarle aparte. El Parnasillo se va oscureciendo y dos focos iluminan a los dos jóvenes escritores.)*

Mesonero.—Mírelo. [Él siempre sabe más que nadie. Engola la voz.] Se siente un personaje de teatro. Pero se le nota la máscara.

Larra.—Yo diría que no la lleva.

Mesonero.—Ya lo irá conociendo. *(Y sale, lento, por el lateral izquierdo.)*

Espronceda.—Las causas que enfrentan entre sí a los españoles [no son bizantinas cuestiones sucesorias.] Son intere-

---

[70] Así fue apodado Martínez de la Rosa por el semanario exaltado *El Zurriago*, por sus numerosas componendas políticas.

ses inconfesables. Hablan unos [de sus sagradas creencias y] de los fueros tradicionales, pero defienden la Ley Sálica, que es francesa, para que don Carlos sea rey. Otros hablan de las libertades... y las quieren para que [el dinero se mueva y] sus caudales crezcan. [Si para ello hay que defender el derecho de las hembras a reinar, que es pura tradición, lo proclamarán con el mayor fervor con tal de que la reina les deje hacer... Los primeros quieren mantener sus rentas no ganadas y los segundos arrebatarles el pastel. Acabarán entendiéndose,] y el pueblo seguirá en la miseria. [Esta guerra es una farsa:] mañana pactarán los ricos de ambos bandos. Y sin embargo hay que apoyar al bando [que se dice] liberal, porque algún paso sí daremos. He pedido ya mi ingreso en los Guardias de Corps, pero no dejaré de escribir. Fundo una revista con Vega y Ros de Olano: *El Siglo*. ¡Se acabaron las medias palabras!

CARNERERO.—*(Desde su penumbra.)* ¿Una revista más?

ESPRONCEDA.—[Señor de Carnerero,] el tiempo de los privilegios editoriales ha concluido.

LARRA.—*(Da unos pasos hacia él.)* Espronceda... [Óigame unas palabras reservadas.]

ESPRONCEDA.—¡Larra!

LARRA.—Para servirle.

ESPRONCEDA.—Leo todos sus artículos. ¡Déme un abrazo! *(Se abrazan.)* Nos necesitamos.

LARRA.—*(Lo lleva algo más adelante.)* Desconfíe de este Parnasillo, a donde también concurren [ministeriales,] censores y policías. Usted [viene del destierro y] cree que las precauciones se han terminado. Pero [no se han terminado.

ESPRONCEDA.—Amigo Fígaro, Martínez de la Rosa es un viejo luchador. No nos traicionará.

LARRA.—Así es, pero...] Conozco a mis batuecos. Lo que los dos deseamos ni mentarlo podemos.

ESPRONCEDA.—¿A qué se refiere?

LARRA.—A la soberanía popular, que es la única indiscutible. En esta guerra somos todavía defensores de una reina por la gracia de Dios... y hemos de seguir usando las medias palabras.

ESPRONCEDA.—*(Irónico.)* Me explico sus cautelas. Ha pasado aquí los peores años.

[Larra.—No baje la guardia y proteja su nueva revista de puñaladas hipócritas.

Espronceda.—*(Superior.)* Acepte un consejo, mi prudente amigo: deje de temer.]

Larra.—Escuche, Espronceda. Su amante es una mujer casada. He oído que, desde hace un mes, no sale de su piso. ¿Por qué?

Espronceda.—*(Ceñudo.)* Prefiero no hablar de eso.

[Larra.—*(Señala al Parnasillo.)* Aquí todo se comenta. Aseguran que ella se ha ofrecido a un amigo de usted si éste lo mataba.

Espronceda.—¡Por favor!]

Larra.—[Luego es cierto. ¿Y por qué cree que nos suceden esas cosas?] Ustedes eran felices en el extranjero. Pero [aquí,] bajo el tremendo peso de la pacatería española, ella [enloquece. Y] lo abandonará, como a mí la mía.

[Espronceda.—¿A usted?

Larra.—A la nuera del magistrado Cambronero, cuyo marido la desprecia y la engaña, la ha separado de mí la hipocresía batueca.]

Espronceda.—*(Después de un momento.)* Pues bien, tanto peor. [Riamos y olvidemos.] Si es preciso, iré a Navarra a combatir.

Larra.—Esa lucha es más franca que la de aquí. Aquí, le repito: desconfíe de los batuecos.

Espronceda.—Larra, discrepamos. Pero esta mano será siempre la de un amigo. [*(Leve cambio de coloración en la luz que los alumbra, y que* Larra *advierte con vaga aprensión.)* Y aunque haya tratado cruelmente a esa obrita que Ros de Olano y yo dimos al teatro[71]...

Larra.—¿De... qué habla?

Espronceda.—Me dolió... Pecó usted de severo. ¡Al fin, crítico! Pero no lo hizo por mala fe sino a causa de su tempe-

---

[71] *Ni el tío ni el sobrino* es el título de la obra aludida por Espronceda, que Larra criticó en su artículo «Primera representación de *Ni el tío ni el sobrino*, comedia original en tres actos y en verso, compuesta por dos ingenios», *La Revista Española*, 28 de abril de 1834.

ramento, demasiado reflexivo. Hace tiempo que se lo he perdonado.

LARRA.—Y eso... ¿no sucedió el año 34?

ESPRONCEDA.—Sí. ¿Y qué?

LARRA.—Y... ¿no estamos en el 33? *(Corta pausa.* ESPRONCEDA *responde con una voz fría, metálica.)*

ESPRONCEDA.—Y qué.

LARRA.—*(Sobrecogido.)* Nada.

ESPRONCEDA.—Fígaro, permanezcamos unidos.

LARRA.—*(Lo mira con enorme suspicacia.)* Me pregunto si no podría yo hacerle decir a usted... palabras muy distintas... si se me antojara.

ESPRONCEDA.—*(Lo mira, inquieto.)* Lo que dice... me desconcierta... Está usted fatigado. *(La luz ha vuelto suavemente a su estado anterior.* LARRA *lo nota y respira con alivio.)*

LARRA.—Los dos estamos fatigados. Y casi anulados.

ESPRONCEDA.—¡Yo no!

LARRA.—Sí. Porque somos muy semejantes. Para pelear sin desmayo, necesitamos a otro ser... que nos falta.

ESPRONCEDA.—*(Desvía la vista.)* Teresa huyó a Valladolid. Fui a buscarla y la traje conmigo. Está en casa. Pero crispada, rencorosa...

LARRA .—*(Con sincera tristeza.)* Las Batuecas.

ESPRONCEDA.—]*(Suspira y reacciona.)* Hay que seguir, [Larra.]

LARRA.—Unidos. *(Van al gabinete.* ESPRONCEDA *sube unos peldaños de la escalera derecha y se reclina en ellos.* LARRA *se recuesta en la escalera izquierda. Se ilumina entretanto el Parnasillo.)*

VEGA.—¡Fígaro está en lo cierto! El Estatuto Real ha sido una carta otorgada, no una Constitución.

DÍAZ.—Y la censura, en su sitio.

GALLEGO.—Con alguna otra gente. No olvide que me han conferido el honor de ejercer la de la prensa.

VEGA.—Padre [Gallego, ninguna censura es soportable. Y] no llego a comprender cómo una víctima del absolutismo ha aceptado ese puesto.

GALLEGO.—¡Para favorecerles, [amigos míos!]

ESPRONCEDA.—Tendrá que demostrarlo.

[VEGA.—A *El Siglo* le están prohibiendo muchos artículos.

GALLEGO.—No todo depende de mí, querido Vega.]

CARNERERO.—Señores, tales naderías en tan horribles momentos...
[BRETÓN.—¿Se refiere a la peste?]
CARNERERO.—*(Asiente.)*] Ya hay muertos en todos los barrios.
GALLEGO.—[Es peligroso abandonarse al pánico.] Dicen que sólo es una epidemia catarral.
BRETÓN.—Cabal. Un catarro llamado cólera morbo asiático.
DÍAZ.—*(A* BRETÓN.) Entonces, ¿nos engaña el Gobierno?
LARRA.—¡Nada de eso! Dice que «lo que hay no es cólera, sino una enfermedad *reinante* y *sospechosa;* tanto que esas malditas sospechas han llevado a muchos al cementerio, en fuerza sin duda de cavilosos»[72]. (VEGA *saca un folleto y se pone a leer.)*
GRIMALDI.—[Pues nuestro pobre] Mesonero ha caído enfermo, y quizá se nos muera.
CARNERERO.—Y la sanidad, sin tomar medidas. *(Saca un periódico y se sume en su lectura. Luz súbita en el bloque de la derecha.* MARTÍNEZ DE LA ROSA, *en pie.)*
MARTÍNEZ.—¡Pido a [nuestros aliados de] la Cuádruple Alianza treinta mil hombres que nos ayuden a extirpar la cizaña del carlismo en armas!
CARNERERO.—*(Con un manotazo al periódico.)* ¿A qué lo dirá, si ya se los han negado?

---

[72] «Carta de Fígaro a un Bachiller, su corresponsal», cit. El cólera morbo o asiático (originario de la India), popularmente conocido como «la peste», es una grave enfermedad infecciosa y epidémica, mortal la mayor parte de las veces. Asoló España entre 1834 y 1835. Uno de sus supervivientes fue Mesonero Romanos quien, en sus *Memorias...* (cit., pág. 206), refiere la revuelta popular y el ataque a los conventos llevado a cabo por la muchedumbre, que creyó a los religiosos culpables del envenenamiento de las aguas: «Desbordada la muchedumbre del pueblo bajo, y no sabiendo a quién atribuir o achacar la repentina y horrible calamidad que se le echaba encima dio oídos al absurdo rumor, propalado tal vez con aviesa intención, de hallarse envenenadas las fuentes públicas (rumor, sin embargo, que no por lo absurdo dejaba de tener precedentes en Manila y en otros pueblos a la primera aparición de la terrible enfermedad); y en vez de declararse en hostilidad, como en París y San Petersburgo, contra los médicos o los panaderos, hicieron aquí blanco de sus iras a los inocentes religiosos de las órdenes monásticas, y asaltando las turbas feroces los conventos de los jesuitas (San Isidro), de San Francisco, de la Merced y de Santo Tomás, inmolaron sacrílegamente a un centenar casi de aquellas víctimas inocentes.»

MARTÍNEZ.—Señores de la Cámara alta, [en sus señorías confío.] Lejos de mí el funesto sueño del sufragio universal [y de la anarquía.] Mi Gobierno se apoyará en las instituciones más firmes: la corona y vuestro Estamento.
[LARRA.—Convénzase, Espronceda: nos traiciona.]
ESPRONCEDA.—¡Tendrá que justificarse en su logia!
LARRA.—[Espronceda,] niño grande, lo probable es que la logia apruebe esas palabras.
MARTÍNEZ.—¡El Estatuto Real es la triaca[73] que curará todo desmán de los exaltados irresponsables!
LARRA.—«Los oradores ministeriales se empeñan (...) en sostener (...) que en el Estatuto está todo. Sin duda (...) lo leen en italiano *(sta tutto)*»[74]. *(El Parnasillo ríe.* VEGA *señala a su folleto.)*
VEGA.—¡Este Fígaro!...
MARTÍNEZ.—*El Nacional, El Eco de la Opinión, El Tiempo* y *El Universal* atentan contra los sagrados principios monárquicos que el Estatuto defiende y serán suspendidos por decreto. ¡Viva la libertad!
LARRA.—... de imprenta.
ARRIAZA.—*(Entusiasmado.)* ¡Sí, señores! ¡Viva la libertad dentro del orden!
MARTÍNEZ.—Señorías... Viva la reina. *(Se sienta, solemne.)*
LARRA.—Clarísimo. «Desde que tenemos una racional libertad de imprenta, apenas hay cosa racional que podamos racionalmente escribir»[75]. *(El bloque derecho se oscurece.)*
VEGA.—*(Vuelve a señalar a su folleto.)* ¡Este Fígaro!...
BRETÓN.—*(Pendiente de la calle.)* ¡Este ruido! ¿No lo nota? *(Está creciendo efectivamente un confuso griterío que atrae la atención de todos.)*
VEGA.—¿Qué pasa?
CARNERERO.—Nada bueno. (GRIMALDI *va hasta la puerta para atisbar. Disparos aislados entre la algarabía.)*
GALLEGO.—¡Dios mío! *(Casi todos se levantan. Los gritos se acercan.)*

---

[73] *Triaca:* remedio.
[74] «La gran verdad descubierta», *La Revista Española,* 5 de septiembre de 1834.
[75] «Carta de Fígaro a un Bachiller, su corresponsal», cit.

Voces.—¡Muerte a los frailes!... ¡Han envenenado las aguas!... ¡Son los culpables de la peste!... ¡Carlistas asesinos!... ¡Nuestros hijos mueren por culpa de esos criminales!... ¡Abajo los conventos!... ¡Muerte, muerte!... (Larra y Espronceda *se incorporan y atienden. Todo el gabinete se inunda de contrastadas y frías luces.* [*Las campanas tocan a rebato. Por los huecos del fondo asoman un* Mercedario, *un* Dominico *un* Jesuita, *con caretas completamente blancas de ojos pasmados. Tremendos golpes en puertas invisibles.)*
Mercedario.—¡Piedad!
Dominico.—¡En nombre de Nuestro Señor Jesucristo!
Jesuita.—¡Somos inocentes! *(Los ruidos arrecian. Escándalo de puertas destrozadas. Los religiosos se arrodillan. Asoman al tiempo por los laterales del primer término cuatro hombres de la plebe armados de palos, escopetas, algún pistolón. En sus caras, horrendas máscaras bermejas. La luz del café ha decrecido y todos sus clientes miran despavoridos al grupo.* Larra *se estremece: armado de un garrote, ha visto entrar por el primer término a su criado* Pedro, *sin máscara, como un quinto asaltante.)*
Larra.—¡Pedro!
Asaltantes.—¡Muerte a los envenenadores! ¡Acabad con los culpables de la peste! ¡A ellos! *(Irrumpen gritando en el gabinete. Los frailes suplican, pero son pronto acallados. Dos disparos ultiman al* Dominico *y al* Mercedario; *el propio* Pedro *derriba de un garrotazo al* Jesuita. *Otro rufián le arrebata la estaca y remata al caído. Entre el fragor de campanas y gritos, los asaltantes arrastran los cuerpos y se los llevan por los huecos del fondo.* Pedro *permanece en escena.*] *Las campanas* [*enmudecen un momento y*] *doblan a muerto. Todos los del Parnasillo se van sentando, sombríos. El* Padre Gallego *se arrodilló y rezó en silencio* [*durante el asalto.*] Grimaldi *le ayuda ahora a levantarse.* Gallego *se santigua y se sienta.* [Pedro *se vuelve hacia su señor.)*
Larra.—¿Qué has hecho?
Pedro.—Tú lo sospechaste.
Larra.—¡Del anterior criado, no de ti!
Pedro.—*(Se encoge de hombros.)* Quién sabe. (Larra *apoya su frente en las manos y el gabinete se oscurece un tanto.*] *Dos focos vuelven a iluminar a* Larra *y a* Espronceda, *meditando en*

las escaleras. Crece al mismo tiempo la luz en el Parnasillo. Achacoso y apoyándose en su bastón, MESONERO *entra por la puerta del café vestido de negro.)*
MESONERO.—¡Qué espanto, señores!
CARNERERO.—[Todo son calamidades,] Mesonero. [Pero] nos alegra verle. Temíamos...
MESONERO.—Y yo. Aún no sé cómo he sanado del cólera. ¡Bendito sea Dios!
GALLEGO.—¡Sea por siempre bendito y alabado!
LARRA.—*(Descubre su cara, atiende.)* ¡Todos celebramos su restablecimiento!
MESONERO.—Todos..., menos yo. Mi santa madre ha muerto. Le contagié el mal.
GALLEGO.—¡Que el Señor la tenga en su seno!
MESONERO.—Muchas gracias. *(Estrechando manos y musitando gratitudes llega a su sitio habitual. Antes de sentarse, interpela a* LARRA.) Ahora no podrá negarlo, Fígaro: la canalla es temible y odiosa. Han asesinado a más de cien religiosos. *(Se sienta. Estrecha otras manos. Callan las campanas.)*
LARRA.—No.
MESONERO.—¿Cómo?
LARRA.—Esos crímenes son repugnantes. Pero son fruto de la ignorancia. «Toda la dificultad de llevar adelante la regeneración del país consiste en interesar en ella a las masas populares.» «Cuando yo veo a los (...) pueblos [de una nación] (...) atropellar el orden y propasarse a excesos lamentables (...) difícilmente me atrevo a juzgarlos con ligereza; [mientras mayores son los excesos (...) más me empeño en buscarles una causa»[76]. (ESPRONCEDA *levanta su cabeza y le escucha.)*
BRETÓN.—¿Defiende usted esos crímenes?
LARRA.—¡Ni ésos ni ninguno! Pero, «¿En dónde ve el pueblo español su principal peligro, [el más inminente?] (...) En la importancia que de resultas de [la indulgencia y de] un desprecio inoportuno ha tomado la guerra civil. ¿No veía en los conventos otros tantos focos de esa guerra, [en cada

---

[76] «Publicaciones nuevas. *El ministerio Mendizábal.* Folleto, por don José Espronceda», *El Español,* 6 de mayo de 1836.

fraile un enemigo, en cada carlista un reo de Estado tolerado?] ¿No procedía del poder de esos mismos enemigos, dominantes siglos enteros [en España,] la larga acumulación de un [antiguo] rencor jamás desahogado?» «Quien pudo dar salida [conveniente] a ese río no lo supo hacer, y cuando llega la avenida se queja del río»[77].
GALLEGO.—Larra, esos pobres frailes...
LARRA.—Toda nuestra compasión para ellos. *(Eleva la voz.)* Como para Torrijos, Iglesias y tantos otros a quienes no fue el pueblo quien mató.
MESONERO.—Pero, Larra...
LARRA.—«El mayor crimen de los tiranos es el de obligar (...) a los pueblos a recurrir a la violencia contra ellos, [y en tales casos sólo sobre su cabeza recae la sangre derramada.»] «Asesinatos por asesinatos, ya que los ha de haber, estoy por los del pueblo»[78].
[BRETÓN.—¡Digo! Mientras la sangre no sea de usted...
DÍAZ.—*(Desdeñoso.)* Sólo es una frase.]
CARNERERO.—¡Si escribe eso [alguna vez, Fígaro,] no cuente más con mi revista!
LARRA.—Como guste. [Ustedes no son ignorantes como esas turbas, pero no son menos torpes.
ARRIAZA.—¡Nos llama asesinos!]
MESONERO.—¡Delira! [¿No le parece, Espronceda?]
ESPRONCEDA.—[Delira. Pero] tiene razón. *(Los del Parnasillo se miran entre sí, estupefactos. La luz les abandona.)*
LARRA.—Gracias por su defensa. (ESPRONCEDA *ha vuelto a ensimismarse.)* ¿Le sucede algo, Espronceda? *(Habla su voz en el aire.)*
LARRA.—*(Su voz.)* «¿Y quién duda que tenemos libertad de imprenta? Que quieres imprimir una esquela de convite;

---

[77] «Dios nos asista», cit.
[78] «Dios nos asista», cit. En la carta particular de 14 de octubre de 1977, citada en la Introducción, comentaba Buero, refiriéndose a esta controvertida afirmación: «Otros [críticos] han sido verdaderamente pintorescos»: el del «Ya» y el de «Fotogramas» coinciden en afearme una frase acerca de asesinatos que me atribuyen a mí y que es, nada menos, de «Dios nos asista» de Larra (véase el apartado de la Introducción referido a recepción de la obra).

[más, una esquela de muerte;] más todavía, una tarjeta con todo tu nombre y tu apellido (...) Nadie te lo estorba»[79]. (ESPRONCEDA *lo mira y se levanta lleno de furia.*)
[LARRA.—*(Habla con su boca.)* No me diga nada: malas noticias.]
ESPRONCEDA.—*(Desciende al suelo del gabinete.)* ¡Me han prohibido entero el número 14 de *El Siglo!* (LARRA *se incorpora y se acerca.)* ¡Pero no voy a usar por ello de medias palabras! *(Avanza hacia el primer término.)*
LARRA.—*(Le sigue.)* También las tachan a menudo. «Nunca escribo yo más artículos que cuando ellos *(Señala al Parnasillo.)* no ven ninguno, de suerte que en vez de decir: Fígaro no ha escrito este mes, fuera más arrimado a la verdad decir (...) ¡Cuánto habrá escrito Fígaro este mes!» *(El café se ilumina despacio.)*
[ESPRONCEDA.—No estoy para bromas.
LARRA.—Perdone. Soy un imbécil.]
ESPRONCEDA.—¡Publicaré *El Siglo* con todas sus páginas en blanco y los títulos de los artículos solamente![80]
[VEGA.—¡Una idea magnífica!]
GRIMALDI.—¡Este mozo es tremendo!
LARRA.—Ello demostraría que también usted cree en la fuerza de las medias palabras. Pero en este momento sería una provocación. No lo haga.
[ESPRONCEDA.—¿Por qué no? Acabo de abofetear a un censor...
CARNERERO.—¡Inaudito!
ESPRONCEDA.—Y esta otra bofetada será más eficaz que todos los artículos prohibidos.
DÍAZ.—¡Ésa es la verdadera rebeldía! No los equilibrios en la cuerda floja... de otros.

---

[79] «Tercera carta de un liberal de acá a un liberal de allá», *El Observador,* octubre de 1834; publicado en la *Colección* de 1835. El texto que sigue pertenece a «Dos liberales, o lo que es entenderse. Primer artículo», *El Observador,* 13 de noviembre de 1834.

[80] Espronceda publicó su revista con el título de los artículos y las páginas en blanco; por su parte, Larra escribió «*El Siglo* en blanco» *(La Revista Española,* 9 de marzo de 1834); en nota a pie de página aclaraba Fígaro: «Antes de ayer apareció en esta corte el número 14 del periódico *El Siglo* con varios artículos en blanco [...]. Posteriormente hemos sabido que se ha suprimido la publicación de este periódico.

LARRA.—*(Después de un rápido vistazo a* DÍAZ.) Podrían desterrarle...]
ESPRONCEDA.—Me inmolaré en una acción definitiva si es menester. [*(Ríe.)* Pero no osarán hacerme nada.
LARRA.—¡No suicide su propia voz!
ESPRONCEDA.—¡No sea tan miedoso, Fígaro!] Publicaré *El Siglo* en blanco.
LARRA.—[Será un desafío y] nos costará caro a todos.
ESPRONCEDA.—¡Sea más valiente!
LARRA.—¡Yo no soy cobarde! Yo sólo pienso. *(Se encamina a la izquierda para sentarse.)*
VEGA.—¡Fígaro, él tiene razón! [¡La campanada será enorme!] (ESPRONCEDA *va a sentarse también con ellos.)*
[LARRA.—Y estéril.
VEGA.—]*(A* ESPRONCEDA.) ¡Hágalo! [Yo lo apruebo.] ¡Quizá logremos resultados inesperados!
LARRA.—Eso temo. (PEDRO *entró por un hueco del fondo para ir a sentarse en la escalera izquierda.)*
PEDRO.—*(Murmura.)* Y a los pocos días se vio lo que se podía esperar. *(La luz invade el café hasta hacerse más viva que nunca. El bloque derecho se ilumina al tiempo.* MARTÍNEZ DE LA ROSA *aparece en pie y muy irritado.* DÍAZ, VEGA, MESONERO, CARNERERO *y* GRIMALDI *exhiben «El Siglo» en blanco, repasan sus páginas y ríen.)*
VEGA.—Todo Madrid se ríe del Gobierno.
DÍAZ.—¡Y de la censura! (ESPRONCEDA *se pavonea y sonríe.)*
LARRA.—Y ahora, a esperar.
[DÍAZ.—A esperar la crisis.
BRETÓN.—¿Qué crisis?
DÍAZ.—La del Gobierno. La reina tendrá que relevarlo.
BRETÓN.—*(Se acaricia la barbilla.)* No diga sandeces.]
MARTÍNEZ.—¿Esos exaltados van a darme lecciones a mí, que he padecido cárceles y destierro? [¡No derruirán mi obra!] ¡El orden, ante todo! ¡Suspéndase para siempre la publicación de ese libelo! *(Se sienta y desaparece en la oscuridad. En el Parnasillo siguen mirando «El Siglo», pero se muestran inquietos.)*
GALLEGO.—*(A* ESPRONCEDA.) Lamento advertirle de que van a tomar represalias... [Ante Dios Nuestro Señor le digo

que] intentaré salvar *El Siglo,* pero eligió un mal momento para retar al Gobierno. [El cólera no acaba de remitir y en la guerra de Navarra] Zumalacárregui obtiene victoria tras victoria. [El trono de nuestra amada soberana empieza a peligrar.] Y Cabrera... ¿Sabe cómo le llaman?

Espronceda.—El tigre del Maestrazgo.

Gallego.—[Porque ha llegado a la mayor crueldad.] Fusila a los prisioneros... y les corta las orejas a los niños, [¡a los niños!,] cuando les sorprende llevando partes del ejército... (Larra *mira con aprensión a su gabinete.*)

Espronceda.—¿Qué se puede esperar de un faccioso?

Gallego.—*(Apesadumbrado.)* También los nuestros fusilan sin dar cuartel. Todos somos caínes. *(Silencio. Se abre la puerta del café y entran dos soldados de la* Milicia Urbana[81]. *Todos disimulan sus periódicos.)*

Miliciano 1.º—¿Don José de Espronceda?

Espronceda.—*(Se levanta.)* Yo soy.

Miliciano 1.º—*(Saluda, se acerca y le tiende un pliego lacrado, que el poeta se apresura a abrir.)* Tenemos orden de acompañarle para que recoja lo más necesario.

Vega.—*(Se levanta.)* ¡Esto es un atropello! ¿Qué pretenden?

Espronceda.—Me destierran a Badajoz.

Díaz.—¡Qué infamia!

Miliciano 1.º—Caballeros, nosotros tenemos que cumplir la orden. (Larra *se levanta y le pone una mano en el hombro a* Espronceda.)

Larra.—¿Lo ve?

Espronceda.—*(A todos.)* ¡No podrán conmigo! Vamos. *(El* Miliciano 2.º *abre la puerta, sale y la sujeta.* Espronceda *sale y, tras él, el* Miliciano 1.º *La puerta se cierra y el café se oscurece un tanto.)*

Larra.—Le previne.

---

[81] La Ley de la Milicia Urbana fue sancionada por la reina gobernadora D.ª María Cristina de Borbón, por Decreto de 23 de marzo de 1835. En ella se constituye como organización civil independiente pero en las operaciones en las que concurra con el ejército «tendrá la dependencia conveniente de las autoridades militares y jefes militares».

PEDRO.—Y le ayudaste. Todos leyeron tu artículo: «El Siglo en blanco.» *(El criado se incorpora y sale por un hueco del fondo [mientras se expande la fantasmal voz de* LARRA.)
LARRA.—*(Su voz.)* «A catorce *Siglos* nos ha dejado este periódico; es decir, en la Edad Media; (...) quedémonos en blanco enhorabuena. Muchos son efectivamente los puntos que ha dejado en blanco nuestro buen *Siglo* (...) *amnistía* (...) *política interior* (...) *Cortes* (...) pero más creemos que hubieran sido aún los puntos en blanco, si conforme era el 14 siglo, hubiera sido el 19. Y por último, deducimos (...) de la muerte que alcanza a nuestro buen *Siglo,* (...) que el siglo es chico como son los hombres, y que en tiempos como estos los hombres prudentes no deben *hablar,* ni mucho menos *callar*»[82]]. *(Un foco ha crecido sobre la figura de* LARRA. *En la semioscuridad del Parnasillo, todos están inmóviles como estatuas. El escritor se muestra deprimido, defraudado. Cargada de desánimo, se oye levemente su voz en lo alto.)*
LARRA.—*(Su voz.)* Más de sesenta niños desorejados... *(En la puerta del gabinete renace el lento resplandor.)*
ADELITA.—*(Su voz.)* Papaíto, [déjame entrar...] *(El fulgor se extingue.* LARRA *se levanta, angustiado. Va a las mesas, toca a* MESONERO...)
LARRA.—Despertad... *(Zarandea a* BRETÓN, *cruza, toca a* CARNERERO, *a* GRIMALDI, *a* GALLEGO...) ¡Despertad!... ¡Despertad!... *(Retrocede unos pasos, mira al conjunto del café.)* ¡Despertad! *(Silencio. Sus manos se unen y se oprimen, convulsas. Su voz denuncia la amargura de su decisión.)* ¡Me voy! *(Pasa al gabinete. Junto al velador, toca la pistola.* PEDRO *aparece al punto por un hueco del fondo llevando una gran maleta que deja en el suelo.)*
[PEDRO.—*(Sonriente.)* La maleta está dispuesta. (LARRA *se estremece.)* ¿La bajo al portal? (LARRA *da unos pasos, turbado.)*
LARRA.—*(Con dificultad.)* Debo ir a Lisboa, a Londres y a París... He de cobrar unos dineros de mi padre...]
PEDRO.—[No te vas por eso.] ¿Piensas volver?
LARRA.—No lo sé.

---

[82] «*El Siglo* en blanco», cit.

PEDRO.—Martínez de la Rosa [va a caer.] No ha podido terminar la guerra, [no ha dado libertades,] la economía está hundida... Se habla ya de un sustituto.
LARRA.—El conde de Toreno. Otro ilustre liberal perseguido. Será lo mismo; censura, corrupción...
PEDRO.—Se van a formar juntas políticas en las regiones. ¿No deberías quedarte?
LARRA.—¡No puedo! (PEDRO *recoge la capa y se la pone en los hombros. Le ofrece el sombrero y el escritor se lo pone. El criado señala hacia el frente.*)
PEDRO.—Algo ocurre. *(Se retira por el hueco derecho del fondo.* LARRA *avanza hacia el frente. Se está oyendo el confuso fragor de una multitud. Luz en todo el escenario. Los escritores del café se levantan de golpe, alarmados.* DON HOMOBONO *deja su pluma y escucha.* MARTÍNEZ DE ROSA *se levanta, intranquilo.)*
CARNERERO.—Era de esperar.
GRIMALDI.—Los carlistas han batido a nuestros generales y todo el país se ha levantado.
GALLEGO.—No tanto...
DÍAZ.—Padre Gallego, el Regimiento de Aragón ha tomado la Casa de Correos y exige la Constitución del 12.
MARTÍNEZ.—*(Le tiembla la voz.)* ¡No nos obligarán a ir más deprisa! ¡El capitán general de Madrid arenga en estos momentos a los amotinados para que se rindan! *(Disparos aislados, gritos. De pronto, una descarga cerrada. Silencio. La puerta del café se abre y entra el camarero* PIPÍ.*)*
ARRIAZA.—¿Qué ha pasado, Pipí?
PIPÍ.—Han disparado contra el general Canterac y lo han matado.
[GALLEGO.—¡No es posible!
PIPÍ.—Las tropas del Gobierno han huido.] ¡Me lo ha dicho un miliciano que venía de Sol!
MARTÍNEZ.—*(Cierra los ojos, entristecido.)* Páctese con los sublevados. *(Comienzan a redoblar tambores lejanos que se acercan.* MARTÍNEZ DE LA ROSA *se va por la escalera oculta.* DON HOMOBONO *se eclipsa, medroso.)*
PIPÍ.—*(Escucha desde la puerta entreabierta.)* Ya salen. Y a tambor batiente. *(Aclamaciones. Se eleva un coro de voces. La*

luz se va yendo del bloque derecho. Sobre el son de las cajas y con la melodía del «Himno de Riego», canta el coro la siguiente letra.)
Voces.—Serenos, alegres, valientes, osados,
    cantemos, soldados, el triunfo en la lid.
Vega.—¡Viva la Constitución del 12!
Voces.—Soldados, la patria nos llama a la lid,
    juremos por ella vencer o morir[83].

> (Arriaza *se desploma en su asiento.* Carnerero *y* Grimaldi *se sientan, cavilosos.* Gallego *se santigua en silencio. Los tambores se alejan. Se van sentando los demás. En los bloques y en el gabinete va menguando la luz.* Pipí *se recuesta en la puerta y oye la conversación.)*

Mesonero.—Bueno... Ya pasó el turbión. *(Los tambores apenas se oyen.)*
Grimaldi.—*(Sonriente.)* [Pongan buena cara,] *mes amis*. A malos tiempos, buenas diversiones.
Díaz.—[Tiene razón. ¡Y] no nos faltarán! Un pajarito me ha dicho que la nueva comedia de don Manuel Bretón causará justísimo regocijo...
Grimaldi.—*(Trivial.)* ¿Cuándo me la dará [para mi teatro,] Bretón?
Bretón.—*(Con aviesa sonrisa.)* Pronto. ¿Saben ustedes que Fígaro nos abandona? (Díaz *ahoga la risa.)*
Vega.—¿Se va?
Bretón.—Al extranjero, [naturalmente][84].
Díaz.—Ése no vuelve.

---

[83] El Himno de Riego es una marcha militar compuesta por José Melchor Gomis, dedicada a Rafael de Riego. Himno nacional durante el Trienio Liberal (1820-1823), estuvo prohibido durante la «década ominosa» y fue el oficial en la Segunda República Española.

[84] Larra viaja fuera de España en 1835; su vuelta coincide con la subida al poder de Mendizábal y con el resurgir de la esperanza liberal. Carmen de Burgos *(Fígaro...,* cit.) dedica el capítulo titulado «El viaje misterioso» a este hecho y transcribe las cartas que Larra fue remitiendo a sus padres durante su ausencia. El 5 de enero de 1836 publica en *El Español* «Fígaro de vuelta. Carta a un su amigo residente en París».

Mesonero.—[También] yo me fui y he vuelto, Díaz.
Díaz.—[Porque] usted es un buen español.
[Vega.—Por favor, Díaz. Hable de ese modo cuando Larra esté presente.
Díaz.—Si se ha ido, ¿cómo va a estar presente?
Vega.—Entonces no le nombre.
Bretón.—¿Por qué no? Son chanzas sin malicia por la huida de Fígaro.
Mesonero.—¿Huida?
Bretón.—Perdón. Partida.
Díaz.—Huida o partida, ¡al fin España se libra de Fígaro!
Mesonero.—¡Por favor!]
Bretón.—Por cierto, ¡qué casualidad! ¿Saben el título de mi nueva comedia?
Grimaldi.—¿Cuál es?
Bretón.—*Me voy de Madrid.*
Gallego.—No lo hallo de muy buen gusto.
Bretón.—¡Si no aludo a nadie! El protagonista se llama don Joaquín, lo cual deshace cualquier equívoco. [Oigan lo que dice cuando se va:

>   Bien, quiero obrar como cuerdo;
>   más me voy a fastidiar,
>   porque debo confesar
>   que no vivo... ¡si no muerdo!]

(Todos los de la derecha, menos Gallego, *ríen. En la izquierda, sólo* Díaz.*)*

Díaz.—¡Eso es madrugar! (Bretón *ríe entre dientes.* Mesonero *se levanta, molesto.)*
Mesonero.—Se me hace tarde. Con Dios, señores.
Vega.—*(Se levanta.)* Le acompaño. *(Ambos se calan sus sombreros y cruzan.)*
Bretón.—¡Escuchen [todavía] lo que dice don Hipólito! *(De mala gana,* Vega *y* Mesonero *se detienen cerca de la puerta.* Bretón *se levanta y señala a los dos que se van, así como a* Díaz.*)*

Hoy os convido, venid;
y brindad los tres conmigo
por que el común enemigo
no vuelva más a Madrid[85].

(La algazara es general y hasta GALLEGO *sonríe, si bien denegando con la cabeza.)*

DÍAZ.—¡Que no vuelva! (MESONERO *y* VEGA *salen por la puerta que* PIPÍ *les abre muy servicial.)*
[ARRIAZA.—¡Qué picajosos! Un rato de sana risa no debe ofender a nadie.] *(La luz se va del café.* LARRA *ha permanecido inmóvil en el borde del gabinete, absorto en sus ingratas imaginaciones. Una leve claridad de sueño baña el bloque izquierdo. Sentada al piano,* DOLORES *empieza a tocar la cavatina de Rossini con sordas, bajas y espaciadas notas.* LARRA *contempla la aparición con melancolía. La luz mengua en el bloque. Bajo el delirio, el escritor se yergue y va a tomar su valija. Como un autómata de lentos pasos, avanza con ella hacia el frente. Una rojiza claridad se enciende y aumenta en el hueco derecho. Desde el borde del gabinete,* LARRA *se vuelve y la mira. Con las manos sobre el teclado, el fantasma de* DOLORES *eleva su cabeza de estatua en la sombra.* PEDRO *reaparece por el hueco y avanza hacia el frente. Trae en los brazos a un adolescente de catorce años, muerto al parecer. Es un muchacho flaco, sin máscara y sin otra ropa que un mugriento y andrajoso calzón. En su espalda y pecho, una honda herida sanguinolenta.* LARRA *mira al extraño grupo con ojos desorbitados.)*
LARRA.—¡Déjame partir!

---

[85] *Me voy de Madrid* se estrenó en el Teatro de la Cruz el día 21 de diciembre de 1835. Es bastante evidente que el personaje de D. Joaquín está compuesto para ironizar a Fígaro y que Bretón lo hizo como réplica a las sátiras que aquel le había dedicado. Su oponente D. Fructuoso lo caracteriza por sus temibles lengua y pluma, nada más comenzar la pieza, y sus actuaciones como conquistador sin escrúpulos, vago, medrador, embustero, atildado, lo configuran como alguien despreciable. En la escena XIV del acto tercero, D. Joaquín exclamará: «Yo que sé más que Merlín / en mofarme de los tontos / me acostumbro a divertir: / y en lugar de agradecerme / que yo les desasne así, / se amoscan, me desafían... / *Me voy, me voy de Madrid.*» Los versos transcritos por Buero corresponden a la escena III del acto primero y a la escena última del acto tercero.

Pedro.—¿A la eternidad?
Larra.—¡Bórrate! *(Con su mano izquierda, el escritor se tapa los ojos.)*
Pedro.—Te hará volver tu pasión. Tu pasión; no Dolores. *(La imagen de Dolores gira despacio su cabeza hacia Larra. El viajero baja el escalón. Da unos pasos hacia la derecha. Se detiene. Sin que se altere la lasitud del cuerpecillo que sostiene el criado, la yerta boca juvenil emite una palabra.)*
Juanín.—Pa...pá... *(Fuertemente iluminado, Pedro permanece inmóvil, mirando al vacío con su carga en los brazos. La luz abandona a Larra y se debilita en la escena entera hasta apagarse. Brillan las estrellas.)*

Telón

Parte segunda

Lenta subida de la luz. LARRA *está de pie e inmóvil, con su maleta en el suelo, en el mismo lugar del primer término. El criado* PEDRO *se halla en el centro del gabinete. El aposento, a media luz. Se ilumina el bloque derecho. Un altivo personaje, de levita y condecorado, se divisa arriba, de pie. Bajo su melena gris, la media máscara muestra rasgos incisivos, nariz aguileña y espesas cejas sobre los ojos hundidos y penetrantes. Es don Juan Álvarez* MENDIZÁBAL. *Con voz metálica y autoritaria empieza a hablar. La cabeza de* LARRA, *humillada, se va elevando y una ilusionada sonrisa se dibuja en su boca.* DON HOMOBONO *aguarda, atento y humildísimo.* LARRA *saca un periódico de su bolsillo, se sienta en su maleta y lee en él, risueño, las palabras del prohombre.*

MENDIZÁBAL.—Prometo [solemnemente] a España y a [su majestad] la reina [regente] la terminación de la guerra en [un plazo de] medio año. Queda convocada [a tal efecto] una leva de cien mil hombres. *(El café se iluminó despacio. En el lugar habitual de* CARNERERO *se sienta ahora otro hombre de mediana edad, de vestido muy diferene aunque también elegante y de bonachona careta. Es el conocido periodista don Andrés* BORREGO. *Agrupados a ambos lados del Parnasillo, leen todos las Gacetas donde figuran las palabras del político gaditano. A la iquierda y de pie,* ESPRONCEDA *declama.)*

Espronceda.—El pueblo ved que la orgullosa frente
             levanta ya del polvo en que yacía;
             arrogante en valor, omnipotente,
             terror de la insolente tiranía...[86].
Borrego.—*(Aplaude.)* ¡Sublime!
Mendizábal.—Se someterá a las Cortes un proyecto de ley electoral que permita la presencia en ellas de la [verdadera] opinión de nuestros pueblos... *(El Parnasillo aprueba. Enardecidos, unos; algo remisos, otros.)*
Espronceda.—¡Viva Mendizábal! *(Excepto* Arriaza *y* Gallego *todos le responden con entusiasmo.)*
Mendizábal.—¡La economía será [definitivamente] saneada! [Os lo afirma un hombre que sabe algo de números.
Borrego.—¡Y que lo diga! En su dorado exilio inglés amasó un fortunón.
Mendizábal.—Honraré el voto de confianza que se me otorga] sin recurrir a empréstitos ni a [elevar los] impuestos.
Arriaza.—¡Habrá que rendirse ante este hombre!
Díaz.—¡Ese hombre es España!
Mendizábal.—No se precisa para ello derogar el Estatuto Real.
Arriaza.—[¡Vaya!] Menos mal.
Mendizábal.—Él nos basta para lo más urgente: el decreto, [que me honro en presentar,] de desamortización de bienes eclesiásticos. *(El* Padre Gallego *baja la cabeza.)*
Espronceda.—¡Al fin, la justicia social!
Mendizábal.—[Mi ilustre antecesor,] el señor conde de Toreno, inició ya la [saludable] reforma. [Bien impuesto del peso terrible de manos muertas y campos baldíos, de bienes que un mal entendido concepto de sus prerrogativas permitió acumular a la Iglesia durante siglos,] no vaciló en disolver la Compañía de Jesús ni en suprimir todos los con-

---

[86] Los versos forman parte del poema titulado «¡Guerra!», que se leyó en función patriótica (con el fin de recaudar fondos para el ejército liberal) en el Teatro de la Cruz el 22 de octubre de 1835, y se publicó en *La Abeja* el 25 de octubre del mismo año. Además de los versos de Espronceda, se recitaron otros de Gil y Zárate, Roca de Togores, Bretón y Ventura de la Vega y se representaron obras y fragmentos teatrales.

ventos con menos de doce profesos, [devolviendo al Estado propiedades tan torpemente improductivas.] Pero, sin negar los aciertos de este hombre sabio y probo, [que me honró con la cartera de Hacienda, debo decir que nunca tomé posesión; pues] parecióme que aquellas disposiciones pecaban de improvisadas. ¡Y no me equivoqué! El conde, [persona de estudios y de pluma,] no acertó a dar cauce a la exaltación cuyo despertar fomentó. Padecimos nuevos incendios de conventos, [ultrajes a sus desdichados moradores convertidos en mendigos, Juntas de rebeldes en las regiones,] asesinatos al grito santo de «Constitución» y hasta [—penoso es decirlo—] insurrecciones de las fuerzas militares encargadas de poner fin a tantos desastres. Incluso los proletarios incendiaron en Barcelona la fábrica de hilados Bonaplata [por ver en las nuevas máquinas la amenaza de su miseria futura y] sin comprender que sus desventuras procedían de la desorganizada economía de la nación... Yo lamento con todo mi corazón la dura respuesta que sufrieron. Los trabajadores Pardiñas *(Descarga de fusilería.)*, Bell *(Otra descarga.)*, Prats *(Otra descarga.)* y Joldi *(Otra descarga.)* fueron fusilados. *(Breve pausa.)* ¡Y esto no se repetirá! *(Estentóreos aplausos y vivas en el Parnasillo.)*
ESPRONCEDA.—*(Recita:)*
¡El necio audaz, de corazón de cieno,
a quien llaman el conde de Toreno![87].

(VEGA, BRETÓN, DÍAZ y BORREGO *lo aclaman.*)

LOS ESCRITORES.—¡Bravo, bravo! [¡Admirable Espronceda!]
MENDIZÁBAL.—Otros decretos [más sensatos] nos traerán la salvación nacional. ¡Y el de la desamortización será el primero! *(Nuevas ovaciones.)*
BORREGO.—¡Es un gobernante!
MENDIZÁBAL.—Sin dejar en el desamparo a esos pobres religiosos, [a quienes se dará un subsidio honroso,] serán puestas en venta todas las propiedades [eclesiásticas] que tan nulo rendimiento daban al país, y con ese enorme capital

---

[87] Espronceda, Canto I de *El diablo mundo*.

[levantaremos a España,] pagaremos sus atrasos a nuestros gloriosos mílites y daremos la batida final al carlismo. *(Ovaciones.)* Y a vosotras, Juntas que os constituisteis [por toda la península] para salvar la libertad [que el poder ponía en peligro,] os digo: [tened confianza. El más hábil cabecilla faccioso, Zumalacárregui, ha muerto bajo nuestro fuego, y las fuerzas carlistas ya no son más que hordas indisciplinadas. ¡Yo os pido un plazo de seis meses! Desde hoy mismo, nuestra heroica Milicia Urbana recupera su antigua condición de Milicia Nacional. *(Ovaciones delirantes.)* Desde hoy,] vuestras legítimas ansias de ciudadanía darán su mejor fruto en las Diputaciones Provinciales que se crean al efecto, ¡y vosotras, Juntas, seréis esas Diputaciones! *(Ovaciones.)* La funesta Intendencia Superior de Policía [creada por el difunto rey] queda disuelta, y sus individuos, a las órdenes del Ministerio de la Gobernación. *(Enorme ovación.)* ¡Los cien mil españoles que pedimos [al país] serán reclutados entre todos los declarados útiles, desde los dieciocho a los cuarenta años! ¡Y desde hoy, al fin, será decretada la libertad de prensa! *(Ovación indescriptible.* DON HOMOBONO *se alarma un tanto.)*
[ESPRONCEDA.—*(Recita:)*

        A par en nuestros brazos
        ufanos la ensalcemos
        y al mundo proclamemos:
        España es libre ya[88].

(Se acerca a su mesa, toma una copa y bebe.)

DÍAZ Y VEGA.—¡España es libre ya!] *(Beben.)*
[MENDIZÁBAL.—No quiere el Gobierno detener la revolución, como ha insinuado mi predecesor. ¡Todo lo contrario! ¡Ni está dispuesto a llamar sediciosos a quienes piden la Constitución del 12, porque nosotros contribuimos a forjarla! *(Aplausos, vivas.)*

---

[88] Estos versos corresponden al poema «¡Guerra!», citado en la nota 86. Algo más adelante, Larra alaba también la nueva situación con palabras de «Fígaro de vuelta. Carta a un su amigo residente en París», cit.

Vega.—¡Muy bien!
Borrego, Mesonero y Grimaldi.—¡Muy bien!
Arriaza.—Mucho carga la mano contra Toreno. Fueron amigos y los dos son masones.
Díaz.—¡Ésa es su grandeza! ¡Nada por encima del bien de la patria!
Arriaza.—*(Menea la cabeza, receloso.)* ¡Hum!]
Mendizábal.—[Y ahora, todos a trabajar y a salvar a la nación. He dicho.] *(Se sienta.)*
Díaz.—¿Qué dirá de todo esto Larra? [Dicen que ha regresado.]
Bretón.—*(Da un respingo.)* ¿Ha vuelto? (Larra *se levanta y guarda su periódico. Sonríe, toma la valija y se acerca al gabinete.)*
Espronceda.—Ha vuelto. Queden con Dios. *(Se cubre y sale por la puerta de cristales. La luz huye del Parnasillo.* Larra *sube el escalón y deja la maleta en el suelo, atento a lo que sigue oyendo.)*
Mendizábal.—*(Considera fríamente al funcionario.)* ¿Fue Calomarde quien le nombró?
D. Homobono.—*(Muerto de miedo.)* Sí, excelencia. Y no puede imaginar mi decepción ante sus severas órdenes [de tachar y tachar...] Yo procuraba suavizar, pero...
Mendizábal.—Pero tachó [usted] fielmente. (Larra *deja capa y sombrero en una silla.)*
D. Homobono.—*(Baja la cabeza.)* Tenía que obedecer [rigurosamente,] excelencia.
Mendizábal.—Estudiaremos qué se hace con su puesto. Siéntese.
D. Homobono.—Sí, excelencia. [*(Se sienta. Se levanta.)* ¿Continúo mi trabajo?
Mendizábal.—Mientras se resuelve lo que proceda, extreme la prudencia.
D. Homobono.—Como vuestra excelencia disponga.] *(Se sienta y lee sin atreverse a tachar.* Larra *sonríe y mira a todos lados.)*
Larra.—Mi difunta y mis hijos, atendidos. Veinte mil reales al año me va a dar Borrego por mi colaboración en *El Español*. [Nadie cobró nunca tanto:] seré aún más envidiado... [Baldomerita quizá no sea hija mía. ¿Quién puede saber si su mujer le ha sido fiel cuando no se entiende con

ella? Pero también será atendida.] ¡Vida nueva!... Mendizábal es nuestra esperanza. [«Las Juntas sometidas, el crédito levantado, la facción abatida, la quinta verificada (...) son cosas que hacen bastantemente su elogio. Así que todos hemos abandonado la oposición.»] *(Entretanto, PEDRO se pone una máscara de zafio y ladino aldeano cuarentón. LARRA termina de hablar y repara en el criado. PEDRO se inclina.)* [¿Te ha dicho María cuál será tu salario?

PEDRO.—Sí, señor. Es un buen salario, señor.]

LARRA.—*(Mientras va a la chimenea.)* ¿Sabes leer?

PEDRO.—Lo corriente.

LARRA.—*(Ríe.)* ¿Sabrás leer [por lo menos] las señas de los recados y de las cartas?

PEDRO.—Sí, señor. *(En la chimenea, LARRA destapa un frasquito de esencia y se perfuma levemente orejas y barba.)*

LARRA.—¿Tu nombre?

PEDRO. —Pedro, señor, para servirle.

LARRA.—¿Tu tierra?

PEDRO.—Asturias.

LARRA.—[Asturiano o de la Montaña.] Tu antecesor era montañés. [Todos venís de allá... ¿Tienes familia?

PEDRO.—No, señor.

LARRA.—Al montañés tuve que despedirle.] Era un borrachín y me robaba.

PEDRO.—*(Se yergue.)* Yo no robo, señor.

LARRA.—*(Se acerca a él.)* Y beber, ¿bebes?

PEDRO.—*(Titubea.)* [Todo hombre bebe algo, señor.] Un vasito nunca viene mal.

LARRA.—*(Ríe.)* Sobre todo, [si es] de las botellas del amo.

PEDRO.—*(Ríe.)* Sólo cuando el amo lo permita, señor.

LARRA.—*(Risueño.)* Labia no te falta. Me alegro. No quiero tontos a mi lado. ¿Qué edad tienes?

PEDRO.—Para agosto cumpliré los cuarenta, señor.

LARRA.—Pareces más viejo.

PEDRO.—Si, señor. Ya lo sé.

LARRA.—Quedas admitido. *(Lo despide con un ademán y le da la espalda.)*

PEDRO.—Gracias, señor. Con su licencia. *(Va a la maleta y la levanta. LARRA se vuelve y le observa. El criado recoge capa y*

sombrero, y sale con todo por el hueco izquierdo del fondo. LARRA *medita.)*
LARRA.—Fue así. ¿Y qué?
PEDRO.—*(Su voz, en el aire.)* Nada. No te quedan ni dos minutos.
[LARRA.—¿No te dejas ver?
PEDRO.—*(Su voz.)* Eres el público de tu propio teatro y te resistes a imaginarme... hasta la plática que tuvimos.]
LARRA.—¡Acabemos! *(Da unos pasos hacia el velador.)*
PEDRO.—*(Su voz.)* Cuando quieras. (LARRA *se detiene. Luz sobre* MENDIZÁBAL.)
MENDIZÁBAL.—*(Sentado.)* El convenio [que Martínez de la Rosa concertó] con la facción para que se respetasen las vidas de los prisioneros volverá a entrar en vigor. ¡Y lo respetaremos, [aun cuando el enemigo siga sin cumplirlo!] *(Entretanto, la luz fue sacando a* ARRIAZA *de la sombra del café. Está leyendo un periódico.* LARRA *se sienta en una silla junto al velador y atiende, iluminado por un foco.)*
ARRIAZA.—Se le olvidan los cien carlistas presos en [la Ciudadela de] Barcelona y asesinados por las turbas. *(Luz sobre* BORREGO, *que también lee.)*
BORREGO.—[Usted lo ha dicho.] Las turbas, no el ejército. *(Se ilumina el resto del café.)*
[VEGA.—¡Y fue una represalia! Deplorable, pero comprensible.
ARRIAZA.—¿Represalia?
VEGA.—¡Por los prisioneros que los carlistas arrojaron a un abismo el mes anterior! ¡Y eso sí lo hicieron hombres de uniforme!]
ARRIAZA.—A saber si en la matanza [de Barcelona] no intervino la Milicia Nacional.
VEGA.—*(Se levanta.)* ¡No le consiento infundios!
ARRIAZA.—¿Infundio? [Será porque el Gabinete de Prensa no ha permitido publicarlo.]
GALLEGO.—¡Ciertas noticias serían peligrosas en estos momentos!
ARRIAZA.—¡Lo sé! Sólo se permiten las que don Andrés Borrego da a la prensa. (VEGA *se vuelve a sentar de mala gana.)*

MESONERO.—*(De buen humor.)* Ayer era Carnerero; hoy, Borrego. Hasta en los apellidos se parecen. (BRETÓN *y* DÍAZ *ríen.)*
BORREGO.—*(A* ARRIAZA.) [Usted olvida que] Mendizábal ordenó una investigación y no se hallaron culpables.
ARRIAZA.—Nunca se hallan si no le conviene al Gobierno. [Y con las noticias sucede lo mismo. Se publica, eso sí, que Cabrera ha fusilado a treinta prisioneros de la Columna de Valdés.]
BORREGO.—¿Desea usted el triunfo de don Carlos, señor de Arriaza? [Sabíamos que era usted absolutista, pero no carlista.]
ARRIAZA.—*(Se levanta descompuesto.)* ¡Caballero!
GALLEGO.—¡Señores, por favor! ¡No rompan la paz de nuestro [amistoso] cenáculo! (ARRIAZA *se sienta de mala gana.* BORREGO *murmura algo ininteligible y se sienta a su vez. Huye la luz del Parnasillo y en el primer término se cruzan misteriosas claridades.)*
UNA VOZ.—[¡Formen el pelotón!] ¡Paso a su excelencia el general Cabrera! *(Un sordo redoblar de tambores inquieta a* LARRA, *que se levanta. Por la izquierda del primer término aparece una extraña figura militar fuertemente iluminada. Es el general Ramón* CABRERA: *máscara felina, boina blanca, gran tabardo sobre su uniforme.* LARRA *siente el batir de los tambores como una implacable llamada y comienza, a su pesar, a marcar levemente el paso.)*
CABRERA.—*(Ríe.)* ¿Quieres formar en el pelotón? (LARRA *deniega, estremecido, pero sigue marcando el paso con creciente intensidad.)* ¡Corre a buscar tu fusil! (LARRA *deniega otra vez, sobrecogido. Y otra vez resistiéndose, marcha hacia el fondo al son de las cajas. El brazo del criado asomó por el hueco de la derecha sosteniendo un fusil, que el escritor coge. Desaparece el brazo.* LARRA *pone el arma sobre su hombro en un vago remedo de los movimientos de ordenanza y vuelve al primer término marcando el paso. Baja del gabinete, da media vuelta y queda en posición de firmes. Todo él tiembla.)* ¡Descansen, armas! (LARRA *baja el fusil al suelo. Los tambores enmudecen y dan enseguida un prolongado redoble de atención.)* ¡Soldados! Tenéis enfrente a [dos bribones de la ralea cristina. Son] los alcaldes de Torrecilla

y Valdeagorta. Ya han visto apalear hasta la muerte [a otro peor aún que ellos:] al alcalde que se atrevió a oponerse por las armas a quienes iban a rescatar su pueblo para nuestra sagrada causa. A estos dos traidores, que delinquieron al no pasarse a nuestras filas, se les fusilará solamente. Nuestro capellán les ha dado ya los auxilios espirituales. ¡En el nombre de Nuestro Señor Jesucristo y de su majestad el rey don Carlos, apunten! *(Luchando contra sí mismo,* LARRA *se coloca en posición de apuntar.)* ¡Fuego! *(Dispara el escritor y se oye al tiempo una descarga de fusilería.)* ¡Descansen, armas! *(Desmadejado, resollante,* LARRA *baja el fusil.* CABRERA *se retira por la izquierda. En uniforme cristino, con media máscara que recuerda a un dogo, el* BRIGADIER NOGUERAS *aparece por la derecha y adopta una postura semejante a la que tomó su adversario.)*

NOGUERAS.—*(Hacia la derecha.)* Escriba, capitán. Del brigadier Nogueras, comandante de Teruel, al excelentísimo señor capitán general. Mi general: A los crímenes que los facciosos vienen cometiendo se han sumado recientemente el apaleamiento hasta la muerte de un alcalde leal a nuestra causa y el fusilamiento de otros dos bajo el pretexto de que, [pudiendo hacerlo,] no se pasaron al bando carlista. Para [reforzar la moral de nuestra tropa y] desalentar al enemigo, encarezco [a vuecencia] la necesidad de dar al criminal [cabecilla] Cabrera un escarmiento ejemplar. Por ello suplico a vuecencia me autorice a pasar por las armas a doña María Griñó, prisionera desde 1834 y madre del cabecilla. Aunque dicha señora no se ha significado en la política, es indudable su adhesión a la causa de su monstruoso hijo. Su fusilamiento no será sino la eliminación de otro enemigo. Lo que me honro en pedir a vuecencia, etcétera, etcétera. (LARRA *lo mira con horror. Sordo redoble de tambores.)*

LARRA.—¡No!... [*(Aparece un capitán ayudante por la derecha, saluda y tiende a* NOGUERAS *un pliego abierto. Su media máscara es cadavérica. El* BRIGADIER *lee el pliego. Leve cambio de luz.)*]

NOGUERAS.—El general Mina autoriza el fusilamiento. (LARRA *arroja el fusil al suelo.)* ¿Qué haces, bisoño? ¡Recoge tu arma! [(LARRA *vacila.)* ¡Obedece!] (LARRA *recoge el fusil.)* ¡Fir... mes! *(El escritor obedece.)* Suspendan... ¡armas! (LARRA *suspende su fusil.)* ¡De... recha! *(Gira* LARRA *y se enfrenta con el lateral izquierdo.)* Descansen... ¡armas! *(El fusil de* LARRA *golpea el suelo. Redoblan los tambores. Una anciana sin máscara y pobremente vestida, de dulce expresión y mortecina mirada, entra por la izquierda conducida por los dos* MILICIANOS *Nacionales, quienes la sitúan de perfil y se retiran por donde entraron. Callan los parches.)* Señora: ¿desea formular ante el mando alguna petición?

MARÍA GRIÑÓ.—*(Después de un momento.)* [Sólo quiero decir... que] os perdono a todos... y os ruego que perdonéis a mi hijo. [*(El* BRIGADIER *y el* CAPITÁN *se miran.)*]

NOGUERAS.—¡Apunten! (LARRA *apunta a la madre de* CABRERA.)

LARRA.—¡Es un crimen repugnante!

NOGUERAS.—¿Ha hablado alguien?... ¿No? [Ayudante, tome nota de la ejecución que se verifica hoy, 16 de febrero de 1836, en Tortosa, y oficie dando cuenta de su cumplimiento. *(El* CAPITÁN *saluda y sale.)*]

MARÍA GRIÑÓ.—Soy inocente.

NOGUERAS.—¡Fuego! (LARRA *dispara y vuelve a oírse la descarga del pelotón.* MARÍA GRIÑÓ *se dobla y cae.)* Esa fiera no olvidará que aún tenemos como rehenes a sus dos hermanas. *(Se retira por la derecha.* LARRA *suelta el fusil, se acerca al cadáver y lo zarandea suavemente un par de veces como si quisiese despertarlo. Reaparecen los dos* MILICIANOS *Nacionales.)*

MILICIANO 1.º—¿Qué haces? No lleva nada encima.

LARRA.—Yo nunca... he fusilado.

MILICIANO 2.º—Ya te acostumbrarás. ¡Aparta! *(El escritor se incorpora. Ellos recogen el cuerpo y se lo llevan por la izquierda.* LARRA *retrocede.)*

LARRA.—No... No... *(Reaparece iracundo* CABRERA, *ahora por la derecha. Asustado, el escritor se vuelve al oírle.)*

CABRERA.—¡Oficiales! ¡Soldados! [El castigo por el vil asesinato de mi infeliz madre, a vosotros lo encomiendo.] ¡La sangre cristina tiene que subir hasta las cumbres del Maestrazgo! [Vuestro general lo manda y lo jura.] *(Va a irse.)*

[LARRA.—¡No!

CABRERA.—*(Lo mira.)* ¿Qué dices?]

LARRA.—¡Sus [dos] hermanas [están presas!] ¡Las fusilarán si usted toma venganza!

CABRERA.—*(Sonríe con malicia.)* Ya hemos logrado hacerlas escapar. *(Hacia la derecha.)* [¡Ayudante, redacte una orden!] Se fusilará inmediatamente a la señora del coronel Fontiveros, a Cinta Foz, a Mariana Guardia y a Francisca Urquizo, con otros prisioneros [del campo cristino] hasta el número de treinta, que expiarán [con su muerte] el infame castigo que ha sufrido la mejor de las mujeres. ¡Pelotón, firmes! ¡Apunten!... (LARRA *se tapa la cara con las manos.)* ¡Fuego! *(Truenan los fusiles. Ayes. Tiros de gracia.* CABRERA *sale por la derecha. Cede la luz irreal y el café se ilumina.)*
BRETÓN.—¡Espantoso!
[VEGA.—¡Horrendo!]
ARRIAZA.—Pero... el fusilamiento de una madre...
GALLEGO.—Dios nos asista.
VEGA.—¡Así titula su artículo Fígaro! Oigan lo que escribe: «... otra pequeña arbitrariedad ejecutada oficialmente en una vieja, en virtud de un *cúmplase* de un héroe.» (...) [¡Dios me libre de caer en manos de héroes! (...)] Es así que la primera causa de que existan facciosos fueron las madres que los parieron; ergo quitando de en medio a las madres, lo que queda. (...) De resultas el otro no ha fusilado más que a treinta. (...) ¡Bienaventurados en tiempos de héroes los incluseros, porque ellos no tienen padre ni madre que les fusilen!»[89]. *(El* BRIGADIER NOGUERAS *reaparece, ahora por la izquierda.* LARRA *no se ha movido.)*
GALLEGO.—*(Caviloso.)* Tal vez ese artículo sea la causa...
GRIMALDI.—¿De qué?
GALLEGO.—El general Mina ha sido destituido.
BORREGO.—Entonces [no todo está perdido.] Aún somos hombres frente a bestias.
VEGA.—¡Y escritores capaces de hacerse oír! *(Se oscurece el café.* NOGUERAS *interpela al escritor.)*
NOGUERAS.—*(Indica el arma en el suelo.)* ¿Es tuyo ese fusil?
LARRA.—*(Descubre su rostro y lo mira.)* Yo soy Larra.
NOGUERAS.—Sé quién es Larra: un reptil que se ha atrevido a picar a nuestro heroico general Mina. *(Se abalanza, recoge el arma y encañona al escritor.)* ¡Traidor!

---

[89] «Dios nos asista», cit.

LARRA.—¡No! *(Retrocede. El* BRIGADIER *se echa el fusil a la cara.* LARRA *retrocede aprisa hacia el gabinete.)* ¡No! *(Se aplasta contra la escalera izquierda.* NOGUERAS *dispara.* LARRA *gime y se deja caer en los peldaños. El* BRIGADIER *se va por la izquierda con el fusil, al tiempo que* ESPRONCEDA *entra por la puerta del fondo. El aposento se ilumina. Al ver al poeta,* LARRA *se esfuerza en incorporarse.)*

ESPRONCEDA.—¿Qué le sucede? (LARRA *logra ponerse en pie.)* ¿Soñaba?

LARRA.—*(Se aparta unos pasos hacia el frente.)* Muero.

ESPRONCEDA.—*(Impasible, mirando al vacío.)* Tal vez. (LARRA *se vuelve bruscamente y lo mira.)*

LARRA.—*(Se pasa la mano por la frente y habla pensando en otra cosa.)* ¿Le han... readmitido... en la Guardia de Corps?

ESPRONCEDA.—Desde hace unos días.

[LARRA.—Usted venía a hablarme de Teresa y de Dolores... Y ya no importan ni Teresa ni Dolores.

ESPRONCEDA.—¿Está seguro? *(Corta pausa.)*]

LARRA.—Tome asiento.

ESPRONCEDA.—Estoy mejor de pie... Me arde la sangre.

LARRA.—*(Mientras se encamina a una silla y se sienta, desfallecido.)* Y a mí. Pero debemos serenarnos. [Que el diablo se lleve a las mujeres. Y hasta a los horrores de la guerra. Nosotros] debemos pensar. *(Ruido lejano de fusilería.)*

ESPRONCEDA.—No lo dice muy convencido...

LARRA.—No. *(Suspira.)* Porque «lo malo es lo cierto. Sólo los bienes son ilusión»[90].

[ESPRONCEDA.—¿Quiere decir que el mal somos nosotros?

LARRA.—Todos nosotros.]

ESPRONCEDA.—*(Se acerca y le pone una mano en el hombro.)* Si lo comprendemos, aún podemos vencerlo.

LARRA.—¿Cómo? El artículo de Flórez Estrada debería haber tumbado al Ministerio y apenas se ha comentado.

ESPRONCEDA.—Muy cierto. La desamortización parece algo y es una burbuja.

[LARRA.—Peor aún. Una farsa indignante.

---

[90] «La sociedad», *La Revista Española*, 16 de enero de 1835.

Espronceda.—*(Pasea.)* Seremos polichinelas de esa farsa si no protestamos.]

Larra.—Tres españoles cuerdos contra millones de idiotas [Tres despiertos contra un país dormido.] ¿Se puede ganar esa partida?

Espronceda.—Si le visitamos, tal vez.

[Larra.—¡Es un decreto! ¡No lo derogará!

Espronceda.—]Mendizábal es masón. [Tendrá que oírnos.] *(Pasea.)*

Larra.—[Le veo tan ingenuo como cuando se empeñó en sacar en blanco *El Siglo*.] ¿Quiere ganarse otro destierro?

Espronceda.—¡Tiene que oírnos!

Larra.—Tiene que leernos.

Espronceda.—También así podría deportarnos.

Larra.—Sin duda.

Espronceda.—¡Entonces, [intentémoslo!] ¡Hablemos con él! *(Larga pausa.)*

Larra.—*(Se levanta.)* ¡Está bien! Lo haremos. *(Cambia la luz. Crece arriba sobre* Mendizábal. Larra *y* Espronceda *se encaminan hacia la escalera derecha y aguardan.* Don Homobono *mira al presidente y se escandaliza en silencio cuando lo ve actuar; el prohombre se levanta con su mejor sonrisa.)*

Mendizábal.—[¿Espronceda y Larra?] ¡Qué honor para mí! *(Baja al otro nivel. Ellos van a subir.)* [¡No se molesten en subir! Estaremos más cómodos en la salita.] *(Baja con los brazos abiertos.)* [¡Cuánto me complace su visita!] *(Abajo ya, abraza a* Larra.*)* ¡Nuestro admirable satírico! *(Abraza a* Espronceda.*)* ¡Y nuestro más excelso vate! *(Les indica las sillas. Ellos se sientan. Él vuelve el sillón y se acomoda junto al bufete.)* [¿Puedo ordenar que les sirvan algo?

Larra.—No, muchas gracias.]

Espronceda.—[Nosotros,] excelencia...

Mendizábal.—[¡Por favor,] apeen el tratamiento! ¿No somos amigos?

Espronceda.—Usted sabe que sí.

Mendizábal.—Díganme en qué puedo servirles. (Espronceda *va a hablar.)* Pero, antes, una palabrita. [He pensado hartas veces que] ustedes hacen mucha falta en la arena política. ¿Qué les parecería ganar sus actas de diputados en las primeras elecciones?

ESPRONCEDA.—*(Cambia una mirada con su amigo.)* Lo pensaremos. Hoy veníamos a hablarle de [nuestros temores ante] asuntos muy graves.

[MENDIZÁBAL.—¿Temores?

LARRA.—Terribles certezas.] *(El ministro los mira fijamente.)*

MENDIZÁBAL.—¡Ah, ya comprendo! La libertad de imprenta. [Tienen razón al quejarse. *(Ríe.)* ¡Y también mucha chispa! *(A* LARRA.*)* ¿Cómo era aquello de usted...? Algo así: «¿Ha leído vuesa merced *El Pobrecito Hablador?* Yo le publicaba en tiempos de Calomarde y de Cea; ahora, como ya tenemos libertad racional, probablemente no se podría publicar»[91]. *(Ríe más fuerte.)* ¡Es divertidísimo!

LARRA.—Su memoria me honra.

MENDIZÁBAL.—]Muy justa queja, amigo Fígaro. Pero, [¿qué quiere?] Estamos en guerra y no puedo suprimir la censura. Convengan, sin embargo, en que se ha dulcificado todo lo posible. [Pese a todo, Larra, ya no estamos en los tiempos de Calomarde. Madrid tiene ahora unos cincuenta periódicos y revistas. Y ustedes escriben a menudo contra mis disposiciones...

LARRA.—Señor don Juan...

MENDIZÁBAL.—¡Lo recuerdo para que vean que somos tolerantes! Usted, por ejemplo, ha escrito: «Habla la reina y se hace lenguas de la libertad de imprenta; hablan los ministros y para ellos no hay altar donde ponerla (...) y hablo yo y digo como don Basilio en la ópera de mi tocayo: ¿A quién engañamos, pues, aquí?»[92].

LARRA.—Me asombra usted.

MENDIZÁBAL.—*(Sonriente.)* ¿Se lo habría dejado publicar Calomarde? No. Ni otras muchas cosas que recuerdo.] Usted ha dicho de mí que prometo, o sea que no cumplo; usted se ha burlado de mi ley electoral y de la disolución de las

---

[91] «Segunda y última carta de Fígaro al Bachiller, su corresponsal desconocido», *La Revista Española*, 13 de agosto de 1834.

[92] «Dios nos asista», cit. Basilio es el sacerdote, profesor de música, que forma parte del elenco e interviene en el enredo de *El barbero de Sevilla*.

Cortes que hube de ordenar:... Se le ha dejado que lo diga [y, que yo sepa, todavía no le han multado.]

ESPRONCEDA.—Señor presidente, [no] hemos venido a quejamos de [su paternal libertad de imprenta, sino de] cuestiones más graves.

MENDIZÁBAL.—*(Frío.)* ¿Por ejemplo?

LARRA.—[Quisiéramos hablarle...] de la desamortización.

MENDIZÁBAL.—*(Se envara.)* ¡No pretenderán criticarla!

ESPRONCEDA.—Al hecho en sí, no.

MENDIZÁBAL.—*(Se levanta, excitado.)* ¡Entonces...! *(Ellos van a levantarse.)* [Sigan sentados, se lo ruego. Y] escúchenme. *(Pasea.)* Desde las Cortes de Cádiz se viene estudiando [ese problema.] Y ya se efectuaron desamortizaciones, parciales... *(Se vuelve y los mira.)* Mi decreto [de desamortización definitiva de los bienes del clero y la reducción implacable de sus comunidades] culmina esa obra. [¡Las tierras, al pueblo!] *(Se acerca.)* Para recobrar títulos de la deuda interior, sí; para atender a los gastos de guerra... Pero también para que nuestra revolución se lleve a cabo.

LARRA.—¿Qué revolución?

MENDIZÁBAL.—[¡La suya y la mía!] Luchamos por una revolución que haga de España una nación [civilizada,] moderna y rica. ¿O no?

LARRA.—Naturalmente.

MENDIZÁBAL.—Entonces no la estorben.

[LARRA.—Si quisiera escucharnos con calma...

MENDIZÁBAL.—¡No se quejará de mi calma!] *(Se vuelve a sentar.)* [¡Hable!].

LARRA.—Señor presidente, usted ha sacado a pública subasta toda la inmensidad de tierras baldías [y mal trabajadas...]

MENDIZÁBAL.—Divididas en pequeñas parcelas adecuadas a las familias campesinas.

LARRA.—¿Y cree que van a parar a esas familias?

MENDIZÁBAL.—Nadie les impide adquirirlas.

LARRA.—Todo les impide adquirirlas. Ni tienen dinero, ni los títulos depreciados [de la deuda] con los que también se pueden comprar.

[MENDIZÁBAL.—No lo crea. Los títulos están muy repartidos. ¡Están ustedes hablando con un economista!]

ESPRONCEDA.—Yo he asistido a una de esas subastas. [Larra y yo pensamos que usted desconoce lo que en ellas sucede.
MENDIZÁBAL.—¿Qué sucede?
ESPRONCEDA.]—Los augurios de [don Álvaro] Flórez Estrada se están confirmando[93].
MENDIZÁBAL.—¡Bah! Ese teorizante...
[LARRA.—Otro economista, don Juan.]
ESPRONCEDA.—[En las subastas] está pasando lo que él previó. Los más adinerados, [o sus hombres de paja,] adquieren parcela tras parcela y forman así grandes propiedades. [Los pobres ni siquiera asisten,] y si algún campesino modesto se obstina en pujar, hay partidas de la porra que lo maltratan y lo echan.
LARRA.—Ya ve en lo que está parando su reforma agraria.
ESPRONCEDA.—¿No sería mejor el procedimiento [de enfiteusis] propuesto por Flórez Estrada? El Estado distribuiría todas esas tierras entre los campesinos pobres [y se las arrendaría] mediante pagos a plazos bien calculados.
LARRA.—«La guerra misma de Navarra es (...) un efecto de lo poco o nada que se ha tratado de interesar al pueblo en la causa de la libertad. ¿Cómo se le quiere interesar trasladando los bienes nacionales (...) de las manos muertas (...) a manos de unos cuantos comerciantes, resultado inevitable de la manera de venderlos adoptada?»[94].
MENDIZÁBAL.—*(Sombrío.)* Ustedes piden la anarquía. [De pronto, los pobres, propietarios, y los verdaderos hombres de empresa, anulados. Sería utópico... y fatal.] ¡Nuestra revolución se apoya en la libertad de acumular bienes! Sólo

---

[93] Álvaro Flórez Estrada fue un destacado economista liberal que intervino activamente en la política del país. Diputado en las Cortes de Cádiz, sufrió el destierro dos veces; la última, durante la «década ominosa». Al morir el rey, vuelve a España. Defiende la desamortización de Mendizábal pero no está de acuerdo con la forma de llevarla a cabo, por lo que en 1836 publica trabajos que critican los procedimientos empleados en la «enajenación de los bienes nacionales». Él propugnaba una reforma agraria basada en que el estado conservase el dominio directo de las tierras incautadas, instalando en ellas a los campesinos pobres, que pagarían una módica contribución *(Enfiteusis)*.

[94] «Publicaciones nuevas. *El ministerio Mendizábal*. Folleto, por don José Espronceda», cit.

así obtendremos un poder central fuerte que acabe con tanto privilegio, tanto fuero, tanta aduana interior, [tanto retraso.] Eso es lo que defienden los facciosos.

LARRA.—¿Y no ha pensado usted que los fueros de ciertas regiones son [antiguos] derechos populares que no hay que destruir, sino perfeccionar?

MENDIZÁBAL.—¡No puedo creer a mis oídos! ¡Ustedes... hablan como carlistas!

ESPRONCEDA.—Nadie ha escrito con mayor sarcasmo que Larra acerca de la facción. Con su corte de frailes, don Carlos sólo lucha por sentarse en el trono de su hermano, como un ídolo impasible ante el que se prosterne un país mantenido en lo que él llama la bendita ignorancia. Pero si los pueblos del norte le apoyan es porque él, para embaucarlos, les reconoce fueros y costumbres... ¿No deberíamos quitarle esa bandera?

MENDIZÁBAL.—[Imposible.] Perjudicaríamos el desarrollo de la nación.

LARRA.—¿Quiere decir el desarrollo de los potentados?

MENDIZÁBAL.—Deje esas bromas para sus artículos, Larra.

LARRA.—El único [y tremendo] bromazo es el de una guerra supuestamente motivada por un problema de sucesión. Pero, [en confianza, señor de Mendizábal:] ¿qué nos importa [a nosotros] la persona que vaya a reinar? Cuando una reina se acuesta con un palafrenero, el heredero del trono puede ser hijo del palafrenero.

MENDIZÁBAL.—¡Cuide sus palabras! Yo soy un leal súbdito de su majestad [la reina.]

LARRA.—[Pues] yo soy un leal servidor del pueblo.

MENDIZÁBAL.—¡No más que yo! [La soberanía reside en el pueblo.] Pero la reina y su Gobierno son sus mandatarios.

LARRA.—Ya veremos qué dice de eso mañana la soberanía nacional..., si es que puede manifestarse en los comicios.

MENDIZÁBAL.—*(Irónico.)* ¿Insiste en criticar mi ley electoral?

LARRA.—[La ley] y su aplicación. Usted sólo concede el voto a los que pasen de los doce mil reales de renta anual, y prohíbe votar a los menores de treinta años, que son, [sin embargo,] capaces [de escribir,] de hablar con usted ahora y hasta de ser diputados.

MENDIZÁBAL.—Ustedes sí, pero la plebe... [Seamos sensatos, Larra. La plebe es ignorante.] Darle hoy el voto sería el caos. Y todos hemos visto lo que sucede entonces. Asesinatos, motines...

LARRA.—El poder también asesina.

MENDIZÁBAL.—¿Qué dice?

LARRA.—No olvide a María Griñó, [ni a los prisioneros de Barcelona.]

MENDIZÁBAL.—[¡Es inaudito!] ¿Ignora [usted] que el general Mina ha sido destituido?

ESPRONCEDA.—El Gobierno ha cerrado los ojos ante los desmanes de otros que no han sido destituidos.

MENDIZÁBAL.—¡No podemos quedarnos sin jefes!

LARRA.—Si quiere ganar la guerra, interese al pueblo en nuestra causa, no a los jefes. Modifique las disposiciones de desamortización y amplíe la ley electoral.

MENDIZÁBAL.—Sería el desastre, y el carlismo triunfaría. Ya pueden seguir soñando cuanto quieran. Yo debo estar muy alerta. *(Se levanta. LARRA y ESPRONCEDA se ponen de pie.)*

LARRA.—¿Así pues, no?

MENDIZÁBAL.—Categóricamente, no.

LARRA.—Entonces, señor de Mendizábal, oiga mis últimas palabras. *(Se acerca y, mientras le habla, le desprende muy suavemente la careta y se la pone en una mano.)* Usted ha sido un político desterrado por servir a la libertad, pero no nos ha dado libertad. Usted ha defendido la causa popular en sus discursos, pero [es usted un millonario opulento, y] su desamortización es otra hábil jugada de bolsa a favor de los ricos, no de los braceros. [En resumen: usted inaugura otra sustanciosa etapa de privilegios.] Y nosotros, aunque [nos multe o] nos encarcele, lo diremos.

ESPRONCEDA.—Hago mías las palabras de Larra. Y agrego que acaso nadie haya querido ayudarle mejor que nosotros.

MENDIZÁBAL.—*(Seco.)* Gracias, caballeros. (LARRA y ESPRONCEDA *se inclinan.* MENDIZÁBAL *sube la escalera.* DON HOMOBONO *se levanta. Sobre su verdadero semblante —una faz de párpados muy fruncidos sobre los ojos huidizos y suspicaces, de mejillas cuajadas de plaquetas, de nariz olfateadora y ávida— el ministro se apresura a ajustar rápidamente su máscara.)*

[D. Homobono.—Excelencia... (Mendizábal *se detiene.*) El señor de Larra trajo hace cuatro días un artículo asaz irrespetuoso...

Mendizábal.—¡Prohíbalo!

D. Homobono.—*(En sus glorias.)* ¡Sí, excelencia! *(Se inclina y corre a su mesa.)*

Mendizábal.—Espere. (Don Homobono *se detiene.*) No lo prohíba entero. Pero tache sin temor.

D. Homobono.—*(Triste.)* Como vuestra excelencia mande. *(Se sienta y empieza a tachar.*] *El ministro sube hasta su sillón y se sienta, desazonado. La luz se va yendo del bloque y crece en el Parnasillo. Apiñados en dos o tres grupos, leen todos ejemplares de un folleto.* Larra *y* Espronceda *se han sentado, desalentados, en el gabinete.)*

Larra.—¿Qué se puede hacer?

Espronceda.—¡Escribir!

Larra.—¿Nos dejarán?

Espronceda.—Recordaré palabras suyas: «El escritor (...) debe (...) remitir a la censura tres artículos nuevos por cada uno que le prohíban»[95]. *(Leve cambio de luz.* Larra *se levanta y pasea con las manos en la espalda.)*

Larra.—Tan desanimado como yo. *(El poeta baja la cabeza.* Larra *se vuelve hacia el frente y mira al vacío.)* Y no obstante, logró publicar «El Ministerio Mendizábal». Y yo defendí ese folleto en un artículo. [*(Se vuelve hacia su amigo.)* Así vamos cerrándonos el camino.] *(Sigue paseando. La luz vuelve al bloque derecho.* Larra *mira a* Mendizábal *y, a poco, torna a sentarse en su silla.)*

Mendizábal.—¿Cómo se ha podido autorizar ese inmundo folleto de Espronceda?

D. Homobono.—*(Se levanta, asustadísimo.)* Vuestra excelencia recomendó amplios criterios para sus escritos...

Mendizábal.—¡Antes de que me visitase!

D. Homobono.—Después, [vuestra excelencia] no me dijo nada.

---

[95] «Publicaciones nuevas. *El ministerio Mendizábal*, Folleto, por don José Espronceda», cit.

MENDIZÁBAL.—Y de Larra, ¿no le dije algo?

D. HOMOBONO.—Sí, excelencia.

MENDIZÁBAL.—¡Pero ustedes le autorizan también el artículo de apoyo a ese folleto!

D. HOMOBONO.—Como vuestra excelencia dijo que [no se le prohibiesen cosas y que] solamente se le tachase..., se tachó bastante.

MENDIZÁBAL.—*(Le considera.)* ¿Quiere que le diga una cosa, don Homobono? Es usted un imbécil.

D. HOMOBONO.—Excelencia, yo le suplico...

MENDIZÁBAL.—¡Debí sustituirle! Ya lo hará mi sucesor.

D. HOMOBONO.—¿Su sucesor?

MENDIZÁBAL.—*(Se levanta y pasea.)* Esos escritos son como navajazos. Milagro será que no me rocen.

[D. HOMOBONO.—*(Casi al borde de las lágrimas.)* ¡La culpa es de don Juan Nicasio Gallego! Siempre me recomienda indulgencia con Larra.

MENDIZÁBAL.—*(Se detuvo.)* Cualquiera sabe a lo que juega ese galápago[96]. ¿O será tan necio como usted?] Es igual. Usted lamentará su imprudencia. *(Baja por las gradas ocultas.)*

D. HOMOBONO.—*(Se sienta, abrumado.)* ¡Santísima Virgen [de los Desamparados,] ayúdame! *(Apoya los codos en la mesa y esconde su rostro entre las manos. Oscuridad en el bloque. Aumenta la luz en el gabinete.)*

ESPRONCEDA.—[Sólo una verdad entre tanta mentira:] debemos presentarnos a las elecciones.

LARRA.—¡Nosotros somos escritores!

ESPRONCEDA.—[Mientras nos dejen.] En las Cortes [seremos invulnerables, y] la censura no podrá silenciar nuestra palabra.

LARRA.—Si hay que convertirse en procurador, lo haré. [Pero, ¿con quién deberíamos presentarnos?]

ESPRONCEDA.—¿No le han hablado Istúriz y el duque de Rivas?

---

[96] *Galápago:* empleado aquí familiarmente como indicativo de su capacidad de protegerse y con los significados de *astuto, disimulado* o *hipócrita,* como en la frase: «Tener más conchas que un galápago.»

LARRA.—Vagamente.
ESPRONCEDA.—Cuentan con nosotros.
LARRA.—«Istúriz es un verdadero radical...»[97].
ESPRONCEDA.—¡Y adversario de Mendizábal! [No pasa día en el Estamento sin que le zarandee con sus ataques.] (LARRA *se levanta, pasea.*)
MESONERO.—¿Un desafío [público] en las Cortes entre el presidente [del Gobierno] y el jefe de la oposición? (LARRA *se adelanta y escucha.*)
DÍAZ.—[Y en el campo del honor.] Mendizábal no ha podido tolerar tamañas insidias.
VEGA.—Diga mejor que Istúriz no ha podido sufrir tanta soberbia.
DÍAZ.—¡Si el retado ha sido él! (LARRA *va a su escritorio; recoge unos papeles.*)
VEGA.—¡Ha sido Mendizábal! (*Se levanta y se encara con* DÍAZ.)
BRETÓN.—Señores... Da lo mismo. (VEGA *se sienta de mala gana.*)
GRIMALDI.—¡Pipí! ¡Sirve a todos! ¡Yo convido!... Lo malo es que el duelo se verifica hoy.
GALLEGO.—Para mayor risa en el extranjero. No tenemos hombres de Estado.
[BORREGO.—(*A* GALLEGO.) ¿Deberemos comentar el lance en los periódicos?
DÍAZ.—Si el presidente despacha a Istúriz, tendrá que hacerlo.
BRETÓN.—¡Mocito fantasioso! Ya verá como el duelo es sólo a primera sangre.] (LARRA *ha vuelto al primer término y, sin bajar el escalón, ofrece sus papeles a* BORREGO. *El periodista se levanta sorprendido, los toma y lee un poco.*)
BORREGO.—¿Dos barateros que se desafían en la cárcel?[98].

---

[97] Esta apreciación sobre Istúriz procede de la obra de Carlos Didier, traducida por Larra, *De 1830 a 1836 o España desde Fernando VII hasta Mendizábal. Resumen histórico crítico publicado recientemente en París. Lo da a luz en castellano, con las variaciones que ha creído oportunas, Don Mariano José de Larra*, Madrid, Imprenta de Repullés, 1836, pág. 36.

[98] «Los barateros o el desafío y la pena de muerte», *El Español*, 19 de abril de 1836. A continuación, Larra pronuncia textos pertenecientes a este artículo y a «Fígaro al director de *El Español*», 23 de mayo de 1836.

LARRA.—*(Ríe.)* Una fabulita [inocente.] Uno de ellos mata al otro y, para reconvenirlo, le dan garrote. Entonces habla la sociedad. (BORREGO *lee. La voz de* LARRA, *en el ambiente.)*

LARRA.—*(Su voz.)* «Algún día, baratero, tendrás razón; pero por el pronto te ahorcaré...»

LARRA.—*(Habla con su boca.)* «... Y el baratero murió... Y la sociedad siguió, y [siguieron] con ella los duelos, y [siguió] vigente la ley, y barateros la burlarán, porque no serán barateros de la cárcel, ni barateros del pueblo, aunque cobren el barato del pueblo.»

BORREGO.—Larra, no olvide que mi revista es ministerial.

LARRA.—¿Y si vence Istúriz?

BORREGO.—¡Con Mendizábal o con Istúriz, ministerial!

LARRA.—[«Bastante censura nos ponen los gobiernos (...) sin que se nos añada otra doméstica en nuestro mismo periódico (...)] En ["El Ministerio] Mendizábal" he criticado cuanto me ha parecido criticable.» Y lo mismo estoy haciendo ya con Istúriz. Todo lo cual, [señor Borrego,] se lo pienso repetir en otro artículo. Conque muévase y procure que aprueben los dos si quiere recibir más. (BORREGO *se guarda a disgusto los papeles y* LARRA *se vuelve hacia* ESPRONCEDA. *Leve cambio de luz.)* Lo publiqué en abril.

ESPRONCEDA.—*(Asiente.)* Y en días muy tensos.

BORREGO.—Fígaro no se quejará [de mí.] Le he publicado «Los barateros». Pero ya publiqué yo días antes que ese duelo era «la más justa y honorífica explicación que dos hombres podían y debían darse».

BRETÓN.—Claro. Por si acaso.

[BORREGO.—¿Qué ha dicho?

ARRIAZA.—No haga caso, es un guasón. Usted procedió perfectamente.

GALLEGO.—Sin embargo, la ley prohíbe el duelo. Y la religión lo condena.

DÍAZ.—Será ahora. (GALLEGO *no se digna contestar.] Leve cambio de luz. Entra el* PADRE FROILÁN *muy contento.)*

P. FROILÁN.—¡Ya cayó el anticristo! Pipí, lo mío. *(Se sienta en su sitio acostumbrado.)*

DÍAZ.—¿A quién se refiere?

Borrego.—*(Preocupado.)* A Mendizábal. Istúriz le ha pedido cuentas [del voto de confianza otorgado por la Cámara] y no ha acertado a justificar los descalabros de la campaña del norte. (Díaz *se levanta, trémulo.*)
Gallego.—[Perdone. El motivo ha sido que] quiso inculpar [de esos reveses] a nuestros [mejores] generales y propuso a la reina nuevos mandos. Ella se ha negado y él ha tenido que dimitir.
Mesonero.—¡Qué tragedia!
Bretón.—¡Qué comedia!
P. Froilán.—*(Farfulla.)* ... todos del mandil[99]... ¡Al fuego con todos! (Díaz *se ha acercado.*)
Vega.—¿Y quién va a gobernar?
Borrego.—[La reina ha llamado a] Istúriz.
[Bretón.—Muy natural. A quien más ha podido.] (Díaz *murmura un sordo saludo y sale del café. Los de la izquierda ríen.*)
Arriaza.—[Vamos] de desastre en desastre.
Grimaldi.—Y la comida empieza a escasear...
Mesonero.—Y el café de este café ya es achicoria...
Bretón.—O malta... *(Se va yendo la luz del Parnasillo.)*
Larra.—*(A* Espronceda.*)* Accedo a ser procurador.
Espronceda.—*(Se levanta.)* ¡Corro a decírselo a Istúriz!
Larra.—¡Dígale que [no olvide mis artículos! No seré ministerial[100] ni con él, y] no callaré si hay que criticar su gestión.
Espronceda.—Se avendrá. Nos necesita. *(Sale por uno de los huecos del fondo. La luz se amortigua en el centro e ilumina el bloque derecho. Muy nervioso,* Don Homobono *se levanta y es-*

---

[99] *Mandil:* prenda que se sujetaba a la cintura, semejante a un delantal, que los masones empleaban en sus ritos. El Padre Froilán, al desear el fuego a quienes lo llevan, está intentando recuperar las hogueras de la Inquisición.

[100] Larra se rebela ante la idea de convertirse en lo que tanto había criticado y así se lo hace ver al ministro. En su artículo «El ministerial», cit., explicaba el concepto y la génesis de tales sujetos. En esta Parte segunda del drama, en la secuencia en la que tiene lugar el reconocimiento de su caída como escritor por haber pasado Díaz a desempeñar el cargo de censor, le aplicará a él el texto con el que describe cómo se forjan dichos coadyuvantes del sistema.

pera, humildísimo. Por el hueco derecho del fondo aparece Is-
TÚRIZ. *El mismo vestido civil de* MENDIZÁBAL. *Es un cincuentón de noble porte y cabello todavía oscuro. Su media máscara, muy diferente en cambio de la de su antecesor, parece la de un bilioso sapo. En su camino hacia la escalera se detiene un instante.*)
ISTÚRIZ.—Escriba lo que quiera, Larra. [Cuento de todos modos con usted.] Le presentaremos por Ávila. (LARRA *se inclina levemente.* ISTÚRIZ *sube despacio. En el gabinete, la voz de* LARRA.)
LARRA.—*(Su voz.)* ¿Sabrá [este viejo zorro] que Dolores vive allí? (ISTÚRIZ *se detiene un segundo y lo mira, risueño.*) ¿Se vuelve proxeneta para ganar mi voluntad? *(El nuevo presidente sigue subiendo.)* Trabajo le mando. (ISTÚRIZ *llega al descansillo. El censor se inclina. El ministro lo mira de arriba abajo.* LARRA *atiende muy interesado.*)
ISTÚRIZ.—Tengo malos informes de su conducta. [Mientras se determina qué se hace con usted,] procure no disgustarme. *(Va a subir a su despacho.)*
D. HOMOBONO.—Excelencia... *(Su excelencia se detiene.)* Es que uno... ya no sabe a qué atenerse... Los escritos del señor de Larra y del señor Espronceda, por ejemplo..., ¿se deben prohibir?
ISTÚRIZ.—*(Airado.)* ¡Esos dos señores van a ser diputados! No lo olvide.
D. HOMOBONO.—*(Hecho un lío.)* No, si yo no olvido nada... (ISTÚRIZ *sube y se sienta. El hombrecillo se sienta a su vez, muy perplejo.*) Ni entiendo ya nada. Que el Señor se apiade de mis cuatro hijitos. *(Se pone a trabajar mecánicamente.)*
[LARRA.—¿Y quién entiende ya nada?] *(Se ilumina el Parnasillo.)*
GALLEGO.—¿Y quién entiende ya nada?
BRETÓN.—Nadie. Porque nuestro zoilo[101], no sé si lo saben, quiere ser procurador.
VEGA.—También se presenta Espronceda.
BORREGO.—¿Por qué no? ¡Hay que ayudar a Istúriz! [(ARRIAZA *rompe a reír.)* Esa risa, ¿va por mí?

---

[101] *Zoilo:* censurador maligno; procede del nombre del filósofo sofista (Zoilo) detractor de Homero, Platón e Isócrates.

ARRIAZA.—No, no. Me río... de los peces de colores. *(Sofoca su risa.)*]
P. FROILÁN.—*(Farfulla.)* ... ¡masones! *(Se levanta.)*
GALLEGO.—Caridad, padre Froilán...
P. FROILÁN.—*(Con sorpresa de todos se le oye bien.)* ¡Con Fernando VII vivíamos mejor![102].
GALLEGO.—Padre, hubo muchas muertes y destierros. Yo mismo...
P. FROILÁN.—¡Usted también es masón!
GALLEGO.—*(Se levanta.)* ¿Está loco?
P. FROILÁN.—¡Y el masón, al paredón!
GALLEGO.—*(Indignado.)* ¡No le consiento...!
VEGA.—*(Irónico.)* Mansedumbre, padre Gallego...
GALLEGO.—*(Se reporta.)* Tiene usted razón. *(Se cala la teja.)* Buenas tardes.
P. FROILÁN.—¡Soy yo quien se va y para no volver! *(Farfulla.)* Banda de... sacrílegos... arreglará... don Carlos. *(Se encasqueta su teja y sale del café.* GALLEGO *se descubre y se sienta, meneando la cabeza con pesar. Se oscurece el Parnasillo, al tiempo que entra* ESPRONCEDA *muy agitado por la puerta del fondo del gabinete.)*

---

[102] La frase supone un gesto humorístico del autor y un acercamiento visible a ciertas situaciones que se vivían en el momento de la escritura del texto. Constituye una variante de la que hizo fortuna en los primeros tiempos de la transición en boca y pintadas de los extremistas nostálgicos de la derecha («Con Franco vivíamos mejor»); tuvo su versión de signo contrario en «Contra Franco vivíamos mejor»; y hasta se estableció un cierto diálogo en las paredes cuando, tras la reafirmación franquista, aparecía escrito: «en los cementerios». En la misma línea se puede analizar la frase que algo después pone Buero en boca del sacerdote: «Y el masón al paredón!», donde se recuerda aquella otra de «Tarancón al paredón», en contra de la corriente aperturista que el Cardenal Arzobispo de Madrid mantenía frente a los sectores más cerrados de la Iglesia. Buero enlazaba mediante estos guiños con su actualidad y dejaba memoria histórica, no solo de los grandes y graves sucesos sino de las anécdotas que salpicaron la calle. En la carta particular citada comentaba la reacción de algunos críticos y su punto de vista al incorporar estas expresiones: «Las frases "incriminadas" del P. Froilán son, cierto, el escape de actualidad circunstancial más claro en la obra. Pero el teatro, arte impuro, difícilmente puede eludir esos efectos: ni Shakespeare los evitó. Era muy difícil abstenerse de cosas así en una obra de época tan semejante a la nuestra; y ese "exceso" del P. Froilán no deja de ser útil pista para el grueso de los espectadores que, sin cosas de este tipo, quizá no advertirían bien la actualidad de la obra...»

Espronceda.—¡Larra, [no vayamos a las elecciones!
Larra.—¿Ahora sale con ésas?
Espronceda.—]¡Istúriz es un vanidoso! ¡Las Cortes le han dado un voto de censura, [se ha irritado] y las ha disuelto!
Larra.—Otro Mendizábal...
Espronceda.—[¡El poder ensoberbece a todos! ¡Pero si Istúriz gallea, se le responderá!] *(Señala con un dedo, al tiempo que se expande un ruido de disparos y gritos lejanos.)* ¡Vuelven a formarse Juntas! ¡Ha sonado la hora de la acción!
[Larra.—¿Qué acción?
Esproncenda.—Barricadas en las calles. Como en París.]
Larra.—Siéntese.
Esproncenda.—No tengo tiempo.
Larra.—¡Para mí, sí! *(Va a su lado y le fuerza amistosamente a sentarse.)* [Las provincias se van a levantar: bueno está.] ¿Quiénes mueven la insurrección?
Esproncenda.—¿A quién apunta?
Larra.—A Mendizábal [y a sus adictos.] Desde que cayó está conspirando contra Istúriz. Prefiero a Istúriz.
Esproncenda.—¿No ha dicho que es otro Mendizábal?
Larra.—¿Y qué? ([*Pasea, pensativo.*] *Los disparos menudean.* [*Radiante, aparece* Díaz *en la puerta del café, al tiempo que éste se ilumina.* Espronceda *taconea impaciente, en espera de las palabras de su amigo.)*
Díaz.—¡Comenzó la danza, señores! Han asesinado en Málaga al gobernador y al capitán general.
Grimaldi.—¿Es cierto, señor Borrego?
Borrego.—Puede serlo. Toda Andalucía se ha levantado.
Díaz.—*(Avanza.)* ¡Y Zaragoza, y Valencia, y Murcia! ¡Y Cataluña!
Gallego.—¿Y eso le alegra?
Díaz.—¡Llorar no lloro! ¡Ustedes sigan bien! *(Y sale del café como un cohete.)*
Bretón.—*(Por* Díaz.) Periquito bailón. *(Ríen los de la izquierda.)*
Borrego.—El general don Evaristo San Miguel se va a sublevar también.
Vega.—¡No!
Borrego.—Mocito, yo suelo estar bien informado.

Gallego.—En fin: que la guerra se perderá.
Mesonero.—El poder siempre es fuerte... *(La luz se va del café poco a poco.)*
Larra.—*(A* Espronceda.*)*] ¿Disolución de Cortes? Bien. Seremos procuradores en las nuevas.
Espronceda.—[¡Hay que dar una sola bandera a esas insurrecciones!] ¡Yo me sublevo con mi regimiento!
[Larra.—¿Y si ganamos mañana la elección?
Espronceda.—Poco importa.] *(Va a levantarse.)*
Larra.—¡Razone! Mendizábal y su camarilla no han vacilado en llevar a soldados y menestrales a la muerte por una oculta cuestión de intereses. [Recuerde su famosa ley electoral: elecciones por distritos, o sea, poniéndolas en manos de los caciques.] El duelo de estos dos barateros va a desangrar a España. ¿Y por qué riñen? Mendizábal favorece a sus amigos ricos de Cádiz defendiendo el libre cambio; Istúriz, a la industria catalana, para cuyos tejidos pide leyes protectoras. Y es de suponer que los dos saquen sabrosas tajadas de sus respectivas políticas... No se deje arrastrar a motines sangrientos por ninguno de ellos.
Espronceda.—*(En pie.)* ¡Yo me sublevo!
Larra.—¡Como quiera! Pero no retire la candidatura.
[Espronceda.—No voy a pensar ahora en tales niñerías.
Larra.—Pensaré yo por los dos.] Su elección podría librarle mañana de un tribunal militar.
Espronceda.—Me fugaré si llega el caso. ¿No viene?
Larra.—No.
Espronceda.—Adiós. *(Se va por la puerta del fondo, que deja abierta. Se oye, muy suave y remota, la cavatina de Rossini, ejecutada por una orquesta.* Larra *mira hacia la salita del piano, pero allí no hay nadie.)* ¡Dolores, [si tú no vienes,] yo iré a Ávila! Pero si no me escuchas y he de luchar solo, lucharé. *(Se sume en sus reflexiones. La luz cambia levemente.* Pedro *entra por el fondo con una carta en bandeja.)*
Pedro.—Señor... Han traído esta carta.
Larra.—¡La credencial! *(Abre la carta presuroso y lee.)* ¿Qué día es hoy, Pedro?
Pedro.—6 de agosto de 1836, señor.

Larra.—Dentro de dieciocho días me sentaré en las Cortes, y España me oirá. Lástima que Espronceda no haya sido elegido... ¡Corazón ardiente y generoso! *(Pausa. Se abstrae y musita, intemporalmente.)* También morirá joven[103]. *(Leve cambio de luz.* Pedro *deniega repetidamente, suspira, toma el sombrero del escritor y se lo ofrece, al tiempo que se sienten disparos lejanos. Los dos escuchan: los rumores bélicos aumentan. El bloque derecho se ilumina.* Istúriz *y* Don Homobono, *llenos de zozobra, se levantan y aguzan el oído.* Larra *se cala la chistera y se dirige al primer término. Al oír a* Díaz, *se detiene sin bajar el escalón. Luz vivísima en el Parnasillo. El criado se retira por un hueco del fondo.* Díaz *entró por la puerta y va, exultante, de una a otra mesa.)*

Díaz.—¡Tres sargentos! ¡Tres sargentos! Higinio García...

Grimaldi.—¡No nos aturda, *mon Dieu!*

Díaz.—¡Alejandro Gómez!

Arriaza.—*(Sombrío.)* Y Juan Lucas, ya lo sabemos.

Díaz.—[¿No lo comprenden?] ¡Al fin, la revolución! [Todos los oficiales de La Granja vinieron a Madrid a la ópera...!

Bretón.—Sospechosa unanimidad.

Díaz.—Justo. Ellos preferían que lo hicieran los sargentos. O sea, el pueblo.

Arriaza.—La horda.

Díaz.—¡Límpiese la boca antes de insultar al pueblo, señor Arriaza!] ¡Los sargentos de La Granja, amenazando a la reina con sus propios soldados! [¡Ahí es nada!] Y ella ha tenido que prometer la Constitución del 12. (Larra *se decide y pasa directamente de su sala al café.)*

Larra.—[Buenos días, señores.] ¿Hay novedades?

Bretón.—Según el señor Díaz, nada menos que la revolución.

Larra.—Ya. *(Se sienta a la izquierda y se descubre.* Díaz *lo mira con irónica sonrisa de superioridad.)*

Borrego.—Bien mirado, es un paso.

---

[103] Espronceda nació el 25 de marzo de 1808, era, pues, un año mayor que Larra; murió de una difteria laríngea, a los treinta y cuatro años, el 25 de mayo de 1842.

Díaz.—¿No les recuerda nada ese regreso de la reina a Madrid custodiada por los amotinados?

Mesonero.—*(Preocupado.)* El regreso de Varennes[104].

Díaz.—Usted lo ha dicho. *(Mira a* Larra *y grita.)* ¡Abajo Istúriz! ¡Abajo la censura! *(Sobresaltados,* Istúriz *y* Don Homobono *se miran, bajan la cabeza y descienden de sus dos niveles por la parte oculta. El bloque sigue iluminado.)*

Borrego.—Nuestro joven amigo no ignora la historia. [Y tampoco hay que echar en saco roto las prendas literarias y morales del señor Díaz.] Nuestras revistas van a necesitar sus colaboraciones. ¿Eh, Mesonero? *(«El Curioso Parlante» sonríe ambiguamente.)*

Díaz.—*(Derretido.)* Son ustedes muy amables...

Gallego.—Yo fui doceañista y [no negaré que] la nueva vigencia de esa Constitución me es muy grata.

Díaz.—[Pues bien, señores,] ¡viva la Constitución [y viva el pueblo!] (Borrego, Grimaldi, Gallego, Vega, Mesonero, *responden con sus ovaciones.)*

Bretón.—*(Con una ojeada de soslayo a* Larra, *que escucha impasible.)* Y también, [amigo Díaz, ¡viva] el nuevo presidente! Don José María Calatrava. Un patriota. (Calatrava *aparece en el nivel superior del bloque izquierdo y se detiene en actitud solemne. Tiene unos cincuenta y seis años, y los cabellos, plateados y revueltos. Su media máscara congestiva, casi roja, es muy diferente de la de sus predecesores. El traje civil es en cambio idéntico.)*

Mesonero.—Seis años pasó en el penal de Melilla.

[Díaz.—Y en el destierro ganó su pan trabajando como zapatero. ¡Él, un jurista eminente!] (Calatrava *levanta su mano: va a hablar.* Díaz *se sienta junto a* Gallego *y todos escuchan.)*

Calatrava.—[Istúriz y yo formamos parte de la junta de Bayona. Los dos queríamos abatir la tiranía fernandina...]

---

[104] El motín se produjo el 12 de agosto de 1836; los sargentos obligaron mediante amenazas a que la reina prometiese aplicar de nuevo la Constitución del 12. Mesonero encuentra semejanzas entre la situación de la monarquía española en este trance y la vuelta a París de la familia real francesa desde Varennes, en 1791, cuando Luis XVI y María Antonieta intentaron huir del país disfrazados de aristócratas rusos.

Con pesar hube de alejarme de mi predecesor. Su moderantismo[105] nos llevaba a un callejón sin salida. Afortunadamente el pueblo ha hablado y su majestad se ha dignado confiarme el timón en esta nueva singladura... Se decreta un empréstito [forzoso] de doscientos millones de reales. Todos los bienes [muebles e inmuebles] del clero ingresarán en el Tesoro. ¡Se efectuará una nueva quinta de cincuenta mil hombres!... [Todos los ciudadanos serán calificados como leales o sospechosos, y es justo que los daños y privaciones sufridos por los primeros se remedien a costa de los segundos.

Díaz.—*(Que ha escuchado todo con gestos y ademanes entusiastas.)* ¡Como en Francia!

Calatrava.—]Se abrirán las Cortes el 24 de octubre, y en ellas la nación refrendará la Constitución del 12 que se le ha otorgado o redactará otra si así lo prefiere.

Díaz.—¿Qué más se puede pedir?

[Borrego.—Muy bien, muy bien...] (Calatrava *se sienta. La luz le abandona.*)

Grimaldi.—¡Pipí, sirve a todos un buen jerez [por mi cuenta!]

Gallego.—*(Se levanta.)* Espero que me disculpen... No puedo entretenerme... [Tengo que hacer.] Buenos días. *(Se cala la teja y sale por la puerta.)*

Díaz.—*(Ríe.)* [Su reacción es] la mejor señal.

Arriaza.—¿De qué?

Díaz.—De que hemos entrado en la senda revolucionaria.

Arriaza.—Sin duda. En la senda de las logias.

Díaz.—¿Tiene algo que afear a las logias?

Arriaza.—¿Yo? Dios me libre. Pero Istúriz también es masón.

Díaz.—*(Desdeñoso.)* Hay masones y masones.

Vega.—Larra, [usted no ha abierto la boca.] ¿Será cierto que estamos a las puertas de un cambio revolucionario?

Díaz.—Fígaro no puede opinar. Es un moderado. (Larra *lo mira fijamente, pero calla. Silencio embarazoso.*)

---

[105] *Moderantismo:* doctrina del partido moderado, organización política liberal española nacida en 1834, durante el mandato de Francisco Martínez de la Rosa.

MESONERO.—*(A media voz.)* Larra, acepte mi sentimiento por no haber llegado a sentarse en las Cortes.

LARRA.—Al contrario. Déme la enhorabuena.

DÍAZ.—*(A media voz.)* Presuntuoso.

VEGA.—Le hice una pregunta, Larra.

LARRA.—Y le contestaré al estilo del señor Díaz que hay revoluciones... y revoluciones.

DÍAZ.—Es tan ingenioso que ni se le entiende. ¿Qué ha querido decir?

LARRA.—Que el señor Calatrava *parece* un revolucionario. [Y que los *heroicos* sargentos de La Granja también lo parecen.] Y que todo el mundo lo parece ya, menos yo. ¿Cómo voy a parecerlo, si obtuve del *moderado* Istúriz el acta que he perdido? [Todo es parecer.] El señor Díaz *parece* ahora un revolucionario y yo, pobre de mí, un moderado. A pesar de haber escrito que para el 36 se necesita una Constitución más avanzada que la del 12. Lo dije, eso sí, con gran moderación. Sin aspavientos, como los de los sargentos [de La Granja] al exigir la del 12..., después de haber sido comprado cada uno con dos onzas de oro.

MESONERO.—*(Inquieto por su amigo.)* Larra...

DÍAZ.—¿He oído bien?

BRETÓN.—*(Retiene un brazo de* MESONERO, *que va a hablar de nuevo.)* Deje hablar a Fígaro, [Mesonero.]

LARRA.—¡Lo saben igual que yo! Dieciocho sargentos, a dos onzas por cabeza, treinta y seis onzas. [Para tan gran resultado, muy barato.] Treinta y seis onzas del bolsillo de Mendizábal. *(Un silencio.)* El cual ha vuelto al poder como ministro de Hacienda. ¡Tanto él como su presidente Calatrava parecen verdaderos revolucionarios, ya lo creo! ¿Quién osaría afirmar que vayan a hacer la revolución de las bolsas repletas y no la del pueblo?

MESONERO.—Larra, por favor.

[LARRA.—¿No estoy diciendo que quien lo afirme es un orate?[106] Calatrava y Mendizábal son revolucionarios. Certísi-

---

[106] La amarga ironía de Larra, que ha venido reproduciendo en la conversación ideas expresadas en sus artículos, sobre todo en «Dios nos asista», cit., culmina en la autoproclamación de su locura *(orate:* loco).

mo. Y yo, un moderado impenitente. Fígaro. Andrés Niporesas. ¡Y tan ni por ésas!

Díaz.—*(Se levanta.)* ¡Como que están verdes, *Bachiller!*

Larra.—Sé cómo están las uvas, señor Díaz. Podridas[107].

Mesonero.—]¡No se hable más de política! Aquí viene Pipí. *(El camarero aparece por la izquierda con una bandeja llena de copas de jerez.)*

Díaz.—Para un brindis político. ¿Usted no va a brindar?

Mesonero.—*(Prudente.)* ¿Por qué no?

Díaz.—¡Pues a ello! (Pipí *ha ido dando copas a las manos que se le tienden.* Díaz *le ayuda; lleva otras a la derecha y toma la suya. En la bandeja queda una copa. Tímido,* Pipí *se le ofrece a* Larra.) ¡Pipí! ¿Has traído una copa al señor de Larra?

[Pipí.—Claro, señor Díaz.

Díaz.—]Puedes llevártela. (Pipí *mira a* Larra *sin saber qué hacer.)*

Larra.—Espera. Yo [también] brindaré.

[Díaz.—*(Mordaz.)* ¿Será posible?

Larra.—]Después de ustedes.

Díaz.—*(Con desprecio.)* Como quiera. Señores... *(Alza su copa. Todos se levantan.)*

Grimaldi.—*Mais non, mon cher ami!* ¡Soy yo quien invita!

Díaz.—*(Un tanto corrido.)* Cierto, [don Juan.] Discúlpeme.

Grimaldi.—*(Alza su copa.)* ¡Por el [mayor acierto en la gestión del] Ministerio Calatrava!

Díaz.—¡Y por la revolución! ¡Y por la supresión de la censura! *(Todos beben, menos* Larra. *Se van sentando.)*

Larra.—Éste es mi brindis. ¿Nadie me acompaña? (Vega *no se atreve a mirarlo. Al fin, él mismo se quita la careta y aparece una fisonomía acobardada, casi llorosa, en lucha consigo misma.* Larra *lo advierte y sonríe, amargo.)* «Ministerio Calatrava,

---

[107] Con esta frase, Díaz evoca la fábula clásica *La zorra y las uvas*, recuperada en el siglo XVIII español por Félix María Samaniego. En ella, una zorra ve unas uvas e intenta cogerlas; al darse cuenta de que no lo puede hacer porque están demasiado altas, las desprecia diciendo «¡No están maduras!». La moraleja de la historia reside en que, a menudo, se rechaza lo que se reconoce inalcanzable. La réplica de Larra ofrece, frente a la malicia de su oponente, la verdadera razón de su actitud: no las considera inaccesibles, no las quiere porque las sabe «podridas».

los escritores que vas a desterrar te saludan!»[108]. *(Apura su copa y la deja de golpe sobre una mesa.)*
DÍAZ.—¡Esa insolencia...! *(Se levanta y da un paso hacia el pobrecito hablador. Casi todos se levantan.)*
BORREGO.—¡Díaz, repórtese!
DÍAZ.—¡Deslenguado! (BORREGO *lo sujeta.*)
[MESONERO.—¡Calma, señores!]
BRETÓN.—¡Si no ha pasado nada!
VEGA.—*(Que no se ha levantado y sigue eludiendo la mirada de* LARRA.) Sí ha pasado...
ARRIAZA.—Serenidad, por favor...
MESONERO.—*(Algo le inquieta.)* ¡Silencio!...
DÍAZ.—¡Víbora!
MESONERO.—¡Callen, les digo! ¿No oyen? *(Señala al exterior, donde se oía un confuso griterío que las voces de dentro tapaban. El ruido crece, entreverado por dos o tres disparos. Todos se levantan.)*
BORREGO.—¿Qué pasa? *(Va hacia la puerta, que se abre de improviso. El* PADRE GALLEGO *vuelve horrorizado.)*
GALLEGO.—*(Cierra.)* ¡No se asomen! ¡Son temibles!
ARRIAZA.—¿Quiénes?
GALLEGO.—*(Se sienta, tembloroso.)* Vienen arrastrando el cadáver del general Quesada.
BORREGO.—¿El capitán general de Madrid?
GALLEGO.—Sacó a las tropas a la calle contra Calatrava.
[DÍAZ.—Pero él había huido.
GALLEGO.—*(Asiente.)* Lo acechaban por el camino] y lo han asesinado. *(Todos callan y escuchan. La algarabía decrece.)*

---

[108] El «brindis» corresponde a lo publicado por Larra en «Fígaro dado al Mundo» *(El Mundo,* 10 de diciembre de 1836): «Nosotros no nos casamos con nadie, y sólo nos parecemos a las demás gentes del mundo en estar casados con nuestra opinión, bien diferentes en eso de las gentes que gobiernan, que cada día tienen una, verdaderos sectarios en ese punto de la poligamia [...]. Individuos ya del mundo, saludamos a nuestra entrada a los que en él nos han precedido, y preparados a la lid que nos espera, le consideramos como un circo romano en el cual vamos a luchar con las fieras; no nos parece necesario indicar quiénes son las fieras y quiénes somos nosotros; y vueltos al César, al tirano, es decir, al gobierno, pronunciamos, como los atletas que van a morir, la antigua fórmula de costumbre: "Cesar, morituri te salutant"; es decir, "Ministerio Calatrava, los escritores que vas a desterrar te saludan".»

ARRIAZA.—Parece que se alejan.
BRETÓN.—Sí. *(Se van sentando. Ya apenas llegan ruidos.)*
LARRA.—La revolución.., de las talegas[109].
DÍAZ.—*(Que ha tomado su sombrero, se vuelve hacia él.)* ¡Moderado!
LARRA.—*(Para sí.)* No hay remedio[110].
DÍAZ.—¡Viva Calatrava! *(Abre la puerta y sale aprisa.)*
GRIMALDI.—Señores, creo que debemos [abandonar el café y] volver a nuestras casas [aprisa]. La calle está peligrosa. *(Se cubre.)*
ARRIAZA.—Es lo más prudente. [Vámonos.] *(Se levanta. Le imitan todos, menos* LARRA, *y van saliendo por la puerta. Al pasar junto a* LARRA, MESONERO *le oprime el hombro con afecto. Ningún otro se ha despedido de él.* VEGA *es el último. Desenmascarado, se detiene cerca de* LARRA *y, sin mirarlo, habla.)*
[VEGA.—Perdóneme.
LARRA.—No hay nada que perdonar.]
VEGA.—Debí brindar con usted y no me atreví. [No soy lo que aparento.]
LARRA.—[No se preocupe.] Lo raro sería no acobardarse en esta época.
VEGA.—Gracias, Larra. Adiós.
LARRA.—Adiós. *(Sale* VEGA. *El café vacío se va oscureciendo. Sobre el escritor, un vivo foco. Una vaga figura, que lleva una vela encendida en una palmatoria, aparece por el hueco izquierdo del fondo en el oscuro gabinete. Es* PEDRO, *enmascarado pero con el torso desnudo. En espalda y pecho muestra la profunda marca de una herida ya vieja que, de momento, se distingue mal. Viene leyendo un folleto y trae una botella bajo el brazo. Absorto en la lectura, se sienta en una de las sillas contiguas al velador, sobre el que deja la palmatoria.* LARRA *lo divisa. Sin dejar de leer,* PEDRO *echa un trago de la botella y la deja en el suelo.* LARRA *sube el peldaño y va, sigiloso, a encender el quinqué del bufete. Aumenta la*

---

[109] *Talegas:* «Caudal monetario, dinero» (DRAE). Puede verse Carlos Seco Serrano, «El hundimiento. La fuerza política de las talegas», estudio preliminar a *Obras de Mariano José de Larra,* I, cit., págs. LXVI-LXXIII.

[110] *No hay remedio:* es el título que da Goya al grabado núm. 15 de «Los desastres de la guerra».

luz en la salita. LARRA *deja su sombrero sobre el mueble.* PEDRO *levanta la cabeza. Se miran.)*

LARRA.—*(Baja la cabeza y cierra los ojos.)* Así te encontré una noche en que todo se había vuelto contra mí. [Encendí el quinqué...] y te dije... *(Calla. Levanta el rostro.)* ¿Qué haces aquí?[111]. (PEDRO *se levanta.)*

PEDRO.—*(Tartajoso por el vino.)* Perdone. Como el señor tardaba...

LARRA.—La casa es tuya, ¿no?

PEDRO.—*(Ríe groseramente.)* ¡Es [que estamos en] Navidad!

LARRA.—¡Y medio desnudo!

PEDRO.—Tengo calor.

LARRA.—¡Está nevando!

PEDRO.—Pues yo tengo calor.

LARRA.—*(Seco.)* Del vino. Mañana hablaremos. (PEDRO *se inclina y va hacia el fondo.)* Espera. (PEDRO *se detiene. El escritor se acerca y mira la cicatriz.)* ¿Qué es esto?

PEDRO.—Una herida antigua.

LARRA.—¡Y en la espalda tienes otra!

PEDRO.—Es la misma, [señor.]

LARRA.—*(Atónito.)* ¿Atravesado de parte a parte?

[PEDRO.—Sí, señor.

LARRA.—]Y has sobrevivido...

---

[111] Esta secuencia del drama bueriano se encuentra directamente emparentada con el artículo de Larra «La Nochebuena de 1836. Yo y mi criado. Delirio filosófico» *(El Redactor General,* 26 de diciembre de 1836); y en cierto sentido con la actitud descrita del criado montañés en «Dos liberales, o lo que es entenderse. Primer artículo», cit. La presencia de Pedro a lo largo de todo el desarrollo dramático, como conciencia de Larra, es elemento esencial de la construcción dramatúrgica de la obra de Buero, que ha sacado a este figurante de la historia de su anonimato, lo ha hecho conducir el proceso dramático y vital de su señor, ha dotado al asturiano de calidad simbólica, pero también de la humanidad de la que lo priva el escritor decimonónico (véase Introducción). A este respecto, opinaba Buero (carta particular citada): «Más de cuatro han dicho que mi "Larra" era solamente un rollo histórico sin invención dramática, quizá han repasado tan poco a Larra que creen que el criado de "Yo y mi criado" se ha trasladado a la escena sin retoque. Pero yo partí de la invención (verosímil) de ese criado y de la culpable obsesión de Larra por él. Y ahí está como un fantasma desde el principio al fin de la obra. Nadie ha querido glosar esto.»

PEDRO.—De milagro, sí, señor. [Eso dijo el médico.]
LARRA.—¿Cómo te hirieron?
PEDRO.—En el Maestrazgo.
LARRA.—¿Tú has combatido en el Maestrazgo?
PEDRO.—Sí, señor. [Poco antes de entrar a su servicio.]
LARRA.—No me lo dijiste.
PEDRO.—No me lo preguntó.
LARRA.—*(Por el folleto que ve en la mano de* PEDRO.*)* ¿Estabas leyendo?
PEDRO.—Cuando el señor no está, leo.
[LARRA.—*(Molesto.)* Ese folleto es una entrega de *El Redactor General*.
PEDRO.—Lo dejaré en su sitio.]
LARRA.—Dame. *(Le arrebata el folleto y pasa una página hacia atrás.)* «Yo y mi criado». *(Mira a* PEDRO.*)* Has visto que hablaba de ti y te ha entrado curiosidad...
PEDRO.—También he leído otros artículos. (LARRA *está muy sorprendido.)* [Los leo casi todos.] *(Mirándolo de tanto en tanto,* LARRA *va a dejar el folleto sobre el bufete.)*
LARRA.—Este [último] te habrá dado buenos quebraderos de cabeza... *(Vuelve hacia él.)* Porque ese diálogo entre tú y yo es inventado.
PEDRO.—Ya me he dado cuenta.
[LARRA.—*(Divertido.)* Me sorprendes... ¿Lo has entendido?
PEDRO.—Creo... que sí.]
LARRA.—[¡Pero] tú no me habrías hablado como te he hecho hablar yo!
PEDRO.—Creo... que no.
LARRA.—*(Irónico, superior.)* [Veamos.] ¿Qué me habrías dicho? *(Silencio.)* ¡Habla!
PEDRO.—Puede... que le dijera: si sus murrias le han dejado sin amigos en Nochebuena, podemos distraernos aquí, con Adelita y cantando asturianadas. [Yo sé hacerlo.]
LARRA.—¿Así me habrías hablado?
PEDRO.—Como el señor está tan solo... ¡Y por eso no entiende a los demás!
LARRA.—*(Irritado.)* ¿Quieres decir que no te he entendido a ti?
PEDRO.—*(Por el folleto.)* Ahí lo dice... Verá. *(Corre al escritorio, recupera el cuaderno y pasa páginas.)* Aquí... No. *(Eructa.)*

LARRA.—Vete a tu catre.
PEDRO.—Perdone. Es el vino... ¡Aquí! Aquí dice que yo soy un animal que sólo sabe comer y dormir [y que, si no soy feliz, tampoco soy desgraciado.] *(Mira a su señor.)* Como si un criado fuese menos que un perro. [Y como si las penas fueran sólo cosa de gente fina.] (LARRA *se acerca al velador y se sienta, eludiendo la mirada del criado.)*
LARRA.—Sigue.
PEDRO.—*(Ríe, mostrando el folleto.)* En lo de borracho sí tiene razón... ¿Me puedo acostar?
LARRA.—No. Siéntate. *(Da unos golpes sobre la silla contigua.)*
PEDRO.—*(Estupefacto.)* ¿Que me siente?
LARRA.—[Por favor.] *(Indica la silla. Muy sorprendido,* PEDRO *se sienta.)* Y háblame... como si fuera un hijo tuyo.
PEDRO.—*(Bruscamente herido, casi grita.)* ¿Un hijo?
LARRA.—*(Toma la botella del suelo.)* Echa un trago. *(Ante la vacilación del criado.)* ¡Bebe, hombre! (PEDRO *se decide, toma la botella y bebe.* LARRA *habla lentamente.)* Y ahora, piensa que soy un niño ignorante, y que mi padre eres tú. *(Silencio.* PEDRO *se libera de su careta, que abandona sobre la mesita, y rompe a llorar. Intrigado y conmovido,* LARRA *no lo pierde de vista.* PEDRO *se oprime frente y ojos con su ruda mano. Después muestra su rostro humedecido: el de un recio campesino de ingenuas pupilas.)* ¿Por qué lloras?
PEDRO.—Perdí un hijo.
LARRA.—Sigue.
PEDRO.—¿Qué pueden saber los señorines de ciertas cosas?
[LARRA.—*(Pone su mano sobre el brazo del criado.)* ¿De qué cosas?
PEDRO.—]Ustedes no van a la guerra.
LARRA.—*(Retira su mano.)* ¿Cómo?
PEDRO.—Ninguno del café [se bate contra los carlistas.]
LARRA.—*(Vacila.)* [Algunos... sí.] Espronceda es oficial.
PEDRO.—Para lucir el uniforme [por Madrid.]
LARRA.—[¡O donde le manden!] Escosura es alférez de Artillería. Pezuela, oficial de Caballería. Estébanez [Calderón] sirve en el cuartel general del Ejército del Norte. *(Se emociona.)* Y mi inolvidable amigo el conde de Campo Alange...

PEDRO.—He leído lo que ha dicho de su muerte. Ese sí fue un valiente.

LARRA.—[Más que eso. Un hombre abnegado y bueno.] ¡Quizá mi único amigo verdadero!... ¡Y qué poco me he acordado de él!

PEDRO.—Pero también peleó por su gusto. Si no quieren, ustedes no tienen que pelear.

LARRA.—¿Nosotros?

PEDRO.—[Los nobles, los ricos, los abogados, los escritores, los fabricantes... Los propietarios de animales o tierras, tampoco.] Las tropas se forman con jornaleros, aprendices y mendigos. ¡A la fuerza y para morir! El refrán lo dice: «Quinto, enganche y escorpión, muerte sin extremaunción»[112].

LARRA.—¡Te confundes! ¡El reclutamiento abarca ya a todos!

PEDRO.—Entonces, ¿por qué no está usted en campaña? (LARRA *va a hablar.*) No lo diga. Cualquier triquiñuela de la ley. O están dispensados, o se pueden librar por dineros si los enganchan... Por eso los cien mil hombres de Mendizábal se quedaron en cincuenta mil... Usted no sabe lo que es una leva. Entran en los pueblos y, al que calza alpargatas, se lo llevan. Al que lleva zapatos, no: ése es respetable. Yo me he salvado de la quinta de Calatrava por mi herida... [No puedo correr.] Pero los pobres vamos a la guerra. Ustedes, no.

LARRA.—Yo no soy rico, Pedro.

PEDRO.—Mucho más que yo, sí. Como el señor Mesonero, como el señor duque de Rivas...

LARRA.—¿Por qué esos nombres?

---

[112] La afirmación de Pedro, ratificada por el refrán, posee múltiples variantes en el acervo popular, todas ellas con la certeza de la muerte: «Hijo sorteado, hijo muerto y no enterrado», «Quinto sin petate, muerto sin rescate». Puede verse al respecto Núria Sales de Bohigas, «Servicio militar y sociedad en la España del siglo XIX», en *Sobre esclavos, reclutas y mercaderes de quintos,* Barcelona, Ariel, 1974, pág. 211, nota 3. El libro, aludido por Buero entre los que había consultado como base documental, recoge así mismo la existencia de los seguros contra quintas, de los que habla Pedro, y cita entre los promotores de estas sociedades a Mesonero y al duque de Rivas (págs. 258 y 259).

PEDRO.—*(Lo mira y ríe. Se levanta y pasea torpemente.)* [Sí que hay que hablarle como a un niño, sí.] ¿Tampoco sabe lo de las quintas y Barcelona?
LARRA.—¿De qué hablas?
PEDRO—Allí [siempre madrugan, y] ya han formado una sociedad de seguros contra las quintas. *(Se detiene.* LARRA *lo mira con asombro.)* [Sí, señor.] Los pobres también pueden librarse de sentar plaza, o pagarse un sustituto. [Y como no tienen dinero, la sociedad lo presta.] Aunque se entrampen de por vida, salvan [al menos] al hijo, al hermano... Y el dinero lo ponen quienes lo tienen. *(Breve pausa.)* Como el señor duque de Rivas y el señor Mesonero.
LARRA.—¿Qué?
PEDRO.—*(Se acerca, confidencial.)* Esos [señores] van a poner aquí el negocio. [Y el Gobierno lo permite porque también sacará su buen pellizco. Si no lo hicieran los ricachos lo haría él solito... Así que nosotros, o muertos, o inútiles, o endeudados hasta reventar.]
LARRA.—*(Se levanta.)* [Has nombrado a dos personas honorables.] ¿Quién dice que andan en esas granjerías?
PEDRO.—*(Ríe.)* ¡Los criados! Ellos oyen hablar a sus amos con los visitantes.
LARRA.—¿Será posible?
PEDRO.—A usted no le cabe en la cabeza porque no es capaz de esas cochinadas.
LARRA.—*(Se aparta, amargo.)* In vino veritas[113]...
PEDRO.—Déjese de latinajos. Si me gusta el vino, mejor. Sepa que ese artículo me ha hecho daño. Yo no soy un animal.
LARRA.—*(Se vuelve y le mira a los ojos.)* Perdónamelo.
PEDRO.—*(Con simpatía.)* Yo tampoco quiero hacerle daño. En ese artículo no hay más que ideas negras... *(Se acerca y le palmea el hombro con rudo afecto.)* ¡A sacudírselas! *(Señala el bufete.)* Y a no pensar en esa caja amarilla. (LARRA *se estremece.)* Y menos, hablar de ella en los papeles. ¿Y qué es eso

---

[113] *In vino veritas:* la afirmación, expresada por Plinio el Viejo en su *Historia Natural* (XIV, 141), fue recogida por Erasmo de Rotterdam en uno de sus *Adagios* (I, 7 17).

de que Madrid es un cementerio, y de que media España murió de la otra media?[114].

[LARRA.—¿Tampoco hay que escribir esas cosas?
PEDRO.—¡Sí, pero sin desanimarse!]
LARRA.—Tú no puedes comprender mis sufrimientos.
PEDRO.—¿Otra vez con ésas? Me va a hacer reír.
LARRA.—Tienes razón. Me has dicho que perdiste un hijo...
PEDRO.—¡Para qué hablar de eso!
LARRA.—Te lo ruego.
PEDRO.—*(Cierra los ojos. Al cabo de unos segundos empieza a hablar con dificultad.)* Yo vine de mi tierra hace muchos años. [A trabajar en lo que saliera.] El campo es duro [y todos queríamos escapar de las levas...] Pero aquí también enganchaban. Y me agarraron para luchar contra los carlistas... Antes se me había muerto mi Paquita... [*(Calla, sombrío.)* Se reía de mí, me llamaba zafio... Por eso me empeñé en aprender las letras. Pero nos queríamos bien. Ya lo creo.] *(Se sienta junto al velador.)*
[LARRA.—*(Suave.)* ¿De qué murió?
PEDRO.—De un mal que la tomó entera. Calenturas, toses...] Moza y bonita que era, se me fue. *(Calla un momento.)* Habíamos tenido un nenín hermoso. Juan le pusimos. Un año tenía cuando se quedó sin madre. *(Bebe un trago.)* Lo crié como pude. [Muy despierto que era el rapaz, y tan alegre...] Le enseñé yo a leer; quería meterle de aprendiz en una imprenta. Y a los trece añitos ya me traía un salario... Vino la guerra. Decían que los casados [mayores de veinticinco años] estaban libres, pero yo era viudo y, por lo visto, no contaba tener un hijo tan tierno. Metiéronme en la Infantería... Y, con permiso de mi capitán, me llevé al muchacho.
LARRA.—¿Cómo?

---

[114] Pedro se refiere al artículo «El día de difuntos de 1836. Fígaro en el cementerio» (*El Español,* 2 de noviembre de 1836), cuando el escritor, al pasear su mirada por el enorme camposanto que es Madrid, la detiene en el epitafio de los Ministerios: «Aquí yace media España; murió de la otra media.» Carlos Seco Serrano (estudio preliminar, cit., pág. LXXIII) consideraba esta frase como uno de los dos posibles epitafios de la tumba de Larra (el otro que indica reza: «Murió... de tener razón»).

[PEDRO.—De corneta.
LARRA.—¡Era un niño!
PEDRO.—¿Iba a dejarle solo? [Yo no tenía parientes.] Y en la tropa había otros como él, incluso hijos de oficiales... *(Absorto en su recuerdo.)* Me lo mató el tigre.
LARRA.—¿Cabrera?
PEDRO.—*(Asiente.)* Nos sitió en Nogueruelas [y tuvimos que rendirnos.] Había dicho que respetaría las vidas. Y no bien salimos con bandera blanca se puso a fusilar. [Como nosotros también lo hacíamos...
LARRA.—¿Has formado tú en algún pelotón de fusilamiento?
PEDRO.—¡A ver! Nos obligaban.] (LARRA *se sienta junto al velador.)*
LARRA.—Sigue. *(Confusas voces, fuego graneado.)*
PEDRO.—... A los que quedamos en pie nos reservó [Cabrera] para dar fiesta a sus lanceros. Nos mandó desnudarnos... ¡Él, él mismo, con aquellos ojos de gatazo!... Mi Juanín temblaba. Me puse de rodillas ante Cabrera pidiéndole la vida de mi hijo. Y me dice riendo: ¿Y la de mi madre? A golpes me devolvieron al grupo. ¡Hala, a correr! Y la patrulla de lanceros, tras nosotros. *(Los ruidos han crecido. Gritos, risas.* PEDRO *se ha levantado y llega al primer término. Una luz vivísima entra por el lateral derecho.)*
CABRERA.—*(Su voz.)* ¡A ellos, lanceros! (LARRA *se levanta despavorido.)*
VOCES.—¡Negros![115]. ¡Impíos! ¡A correr! *(Carcajadas. Trote de caballos que se acercan.)*
PEDRO.—*(Hacia la derecha.)* ¡Corre, Juanín! ¡Corre conmigo!
JUANÍN.—*(Su voz.)* ¡Padre! (PEDRO *cae bajo un lanzazo invisible. El trote es ya un ruidoso galope. Por el lateral aparece corrien-*

---

[115] *Negro:* se empleó con el significado de «liberal»: «Los liberales habían dado en la manía de distinguirse con escarapelas o cintas o telas verdes, símbolo de la esperanza, o moradas, por estimarse el morado, y no ciertamente con razón, el color de las banderas de las comunidades. Frente a estos colores, los absolutistas aceptaron el blanco, por considerar blanca la bandera de los Borbones, y de aquí que llamándose ellos blancos dijeran a los liberales, negros. Durante aquella revolución, la palabra negro sustituyó a la palabra liberal» (Miguel Morayta y Sagrario, *Historia General de España,* VI, Madrid, Felipe Rojas Editor, 1895, págs. 797-798).

do el muchacho semidesnudo que muestra en su cuerpo la terrible herida de la lanza. Nada más entrar, JUANÍN *cae al suelo.* PEDRO *lo incorpora y, conteniendo sus propios dolores, lo lleva aprisa y medio a rastras hacia la escalera izquierda soportando el prolongado alarido del hijo. Se desploman ambos sobre las gradas. El escándalo de las risas, los gritos, los cascos, llega al máximo.* JUANÍN *agoniza. Apenas se le oye.)* ¡Padre!...
ADELITA.—*(Su voz.)* ¡Papá!... (LARRA *mira espantado a la puerta del fondo, donde surge y se apaga el resplandor. El estruendo de los lanceros se va alejando. En el fondo sigue brillando la noche estrellada. La claridad del lateral se extingue. Silencio.)*
PEDRO.—*(Sin moverse.)* Cuando me volvieron las luces toqué [y toqué] a mi Juanín. *(Lo hace.)* Estaba muerto. *(Levanta un poco la cabeza.)* Y pensé, [enloquecido y] lleno de odio, que era como si me lo hubiesen violado. Y que Cabrera había querido que lo pensásemos así para ofendernos más... Había otros muertos cerca, todos traspasados. *(Se incorpora.)* Aupé a mi hijo... *(Lo levanta en brazos con gran esfuerzo.)* ... deseando morir. *(Se yergue, con el cuerpo en sus brazos, y mira al frente. Un foco lo ilumina.)* Caminé... hasta que se me fue otra vez el sentido. *(Breve silencio.)* Desperté en una carreta de heridos y ardía de fiebre... No sé si a Juanín lo enterrarían... Alguien me tocó y dijo: no durará esta noche. Pero llegué vivo al hospital y en tres meses casi curé. [Me licenciaron.] Y aquí estoy. Siempre con mi hijo a cuestas. (LARRA *baja la cabeza.* PEDRO *vuelve la suya hacia él.)* No piense tanto. [No hay que enrabiarse.] ¡Hay que apretar los dientes y vivir! *(Se encamina despacio hacia el fondo. Se vuelve hacia* LARRA.) Hay que vivir. *(Sale por el hueco izquierdo con el muchacho en brazos.)*
LARRA.—*(Con profunda emoción.)* Sí. Para escribir y para defenderos. *(Va a su bufete, escoge algunos papeles, se encamina a la escalera derecha.)* Ésta es mi guerra. *(Se ilumina el bloque. El escritor empieza a subir. Un hombre trabaja en la mesa. No se le ve la cara, pero se advierte que no es* DON HOMOBONO. LARRA *llega a su nivel y se acerca, intrigado.)* Disculpe, señor. ¿Puede atenderme? *(Como quien esperaba la visita, el censor levanta la cabeza sin girarla.)* Usted, ya veo que es nuevo... De parte de don Andrés Borrego, traigo un par de artículos míos

para *El Español. (El censor se levanta despacio y se vuelve hacia* LARRA. *En su enmascarado semblante, una turbia sonrisa. Es* CLEMENTE DÍAZ. *A* LARRA *se le descompone todo el rostro; no ha podido evitarlo.)*

DÍAZ.—[Celebro verle,] señor de Larra.

LARRA.—*(Retrocede un paso.)* ¿Usted?

DÍAZ.—Clemente Díaz, para servirle.

LARRA.—¡Usted... abominaba de la censura!

DÍAZ.—Porque es abominable. Pero [la de los gobiernos reaccionarios o... moderados.] No la nuestra.

LARRA.—*(Se ha sobrepuesto con gran esfuerzo.)* Usted lo pase bien, señor Díaz. *(Va a irse.)*

DÍAZ.—¿No me da sus artículos?

LARRA.—*(Con triste sonrisa.)* Le ahorraré trabajo.

DÍAZ.—Me está ofendiendo. Soy un funcionario del Gobierno y procederé en conciencia.

LARRA.—Pues mi enhorabuena, [señor Díaz.] Le auguro largos años de [plácidas y] bien remuneradas tachaduras.

DÍAZ.—Sus ironías me resbalan. Ya no está a la izquierda, sino a la derecha. A mí no me va a engañar, ni siquiera por esas argucias satíricas de las que tanto abusa.

LARRA.—Justo. Ni-por-ésas. Andrés Niporesas le saluda y desaparece. *(Inicia la marcha.)*

DÍAZ.—*(Sardónico.)* ¡Vuelva usted mañana! *(Torna a sentarse, en tanto que* LARRA *baja los peldaños lentamente. La luz abandona el bloque.)*

[LARRA.—*(Mientras baja, su voz en el aire.)* «Coja usted un hombre (si es usted ministro, ..., porque si no, no sale nada) (...) déle usted (...) un ligero barniz de nombramiento, y ya le ve usted irse doblegando (...), reír a todo lo que usted diga: y ya tiene usted hecho un ministerial.»] *(Un foco saca de la sombra a* PEDRO, *de nuevo vestido y sin máscara.)*

LARRA.—Estoy perdido.

PEDRO.—¡Ánimo! *(Torna a oírse en el aire la voz del escritor.)*

LARRA.—*(Su voz.)* [«... Tenemos hecha la maleta para la primera remesa de deportación (...).] Declaramos (...) vivir en la calle de Santa Clara (...) número 3 (...) donde se nos puede prender por la mañana (...), que [tanto en aquella casa (...) como fuera de ella,] admitimos anónimos (...), desafíos, puñaladas, órdenes de destierro, [ministros (esto es, alguaciles, que a los otros no recibimos, aunque en el día todos prenden)...»[116].]

PEDRO.—[¡Ánimo!] (LARRA *se acerca al velador y contempla la pistola.*) [¡A la calle!] ¡A distraerse! Estamos en Carnaval[117]. *(Muy suavemente, al tiempo que se retira.)* Hay que vivir. *(El foco se apaga y el criado se va en silencio por un hueco del fondo. El escritor toma su sombrero y avanza hacia el frente. Se detiene, absorto.)*

LARRA.—*(Su voz, en el aire.)* [«... Hay máscaras todo el año;] aquel mismo amigo que te quiere hacer creer que lo es, la esposa que dice que te ama, la querida que te repite que te adora, ¿no te están embromando toda la vida? [¿A qué, pues, esa prisa de buscar billetes?] Sal a la calle y verás las máscaras de balde... El mundo todo es máscara: todo el año es carnaval.» (LARRA *baja el escalón y se encamina, lento, hacia la derecha. Se oyen cascos de caballo y las ruedas de un tílburi.* LARRA *lo sigue con la vista y se abalanza de pronto hacia el frente.)*

LARRA.—*(Con su boca.)* ¡Dolores! *(El coche está pasando.* LARRA *va hacia la izquierda y grita.)* ¡Dolores, si no paras, me oirá toda la calle! *(Cesa el ruido del vehículo. Una pausa. Con aire furtivo,* DOLORES *aparece por la izquierda. Cubre sus galas una larga capa azul. Sobre su máscara, un antifaz bordeado de encajes.* LARRA *se descubre.)* Sabía que estabas en Madrid.

DOLORES.—*(Inquieta.)* Sólo un momento, Mariano. *(Señala levemente a la izquierda.)* Temo que él baje del coche.

LARRA.—¿Quién es?

DOLORES.—Un primo de mi esposo.

[LARRA.—¿Disfrazado de Luis XV?

DOLORES.—]Ha querido llevarme al baile para que me distraiga un poco.

---

[116] «Fígaro a los redactores del Mundo. En el mundo mismo, o donde paren», *El Mundo*, 27 de diciembre de 1836.

[117] El aviso de Pedro («Estamos en Carnaval») marca el tiempo de la historia recordada y comporta temporalidad al drama, a partir de la fecha del artículo del que Larra recitará fragmentos: «El mundo todo es máscaras. Todo el año es Carnaval» *(El Pobrecito Hablador,* 14 de marzo de 1833).

Larra.—Le conozco [aunque lleve antifaz]. Es Bertodano: un mequetrefe a quien me presentaron en tu salón.

Dolores.—Es pariente lejano de mi marido.

Larra.—Es tu cortejo.

Dolores.—Son infundios...

Larra.—*(Ríe.)* ¿Niegas la evidencia? [Salís juntos a divertiros.]

Dolores.—*(Visiblemente nerviosa.)* ¡No hay nada entre él y yo! Te lo juro... por nuestro amor.

Larra.—¿Amor? Te he enviado varios recados. No has contestado.

Dolores.—Hay un cerco en torno a mí... [que no puedo burlar.]

Larra.—¡Vente a vivir conmigo! ¡Ahora! ¡Atrévete y ya no habrá cercos para nosotros!

Dolores.—Déjamelo pensar.

Larra.—*(Le toma las manos.)* ¡Ahora, Dolores!

Dolores.—¡Por favor! *(Libera sus manos.)* No provoques un incidente.

Larra.—¿Por qué no? Si tú tienes miedo, yo no temo nada. *(Da un paso hacia el coche invisible. Ella lo retiene.)*

Dolores.—¡Así no, Mariano!

Larra.—¿Cómo, entonces?

Dolores.—Hablaremos.

Larra.—Mañana a las siete iré a tu casa.

Dolores.—¡Imposible! [Estoy vigilada.

Larra.—¡Y qué importa!

Dolores.—Mariano, bien mío,] ¿por qué no quieres comprender?

Larra.—Porque estoy desesperado. Porque te necesito, y tú a mí.

Dolores.—*(Tras una mirada de soslayo al coche.)* Iré yo a visitarte.

Larra.—*(Se le ilumina el rostro.)* ¿Mañana?

Dolores.—Sí.

Larra.—¿Me lo juras?

Dolores.—*(Asiente.)* Por nuestro amor.

Larra.—*(Muy nervioso.)* ¿A qué hora?

Dolores.—Te lo diré en un billete.

Larra.—*(Le toma una mano con suavidad.)* Si vienes, ya no saldrás de allí. *(Le besa la mano.)*

Dolores.—Pudiera ser... Hasta mañana.

Larra.—Hasta mañana, Dolores. (Dolores *sale por la izquierda. Vuelve a oírse el ruido del coche que se aleja.* Larra *sube al gabinete, donde crece la luz.)* ¡Pedro! ¡Pedro! *(Se quita el sombrero y el frac. El criado reaparece.)*

Pedro.—¿Señor? (Larra *le da las dos prendas.)*

Larra.—Mañana quiero [todos los braseros bien encendidos y] en la chimenea, un buen fuego. ¡Y flores! Al peluquero le avisas para las diez. *(Va al escritorio.)*

Pedro.—Sí, señor.

Larra.—[*(Abre un cajón.)* Queda bastante dinero. Le llevaré a mi difunta: ahora menos que nunca debe tener queja de mí. Visitaré también a mi editor. *(Cierra el cajón.)*] Volveré a reimprimir artículos: eso no podrán prohibirlo. Y empezaré a torear al marrajo[118] de Díaz. Tampoco él va a vencerme. *(Corre al sillón y se deja caer en él.)* ¡Ah!... [Estoy cansado. Y contento.

Pedro.—Más vale así.

Larra.—]Había olvidado lo que es la alegría. [Me voy a la cama. Dile a María que prepare mañana un chocolate, bollos...] *(Se le cierran los ojos.)*

[Pedro.—Sí, señor.

Larra.—]Esta noche sí dormiré.

Pedro.—Y el señor se fue a su cama. Y soñó.

Larra.—*(Angustiado.)* ¿También el sueño? *(El criado asiente y se retira por el fondo.* Larra *se levanta muy alterado. La argentina risa de su niña suena tras la puerta de cristales, donde se enciende el extraño fulgor.* Larra *huye hacia el frente, denegando en silencio. La risa infantil vuelve a sonar. El soñador se vuelve despacio hacia el fondo. La negrura estrellada azulea. La puerta se abre y por ella se filtra una luz muy alta, fría y casi cegadora. En el umbral, dos raras figuras. El hijo de* Pedro *reaparece tal y como se mostró anteriormente: desnudo, salvo el mugriento calzón que conserva en las caderas, y con su herida sangrante. Cuidado-*

---

[118] *Marrajo:* aquí, en el sentido de persona que encubre malas intenciones.

sos, sus brazos sostienen una especie de marioneta repulsiva, ataviada con andrajos de colorines entre los que emergen sus secos miembros de madera. El rostro es atroz, como el de algún ídolo toscamente tallado y ennegrecido. El cabello, de espesa estopa amarillenta, le cuelga por los lados. Petrificado, LARRA *observa a la pareja.)*

JUANÍN.—*(Al muñeco.)* ¿Cómo se dice? *(La risa de la niña se desgrana en el aire, mientras* JUANÍN *manipula al muñeco para que avance con rígidos pasos.)*

ADELITA.—*(Su voz, en el aire.)* Buenas noches, papá... *(Llegan junto a* LARRA, *quien se mueve levemente para evitar su roce.)*

JUANÍN.—Buenas noches, papá. *(Suena la galopada de los caballos.)*

LARRA.—*(Su voz, en el aire.)* Yo no soy tu padre.

JUANÍN.—Los lanceros ya se van. Usted curará.

LARRA.—*(Su voz.)* A mí no me han herido. (JUANÍN *ríe. La risa de la nena le acompaña.)*

JUANÍN.—¡Pa... pá!

ADELITA.—*(Su voz, al mismo tiempo.)* ¡Pa... pá!... ¿No me da un besito? (LARRA *deniega.)* [Pues vendrán los lanceros. Déme un besito...] Verá qué sorpresa. *(Asustado, el escritor se inclina despacio para besar al espantajo. Risitas cómplices de* JUANÍN *y* ADELITA. [LARRA *besa la madera del rostro. Risas muy divertidas de* ADELITA *y* JUANÍN.) Así se quedará sin sorpresa. Béseme...] en la orejita.

JUANÍN.—*(Reprime su risa.)* En la orejita... (LARRA *se inclina de nuevo, receloso, y* JUANÍN *separa los cabellos de la marioneta. Horrorizado,* LARRA *se incorpora: en el lugar de las orejas hay dos agujeros negros y sangrantes.* ADELITA *y* JUANÍN *rompen a reír.)*

ADELITA.—*(Canturrea su voz.)* ¡Le hemos engañado! ¡No hay orejas! ¡Hay ojeras! ¡No hay orejas! ¡Hay ojeras!

JUANÍN.—*(Canturrea.)* ¡Se las comió el tigre!

ADELITA.—*(Su voz.)* ¿Las ojeras?

JUANÍN.—*(Canturrea.)* ¡Se las comió el gato!

ADELITA.—*(Su voz.)* ¿Las orejas?

JUANÍN.—¡Y las ojeras!

ADELITA.—*(Su voz, misteriosa.)* ¡Un gatazo verde se comió la oreja y con su gran lanza me pintó la ojera! ¡Lanzazo va, lanzazo viene y lanzazo va! *(En un susurro.)* Si papá no me quiere besar, todos los lanceros me atravesarán.

Larra.—*(Retrocede.)* ¡Basta! *(Vuelve a oírse la galopada.)*
Juanín.—¡Los lanceros!
Adelita.—¡Vamos a buscarlos! *(Juanín maneja el muñeco y torna con él presuroso a la puerta, por donde sale. La puerta se cierra y se oscurece. La galopada se acerca. Antes de salir Juanín, dos focos crecieron en el bloque sobre Calatrava y Díaz. Ambos se han levantado y miran hacia el durmiente mostrando en sus manos sendas navajas. Con ellas bajan las escaleras y la luz los sigue. Entre golpeteos de cascos y relinchos, el ruido de los caballos se detiene muy cerca. Calatrava y Díaz se sitúan a los dos lados del escritor. Bruscamente, le obligan a volverse de espaldas.)*
Calatrava.—Saque la lengua el pobrecito hablador.
Díaz.—Extienda su brazo Andrés Niporesas. *(Larra obedece. Con preciso y limpio movimiento, Calatrava le sujeta la lengua y se la cercena. Díaz rebana la mano derecha. Sordo y prolongado quejido de Larra al sufrir las mutilaciones.)*
Díaz.—Ahora podrás hablar y escribir según lo mandado. *(Larra se encoge bajo el dolor y toma su brazo mutilado con el otro. El ministro y el censor se encaminan a los huecos del fondo, llevando con solemnidad sus trofeos. El escritor gime. Ellos se vuelven y le sisean, ordenándole silencio. Y desaparecen. La luz normal se reinstala y el fondo estrellado palidece. Como si despertara, Larra se estira. Pedro entra por la puerta del fondo con una bandeja y la levita de su señor.)*
[Pedro.—Buenos días, señor. ¿Ha descansado bien?
Larra.—No.]
Pedro.—¿De levita, señor?
Larra.—Sí. *(Pedro deja la bandeja sobre el bufete y le pone la levita. Después recoge la bandeja y se la tiende.)*
Pedro.—Han traído este billete, [señor.] *(Larra toma la esquela, se vuelve hacia el frente y la abre.)*
Larra.—*(Resplandeciente.)* ¡Pedro, todo dispuesto para las siete y media!
Pedro.—Bien, señor. *(Al escritor se le nubla otra vez el semblante y se guarda el papel.)*
Larra.—¡Para qué seguir! Eso ha sucedido esta misma mañana.
Pedro.—[Así es.] La mañana del 13 de febrero de 1837.
Larra.—*(Va hacia la pistola.)* Bórrate.

PEDRO.—[Entonces,] usa la pistola. La tienes en la mano desde que la cogiste. *(El suicida se mira las manos y mira, desvalido, al criado.)* Bien. Visitaste a tu editor y a tu difunta. Después, a Mesonero. Parecías alegre pero estabas tenso como un arco. *(Se retira por el hueco derecho. Mientras hablaba,* MESONERO *ha entrado por el hueco izquierdo, en bata, y aguarda risueño. La luz se dora.* MESONERO *viene enmascarado. Se miran.* MESONERO *avanza.)*
[LARRA.—Don Ramón, vengo a proponerle algo insólito. Tengo la idea completa de un drama que, a mi juicio, podría insuflar sangre joven en nuestro depauperado teatro.
MESONERO.—¡Mi felicitación anticipada! ¿Cuál es su asunto?
LARRA.—Quevedo. Con su grandeza de poeta y con algunas de sus miserias.
MESONERO.—Casi un héroe trágico.
LARRA.—*(Asiente.)* Un héroe vencido al fin por la tiranía.
MESONERO.—Ninguna pluma mejor que la suya para ese proyecto.
LARRA.—Ninguna no, don Ramón. La tarea es tan difícil... que necesitaría dos plumas.]
MESONERO.—¿Me está proponiendo una colaboración?[119].

---

[119] Sobre la propuesta de colaboración, Mesonero Romanos escribe en sus *Memorias...* (cit., pág. 218) cómo la víspera de su suicidio Larra fue a visitarlo: «Le hallé más templado que de costumbre, y animado, además, hablándome del proyecto de un drama que tenía ya bosquejado, en que quería presentar en la escena al inmortal Quevedo, y hasta me invitó a su colaboración, que yo rehusé por mi poca inclinación a los trabajos colectivos.» La fábula dramática ofrece los matices internos de la intención de Fígaro, que desea escribir sobre «un héroe vencido al fin por la tiranía», al tiempo que plantea su posición ante el escritor más convencional que es Mesonero. Años después, en 1848, estrenó con éxito Eulogio Florentino Sanz su drama *Don Francisco de Quevedo,* interpretado por el famoso actor murciano Julián Romea. Quevedo tuvo presencia en otras ocasiones en el teatro decimonónico (véase Jesús Rubio Jiménez, «Los tiempos de *El caballero de las espuelas de oro,* de Alejandro Casona», en *Actas del homenaje a Alejandro Casona (1903-1965). Congreso Internacional en el centenario de su nacimiento,* A. Fernández Insuela, M.ª del Carmen Alfonso García, M.ª Crespo Iglesias, M.ª Martínez-Cachero Rojo y M. Ramos Corrada (eds.), Oviedo, Ediciones Nobel, 2004, págs. 499-529). Ya en el siglo XX su figura ha gozado de otras reutilizaciones: de 1964 es *El caballero de las espuelas de oro,* de Alejandro Casona; en 1972, Ricardo López Aranda estrena

Larra.—Sí. Y su nombre iría el primero.

Mesonero.—*(Pasea.)* [El tema es muy suyo, no hay duda. Pero no mío...] Discúlpeme... [Y muchas gracias.]

Larra.—Don Ramón...

Mesonero.—¡Querido Fígaro! Ninguno de los dos es un niño. Usted no solicitaría colaboración de nadie sin razones poderosas...

Larra.—No iba a ocultárselas. [He venido a hablarle sinceramente del temor que me mueve a suplicar su ayuda.

Mesonero.—¿Temor?

Larra.—]Desde la subida al poder de Calatrava... apenas me dejan publicar.

Mesonero.—Eso es transitorio. [No podrán con usted.]

Larra.—Sé lo que digo. Clemente Díaz es ahora censor y me ha hablado muy claro. Es como si me hubiesen cortado la mano y la lengua. [Por eso recurro a su amparo.] Usted es muy respetado. Si colaboramos, aprobarán el drama. Si lo firmo yo solo, no. Tiéndame su mano de amigo.

Mesonero.—[Me duele decirle que no... Pero] yo no sabría colaborar en un *Quevedo* como el que usted quiere. Y [créame que] usted tampoco debería hacerlo... Acepte de nuevo mi [más desinteresado] consejo: haga costumbrismo, [como yo.]

Larra.—*(Lo observa fríamente por un instante.)* No.

Mesonero.—¡Le destruirán!

Larra.—[Ya me han destruido, pero] a usted lo destruyeron mucho antes. Por eso quiere que me transforme en otro [manso] cordero. Si no hay rebeldes, usted está justificado.

Mesonero.—*(Seco.)* Larra, le ruego...

Larra.—No me señale la puerta. Me voy en seguida. Otra persona me dará su apoyo, [y me basta con ella] para seguir luchando. Yo no me dejaré dominar por la obsesión de

---

El Buscón (Esperpentomaquia en dos partes), adaptación de la obra de Quevedo, dirigida por Alberto González Vergel en el Teatro Español de Madrid; en 1973, Domingo Miras vuelve a ocuparse del escritor siglodorista en *La Saturna* (estrenada por la Compañía Corral de Almagro en 1977), una pieza construida desde la figura de Saturna, la madre de Pablos.

aumentar mis comodidades [aunque sea] a costa de la miseria ajena.

MESONERO.—¿De qué habla?

LARRA.—De seguros contra quintas, por ejemplo.

MESONERO.—*(Se inmuta y reacciona.)* Ha oído algo. Bien. Pero no lo entiende. Sería un negocio caritativo: una ayuda para muchos desdichados labriegos.

LARRA.—Negocio caritativo. Es fantástico. Adiós, Mesonero. *(Se levanta.)* Mi vida no será como la suya.

MESONERO.—¿Más corta? *(Se despoja de su máscara.)*

[LARRA.—*(Ríe.)* ¡Pienso vivir muchos años!

MESONERO.—Usted ha escrito: «Mil veces desdichado (...) quien no viendo aquí abajo sino caos y mentira, agotó en su corazón la fuente de la esperanza»[120]. Y otras cosas parecidas que... nos preocupan a sus amigos.]

LARRA.—[Las circunstancias han variado desde ayer.] Adiós.

MESONERO.—[Adiós.] Cuídese. *(Se va, lento, por el hueco izquierdo. Mientras sale, entra* PEDRO *por el derecho. En el gabinete aumenta la luz.)*

LARRA.—Y al fin aquí. Contigo.

PEDRO.—No. El criado está abajo y despide a las señoras. Estás contigo mismo. [Por poco tiempo.] Hasta que apures el recuerdo. *(Se acerca a la puerta del fondo y la abre. Muy conmovido,* LARRA *se yergue.)* Las señoras han llegado.

LARRA.—*(Sorprendido.)* ¿Las señoras? [Sólo esperaba a una.]

PEDRO.—Vienen dos.

LARRA.—*(Para sí.)* ¿Alguna amiga? *(Va a la puerta, aparta a* PEDRO *y sale. Se le sigue divisando de perfil.)* ¿A qué ha venido usted?

M. MANUELA.—*(Su voz.)* Caballero, Dolores no podía verle sin una compañía respetable.

DOLORES.—*(Su voz.)* Mariano, es mi cuñada María Manuela...

LARRA.—*(Su voz. Seco.)* [Ya lo sé.] ¡Debiste venir sola!

---

[120] «Necrológica. Exequias del Conde de Campo Alange», *El Español*, 16 de enero de 1837. La desesperación de Larra va minando el pensamiento del intelectual. Véase «El día de difuntos de 1836», cit., cuando, al contemplar la lápida que cubría su corazón, había leído: «Aquí yace la esperanza.» Tal actitud, como hemos indicado en la Introducción, lo separa radicalmente de Antonio Buero Vallejo.

M. Manuela.—[¡Caballero,] usted me ofende!
Larra.—¡Yo soy el ofendido! Pasa, Dolores. *(Se aparta. Entra* Dolores, *enmascarada y con muy recatado atavío.* Larra *se interpone en la puerta.)* ¡Usted no, señora mía!
M. Manuela.—*(Su voz.)* ¡Yo debo estar presente!
[Larra.—¡Usted no entra!]
Dolores.—[¡Por favor,] María Manuela! Déjanos solos. [Te aseguro que] no sucederá nada impropio. (Larra *la mira, estupefacto.)* Espérame ahí, te lo ruego.
M. Manuela.—*(Su voz.)* [Confío en ti.] Si me necesitas, me llamas. *(Con un cabezazo,* Larra *le indica a* Pedro *que se retire. El criado sale por la puerta y la cierra.* Dolores *se adelanta al primer término.)*
Larra.—*(La observa con encendidos ojos.)* [No me digas nada.] Vienes a romper conmigo.
Dolores.—Mariano, te ruego que comprendas...
Larra.—*(Va hacia ella.)* Lo comprendo muy bien. [Yo no estaba a tu lado y has sido débil.] La parentela de tu marido te habrá ido ahormando día tras día.
Dolores.—Te engañas. Han sido muy considerados.
Larra.—Sin duda. Hasta te dejan concurrir a saraos[121] con Bertodano. [Saben que tu galán se aviene a gozar de tus favores sin escándalo.]
Dolores.—Te repito que nada le he concedido a Bertodano.
Larra.—*(Después de un momento.)* Eso quiero creer... todavía. *(Se acerca más.)* Como quisiera creer que aún me amas.
Dolores.—Mariano, ayúdame...
Larra.—¿Me amas?
Dolores.—*(Vacila. Con la voz velada y sin mirar a su amante.)* Sabes que sí.
Larra.—¡Dolores! *(La abraza y besa con ardor. Ella le responde con tibieza. Se deshace el abrazo y quedan cogidos de las manos.)* [¡No hay más que hablar!] Ahora abrimos esa puerta y le dices a tu cuñada... [*(Ella se turba.)* Pero no. Te ahorraré ese embarazo. Yo le diré en tu nombre] que te quedas para siempre. *(Se dirige a la puerta.)*

---

[121] *Sarao:* «Reunión nocturna de personas de distinción para divertirse con baile o música» (DRAE).

Dolores.—¡No, Mariano!

[Larra.—*(Con una penetrante mirada.)* ¿Prefieres hacerlo tú?

Dolores.—]Antes... hemos de hablar. (Larra *frunce las cejas. Se acerca a ella.)* ¿No me ofreces asiento?

Larra.—*(Le indica fríamente una silla.)* Por favor. *(Se sienta ella. Él se sienta a su lado.)* Habla. ¿Es que dudas de mí?

Dolores.—Dudo... de mí misma.

Larra.—Sigue.

Dolores.—Mi pobre Mariano... [Nos hemos equivocado.] *(Él va a hablar.)* Yo no soy la mujer que tú sueñas. Creí serlo... y me engañaba. Te pido perdón. Hemos pecado...

Larra.—¿Pecado?

Dolores.—Contra mi marido y contra tu esposa.

Larra.—Sí. ¡Pero mientras les mentíamos! No después.

Dolores.—*(Después de un momento.)* José María me ha escrito que me perdona... si me reúno con él en Manila. *(Abre su bolso y busca algo.)*

Larra.—*(Amargo.)* No necesito leer su carta.

Dolores.—*(Saca un paquetito de cartas atadas con una cinta azul.)* [No es su carta.] Son las tuyas... [Te las devuelvo.] *(Deposita el paquetito sobre el velador.* Larra *se ha levantado.)*

Larra.—*(Grita.)* ¡No! *(Ella se levanta.)* ¡No!

Dolores.—¡Mariano!

Larra.—*(Muy fuerte.)* ¡Te estás mintiendo a ti misma! ¡Tú no puedes hablar así! ¡Ah, el daño era mayor de lo que pensaba! [¡Pero yo te salvaré!] *(Una sombra femenina golpea en los cristales de la puerta.)*

M. Manuela.—*(Su voz.)* ¡Caballero! ¡Exijo que me deje entrar!

Dolores.—*(Eleva su voz.)* ¡No es nada, María Manuela! ¡En seguida salgo!

Larra.—¡Tú no te vas!

Dolores.—¡Devuélveme mis cartas! *(Él la mira, deshecho.)* ¿Qué esperas? (Larra *se dirige a su escritorio, abre un cajón, saca un paquetito atado con cinta rosa, vuelve al velador y deposita las cartas junto al otro paquetito.)*

Larra.—*(Con aparente calma.)* Aquí las tienes. Ahora, escúchame. *(Pasea.)* Si sales por esa puerta, [ya nunca más serás Dolores.] Serás la señora de Cambronero: una mentira.

[Reirás,] te divertirás..., olvidarás. Pero estarás muerta. Muerta entre muertos.

DOLORES.—¿Qué dices?

LARRA.—Todos en el cementerio de España. Mascaritas que ríen y parlotean, peroran en las Cortes, hacen sus negociejos, prohíben libros, asisten a la ópera..., mientras se van pudriendo. Sal por esa puerta y no vuelvas. *(Se acerca y baja la voz.)* Pero, si quieres vivir..., no salgas. Yo soy la vida.

DOLORES.—¿Tu querida a la luz del día, para que nadie me salude ni me reciba? [¿Es ésa la vida?]

LARRA.—¿Qué te importa ese mundo de cadáveres?

DOLORES.—¡Deja de soñar! *(Se desprende en un arranque de la careta: bajo la endrina negrura de sus cabellos aparece el rostro de* PEPITA WETORET.*)* Los que tú llamas cadáveres son los que están vivos. ¡El muerto eres tú, y siempre lo has sido! *(Recoge sus cartas y las guarda en el bolso.)* Volveré con mi marido y te olvidaré. ¡En una sociedad mentirosa, sí! La vida no es otra cosa ni puede serlo. ¡Y yo tengo muchas ganas de vivir! Adiós. *(Se encamina a la puerta.)*

LARRA.—*(Ríe débilmente.)* Tonto de mí. ¿Cómo pude creer que tú no llevabas máscara? *(Ella se detiene y lo contempla sorprendida.)* Al fin te veo tal y como eres. Y eres... Pepita. Sois la misma.

DOLORES.—¿Estás loco?

LARRA.—Quizá es pronto. Nosotros no podemos ser hombres y mujeres verdaderos. Acaso mañana los haya. *(Toma el paquetito de sus cartas.)* Éstas son las cartas de un necio. Mira qué hago con ellas. *(Va a la chimenea y las arroja al fuego.)* ¿Quemo las tuyas?

DOLORES.—Prefiero llevármelas.

LARRA.—Entonces puedes irte. Ya no te amo.

DOLORES.—No vas a persuadirme con palabras hábiles...

LARRA.—*(Muy tranquilo.)* Te he dicho la verdad. Te he visto de pronto desenmascarada y mi pasión se ha apagado.

DOLORES.—¡Deja de fingir!

LARRA.—¿Crees que te estoy haciendo una escena de teatro? No. Esto no es un drama romántico. *(Corta pausa.)* Si un día te dicen que Larra se quitó la vida, no pienses que lo hizo por amor, sino porque... todo es irremediable. Adiós, Pepita.

Dolores.—¿Pepita?
Larra.—O Dolores, qué más da. Te deseo otro amante que te haga feliz [en las Filipinas.] En cuanto a mí, nunca he estado más lúcido: la puerta está abierta.
Dolores.—*(Mira a la puerta.)* Está cerrada.
Larra.—Cierto. *(Sonríe.)* Esa puerta está cerrada. *(Va al bufete y llama con una campanilla.)*
Dolores.—*(Vagamente inquieta, da un paso hacia él.)* Mariano...
Larra.—[¡Por favor!] Te digo que esto no es un drama romántico. [Es otra cosa que tú no entiendes.] Sobra cualquier despedida sentimental. *(La sombra de* Pedro, *tras la puerta. Golpecitos en el cristal. Entra el criado.)* Acompaña hasta el portal a las señoras.
Dolores.—*(Desconcertada.)* Adiós, Mariano. *(Se decide y sale.* Pedro *se inclina, sale y cierra. Los cristales se oscurecen. La luz va menguando. Los luceros resplandecen en el cielo negrísimo.* Larra *se acerca al tremó del fondo y se contempla.)*
Larra.—Y éste..., ¿quién es? No lo sé. [Ahora comprendo que] también es una máscara. Dentro de un minuto la arrancaré... y moriré sin conocer el rostro que esconde..., si es que hay algún rostro. Quizá no hay ninguno. Quizá sólo hay máscaras. *(Permanece de espaldas. El bloque derecho se ilumina.* Calatrava *y* Díaz *están de pie en sus sitios, mirando al suicida. El bloque izquierdo se ilumina también. En él, de pie, el* General Cabrera *y el* Brigadier Nogueras. *Por ambos laterales del primer término aparecen* Mesonero, Bretón de los Herreros, Andrés Borrego, *el* Padre Froilán, Don Homobono. *Todos, menos los dos militares, con la cabeza descubierta. Las caras, ocultas por sus caretas. Sin volverse,* Larra *nota su espectral presencia, aún más afantasmada en las borrosas imágenes que acaso ve en el espejo. Sigilosos, van bajando por las escaleras los que están en los bloques. Los demás suben al gabinete y se sitúan a ambos lados. La luz general es extraña, desigual y vagarosa, como acaso lo sea en algún otro planeta.)* Ya no os necesito.
Calatrava.—Sí, mientras nos pienses.
Adelita.—*(Su voz, acompañada del resplandor tras los cristales.)* ¡Papá!... ¡Buenas noches! (Larra *se estremece y mira a la puerta, que se ha vuelto a oscurecer. Con careta,* Dolores *entra por*

el hueco izquierdo. LARRA *la mira y se vuelve hacia el frente.* BORREGO *se acerca al velador, toma la pistola y se la tiende.*)

LARRA.—[¿También] Andrés Borrego? Claro. Y Carnerero. Cuando me regaló las pistolas, sabía lo que hacía. Gracias. *(Se acerca y empuña la pistola.* BORREGO-CARNERERO *se retira a sus espaldas.* DON HOMOBONO *se acerca y le levanta un poco la mano.*)

LARRA.—*(Sin mirarlo.)* Adiós, mascaritas. (DON HOMOBONO *se reúne con* BORREGO-CARNERERO*. El* PADRE FROILÁN *se acerca entretanto y levanta un poco más la mano armada. Después se aleja hacia el fondo, mientras* BRETÓN *se acerca y eleva un poco más la mano. Casi al tiempo, se adelanta* CABRERA *y la levanta otro poco; el* BRIGADIER NOGUERAS *agarra el brazo entero del escritor y lo sube algo más. El ritmo gana rapidez; todos, después de su contribución al suicidio, se apostan en el fondo. Tras* NOGUERAS *le toca el turno a* CALATRAVA, *quien conduce la mano armada hasta cerca de la sien.*) ¿Calatrava?... O Mendizábal, o Istúriz, o Martínez de la Rosa, o Cea Bermúdez... o Calomarde. Tanto da. Yo os desenmascararé a todos. [Pero pronto os disfrazáis de nuevo... Sois tenaces.] (PEPITA-DOLORES *se acerca y aproxima un poco más el arma a la cabeza. Inmediatamente actúa* MESONERO, *que ya aguardaba. Muy turbado y mirando hacia otra parte, mueve presuroso la mano de* LARRA *y escapa.* CLEMENTE DÍAZ, *ya junto a él, empuja enérgicamente la mano odiada hasta que la pistola se sitúa muy cerca del cráneo.*)

DÍAZ.—*(Al tiempo que lo hace.)* ¡Dispara! *(Va hacia el fondo. Todos espían a* LARRA*. La sombra invadió la escena; un poderoso foco alumbra al joven de veintisiete años que va a morir. En su cara, los ojos dilatados anuncian la inminente decisión. Así permanece un instante, hasta que cierra los ojos y oprime bruscamente la pistola contra la sien. Al disparar nada se oye, pero la escena entera se sume de pronto en absoluta oscuridad. Momentos después se ilumina despacio la figura de* PEDRO, *erguido en la parte derecha de la escena. Las estrellas reaparecen en el fondo.* PEDRO *es ahora un anciano de más de setenta y cinco años, con todo el cabello blanco. Sus ropas son modestas.*)

PEDRO.—Era un señorín... Yo vi que su cara se volvía blanca al decirle que ellos no iban a la guerra... A veces pienso si no lo maté yo. Pero yo... le quería bien... Cualquiera sabe lo que pasaría por su cabeza en aquellos minutos. *(Suspira.)* Luisín creyó que había heredado aquel talentazo. Baldomerita nos ha salido prestamista. Y Adelita, la que le encontró con aquel agujero negro en la cabeza, la nena que decía: Papá... Listísima que es, sí, señor. Cuarenta años tendrá ya y el rey Amadeo la ha hecho su querida[122]. Y los tres más muertos... que mi pobre rapaz. Barrunto yo que aquel hombrín se dio cuenta de que no podría salvar de nada a su hijos... y que eso también le amargó. No acertó a aprender lo que yo ya me tenía bien sabido desde antes de conocerlo: que es menester un aguante inagotable. Murió por impaciente. *(Muy despacio, le abandona la luz mientras habla. Otro foco empezó a iluminar, en el gabinete, la erguida e inmóvil figura de* LARRA, *con la pistola en la diestra y los ojos fijos en el vacío. El criado sigue hablando y el escritor empieza a elevar la mano armada.* PEDRO *se lleva los puños al pecho.)* Pero nosotros siempre hemos sido muchos, y ahora lo empezamos a comprender. *(Se pasa la mano por la frente.)* Es curioso. Tantos disparos y cañonazos que he oído en mi vida, apenas los recuerdo. Y aquella detonación que casi no oí, no se me borra... *(Se enardece.)* ¡Y se tiene que oír, y oír, aunque pasen los años! *(Pausa.)* ¡Como un trueno... que nos despierte! *(La luz le abandona del todo. La pistola está, de nuevo, muy cerca de la sien del suicida, que semeja una pálida estatua. El débil fulgor de las estrellas brilla en la noche.)*

TELÓN

---

[122] Carmen de Burgos («Los descendientes», *Fígaro*..., cit., págs. 287-300) compone de forma peculiar la trayectoria de los hijos del escritor, sobre todo de Adela y Baldomerita. No encuentra extraña la amistad de Adela con el rey «conociendo el vacío que se hizo estúpidamente por la nobleza palaciega en torno al ilustre príncipe», y justifica la actividad mercantil de Baldomera por la pobreza en que quedó, teniendo que sacar adelante a sus hijos: «Baldomera está arruinada; tiene numerosos hijos en la miseria; su marido está lejos...; el hambre amenaza... Esta mujer [...] es mucho menos culpable que todas las personas que acudían en tropel a dejarle su dinero, deseosas de estafarla, de robarla, y que luego aparecieron como víctimas, como engañadas, *como personas decentes.*» Acerca de Luis Mariano, véase David T. Gies, «El otro Larra: Luis Mariano de Larra y Wetoret, dramaturgo "desconocido" de la segunda mitad del siglo XIX (con apéndice de títulos)», *Anales de Literatura Española*, 20, 2008, págs. 241-257.